AF553272

लॉकडाउन की रिपोर्टर

लॉकडाउन की रिपोर्टर

कोरोना कालखंड की त्रासदी पर उपन्यास

इंदीवर

प्रतिभा प्रतिष्ठान, नई दिल्ली

प्रकाशक : प्रतिभा प्रतिष्ठान,
694–बी (निकट अजय मार्केट), चावड़ी बाजार, दिल्ली–110006
सर्वाधिकार : सुरक्षित / संस्करण : प्रथम, 2021 / मूल्य : पाँच सौ रुपए
मुद्रक : आर–टेक ऑफसेट प्रिंटर्स, दिल्ली ISBN 978-93-87980-94-5

LOCKDOWN KI REPORTER *by* Shri Indiwar ₹ 500.00
Published by PRATIBHA PRATISHTHAN,
694-B (Near Ajay Market), Chawri Bazar, Delhi-110006

सांस्कृतिक उपन्यासों के
अद्वितीय कथाशिल्पी
पद्‌मश्री मनु शर्मा
को…

मैं साबिया। टी.वी. रिपोर्टर। एक अद्‌भुत, अकल्पनीय, अविश्वसनीय समय की भोक्ता, द्रष्टा, साक्षी। मेरी तरह पूरी दुनिया इस कालखंड की भोक्ता। इस मायने में मैं सहद्रष्टा। इसलिए मैंने इसे अधूरे मन से नहीं, पूरे मन से, समुच्चय होकर देखने का प्रयास किया।

जो देखा, जैसा देखा, बिल्कुल वैसा ही दिखाया। यही तो मेरा काम है। इसे देखने और दिखाने में मैं, मैं नहीं रह जाती। मैं से निरपेक्ष हो जाती हूँ, लेकिन अनुभूतियाँ! वे तो भीतर कहीं गहरे में जाकर बैठ जाती हैं। देश-दुनिया और समय से रूबरू होते ऐसे चरित्र भी मिलते हैं, जिनसे सहानुभूति होती है, अरुचि होती है, घृणा भी। ये चरित्र अनुभूतिजन्य हैं। कुछ ने मुझे आलोड़ित किया है, उन्मथित किया है। किसी ने अपने प्रवाह में बाँधकर बहा दिया है।

इन्हीं चरित्रों को मैं आपके सामने पेश कर रही हूँ। इनकी बात कह रही हूँ। सच-सच। बिना कल्पना की चाशनी के। यह एक ऐसे कालखंड की कहानी है, जिसे इतिहास कभी भुला नहीं पाएगा। आनेवाली पीढ़ियाँ युग-युग तक इसे खोजती रहेंगी। इसलिए यह आदमी की ऐसी दास्तान है, जो स्याही नहीं, आँख के पानी से लिखी जा रही है।

अनुक्रम

लॉकडाउन

मरीना बीच की वह शाम और दिनों जैसी थी। रस-रंग, लोग-बाग, देशी-विदेशी सैलानी। सेंट जॉर्ज फोर्ट से महाबलीपुरम तक के लंबे विस्तार को बाँधने में आँखों का दायरा छोटा पड़ जाता है। दुनिया के इस दूसरे लंबे समुद्र तट पर विश्व की संस्कृतियाँ एक-दूसरे से गलबहियाँ करती रहती हैं। छह किलोमीटर के इस विस्तीर्ण परिवेश तक समुद्र की छाती पर उठती लहरें निरंतर उछल रही थीं, गिर रही थीं। हलचल हिलोर से उद्वेलित। ठाठें मारती समुद्र की लहरें। रित को लगा समुद्र के अंतस्तल में वैसा ही आलोड़न है, जैसा अन्य सैलानियों के हृदय में। आइसक्रीम, चाय और कहीं-कहीं बियर के घूँट पर छोटे-छोटे समूह चर्चा में मशगूल थे। होटलों के मैनेजमेंट ने कल तक का समय दिया था। देश-विदेश के सभी सैलानियों को चेन्नई छोड़कर अपने-अपने स्थान चले जाना है। चीन के वुहान से निकला कोरोना वायरस विश्व को अपने आगोश में जकड़ रहा था। भारत में केरल से उसने अपनी यात्रा आरंभ कर दी थी, इसलिए मरीना बीच पर यह उनकी आखिरी शाम थी। मन को सौंदर्य-बोध से भर देनेवाली, लुभाती आकर्षक शाम।

रित अनेक द्वंद्वों और प्रश्नों से निजात पा, एकटक समुद्र की अगम जलराशि में आहिस्ता-आहिस्ता उतरते सूरज को देख रहा था। वह देख रहा था, दूर पश्चिम के क्षितिज से किरणों की परियाँ सूरज का हाथ थाम समुद्र में चली आ रही थीं। पानी में वे यहाँ डूबकर, वहाँ उतरा रही थीं। तैर रही थीं। निर्वसना।

दूर आकाश और समुद्र एक हो अनगिनत चित्रों में रंग भर रहे थे। सोना, ईंगुर, घाम। आकाश की इस पेंटिंग को समुद्र अपने कैनवस पर स्थायी करने को उद्यत था कि अँधेरे के चटख रंग बिखरने लगे। रूपचित्रों की यह ज्योति रंजना बुझ गई। रित की आँखों से हृदय तक उतर जानेवाला यह चित्र उसके अंदर एक तनाव उत्पन्न

कर गया। वह सोचने को विवश हो उठा। जीवन इसी तरह का रूपचित्र है।

मेनका, उर्वशी जैसा। पुरूरवा, ययाति जैसा। सिनेमा की रील की तरह अपना रोल निभाता हुआ। रील क्षण-प्रतिक्षण बदलती रहती है। दृश्य बदलते रहते हैं। क्षण की मेहमान होती है रील। जीवन भी क्षण का मेहमान है। एक सफर, सुहाना, बहाना। हर सफर का अंत तय है। किस बहाने हो, कौन जानता है ? उसके मस्तिष्क में अनेक के सफरों का अंत···

वुहान के डॉ. ली वेनलियांग का अंत और इन सब सफर के अंत का बहाना कोरोना वायरस कहर बन उभरने लगा।

उसे याद आया। आज से दो साल पहले वह चीन के वुहान की यात्रा पर था। मध्य चीन के हुबई प्रांत में बसा वुहान। एक ट्रांसपोर्ट हब। व्यापारिक स्थान। अनेक देशों के छात्र शिक्षा लेने आते हैं यहाँ। वुहान विश्वविद्यालय में सेमिनार था। 'How is a dangerous virus produced'। एम्स में प्रोफेसर होने के नाते उसे परचा प्रस्तुत करने के लिए बुलाया गया था। यहीं उसकी मुलाकात डॉ. ली वेनलियांग से हुई थी। उसकी आँखों में सीधे सौम्य, सदाशयी, मिलनसार ली की छवि साकार हो उठी। उनके साथ की शामें जेहन में घूमने लगीं। यांगट्ज़ी नदी का किनारा। बुद्धिस्ट टेंपल, चांगचुन टोइस्ट टेंपल, 1911 क्रांति स्क्वायर। इस कोरोना के कहर ने उनका बलिदान ले लिया या एक तथाकथित जनतांत्रिक देश उन्हें निगल गया। ड्रैगन ने अपने जबड़े में कसकर उन्हें चूर-चूर कर दिया।

2019, दिसंबर का प्रथम सप्ताह। डॉ. ली अपने हॉस्पिटल में थे। सी-फूड मार्केट और आसपास के कई पेशेंट उनके नर्सिंग होम में आए थे। सब एक ही तरह के बुखार, खाँसी और निमोनिया से पीड़ित थे। ली ने परीक्षण के लिए इनके अनेक सैंपल लिए। उन्होंने सारे सैंपल वुहान इंस्टीट्यूट ऑफ वायरोलॉजी नेशनल बायोसेफ्टी लैब के पास भेज दिए। वैज्ञानिकों ने माइक्रोस्कोप पर जो देखा, वह हैरान करनेवाला था। सर्वथा नया। खतरनाक। केवल चीन के लिए नहीं, बल्कि जानलेवा भूमंडलीय खतरे का संकेत।

डॉ. ली अपने पेशेंट्स का एक्जामिन करते ही समझ गए थे कि वे किसी घातक वायरस से संक्रमित हैं। सैंपल को जाँच के लिए भेजकर उन्होंने इन पेशेंट्स को आइसोलेशन में रख दिया। इलाज के बीच उन्होंने अपने साथियों को परामर्श भी दिया और इस संघाती वायरस के प्रति सचेत भी किया। उनका यह संदेश धीरे-धीरे दुनिया तक पहुँच गया। चीन, जो इस बीमारी को पहले छिपा रहा था, उसने मान

लिया कि उसका देश कोरोना जैसी जानलेवा बीमारी की श्रृंखला में जकड़ गया है। डॉ. ली का संदेश वायरल हो चुका था। दुनिया चीन द्वारा फैलाई इस बीमारी का शिकार होने लगी थी। चीनी शासन एक निरंकुश शासन है। वहाँ उतना ही कहने-सुनने और लिखने की आजादी है, जितना शासन चाहे। चीनी सत्ता ली वेनलियांग के परिश्रम और नागरिकों की सुरक्षा के प्रति चिकित्सक के सदाशयी धर्म को कहाँ समझनेवाली थी। सरकार ने फौरन शो काज नोटिस इश्यू कर दिया। उत्तर आते-आते उन पर अफवाह फैलाने का आरोप-पत्र थमाते हुए लिखित रूप से माफी माँगने को विवश भी किया गया। डॉ. ली वेनलियांग प्रताड़ना सहते रहे। वुहान, आसपास और कमोबेश चीन भर के नागरिक कोरोना संक्रमित हो, भारी संख्या में मरते रहे।

आखिरकार 8 फरवरी, 2020 को वुहान सेंट्रल हॉस्पिटल ने घोषणा कर दी कि डॉ. ली वेनलियांग की मृत्यु कल रात 2 बजकर 58 मिनट पर हो गई। उन्हें कफ और बुखार था। वे 30 जनवरी को ही कोरोना वायरस की चपेट में आ गए थे। इस प्रकार संसार को कोरोना वायरस की सबसे पहले आधिकारिक जानकारी देनेवाला व्यक्ति, औरों की जान बचाने के लिए चिकित्सा करनेवाला डॉक्टर मर गया या मार डाला गया? रात गाढ़ी होने लगी थी। मरीना बीच पर करीने से खड़े बिजली के पोल पर लट्टू टिमटिमा रहे थे। सागर की हलचल अपेक्षाकृत शांत थी। डॉ. रित के सामने मीलों तक समुद्र का नीला जल निस्तब्ध पड़ा था। सैलानी जा चुके थे। हवा के नम झोंकों में अपनी साँस मिलाता, वह उठा और होटल के रास्ते चल पड़ा।

सुबह उसकी आँखें देर से खुलीं। शायद रात वह ठीक से सो न सका। चाय सिप करने के बाद वह तैयार होने लगा। घंटे भर बाद वह ब्रेकफास्ट के लिए डायनिंग हॉल में आ गया। डायनिंग हॉल में आज पहले जैसी रौनक न थी। दूधिया झरने के धार जैसी छलकती हँसी गायब थी। सबके चेहरों पर तनाव भरी गंभीरता थी। शायद अवधि के पूर्व ही प्रस्थान करने का दु:ख और समय से तैयार होकर फ्लाइट की सजगता वश। उसकी अगल-बगल की टेबल पर कुछ इटैलियन, ब्रितानी और अमेरिकी ब्रेकफास्ट ले रहे थे। वे अपनी फ्लाइट की चर्चा कर रहे थे। उसके ठीक सामने कोई अमेरिकी लड़की कॉफी सिप कर रही थी। उसकी नीली आँखें रित को घूर रही थीं। उसने एक निगाह उस पर डाली और सामने पड़ी चाय की अंतिम चुस्की लेकर उठ गया। टेबल छोड़ने के पहले अपने आप उसकी आँखें उस लड़की से टकरा गईं। उसकी आँखों में नीलम-सी चमक थी। इस चमक से

निकली आवर्ती रेखाएँ रित की आँखों के रंगीन डोरों से टकराकर परावर्तित होने लगीं। उसकी फ्लाइट तीन बजे थी। उसने बलपूर्वक अपने कदम आगे बढ़ा दिए। कमरे में वापस आ जाने के बाद भी वह नीलम ज्योति उसकी आँखों में कौंधती रही। उसने रिमोट उठाया। टी.वी. ऑन की फिर बंद कर दिया। किसी अजानी उधेड़बुन में समय सरकता रहा। एक बज गए। उसे निकलना चाहिए। उसने रिसेप्शन को फोन किया। चेक आउट के ऑर्डर के साथ कैब के लिए अनुरोध किया। थोड़ी देर में सर्विस ब्वाय रूम में आया। कैब आने की सूचना दी, फिर उसके कहने पर लगेज उठा लिया। वह नीचे आ गया। पोर्टिको में कैब खड़ी थी। लगेज रख दिया गया। रिसेप्शन और होटल कर्मचारियों के बाय के साथ वह कैब में सवार हो गया।

"सर··· ?" कैब ड्राइवर ने प्रश्नवाचक मुद्रा में रित की ओर देखा।

"एयरपोर्ट।" कैब स्टार्ट हो गई। एयरपोर्ट पर जनरल सिक्योरिटी चेकिंग और थर्मल स्क्रीनिंग के बाद वह लाउंज में आ गया। आधे घंटे बाद स्क्रीन पर उसकी फ्लाइट का नंबर और छूटने की सूचना प्रसारित होने लगी। वह अंतरराष्ट्रीय उड़ान थी। चेन्नई से पेरिस वाया दिल्ली। बिजनेस क्लास में टू सिटर की अगली रो में उसकी सीट थी। विंडो साइड को छोड़कर। उसने अपनी जगह ली और आँखें बंद कर कुछ सोचने लगा।

"एक्सक्यूज मी।" किसी नारी कंठ से फूटी आवाज ने कानों में शहद उँड़ेल दिया।

रित की आँखें खुल गईं। सामने खड़ी नारी को देख अचंभित रह गया। अतिरेक वश अपनी सीट से उठकर खड़ा हो गया।

"मे आई टेक सीट इन योर साइड ?" उसकी नीली आँखें रित की आँखों में अपने शिष्टाचार का उत्तर खोज रही थीं।

"याह···याह ! यू आर मोस्ट वेलकम।" रित के होंठों पर मुसकान खेलने लगी। वह उसके साइड की विंडो सीट पर बैठ गई।

"थैंक्स ! आई एम माइकेला लिंडर्सन।" उसने अपने हाथ रित की ओर बढ़ा दिए।

बड़े प्यार से उसके हाथ अपने हाथों में लेते हुए वह बोला, "रित पंडित।" पहली बार वह पूरी तरह से माइकेला की ओर मुखातिब हुआ। गोरी-चिट्टी नीली आँखोंवाली माइकेला। इन आँखों में जैसे नील नदी का पारदर्शी जल समाया हो। रित की आँखें देर तक उसमें तैरती रहीं।

"यू आर कश्मीरियन?" माइकेला के प्रश्न से उसका ध्यान भंग हुआ।

"नो! आई एम फ्रॉम काशी, वाराणसी।"

"वाउ!" उसकी नीली आँखों से आश्चर्य मिश्रित खुशी झरने लगी।

"आई हैव बीन काशी आल्सो।" कहते हुए वह रित की ओर थोड़ा झुक गई।

विमान परिचारिकाएँ सिक्योरिटी संबंधी निर्देश देकर अपने स्थान पर चली गई थीं। प्लेन उड़ने की घोषणा हुई। वह रन-वे पर दौड़ने लगा। सबने अपने बेल्ट बाँध लिये। रित अपने में हलका सा खोया असावधान था। माइकेला ने 'एक्सक्यूज मी' कहकर उसके बेल्ट का दोनों सिरा उठाया और आपस में मिलाकर बाँध दिया। रित चुपचाप उसे देखते हुए बोला, "थैंक्स।" वह मुसकरा उठी।

विमान ने अपनी गति पकड़ ली। परिचारिकाएँ टॉफी और कॉटन बाँटने लगीं। ब्रेकफास्ट की ट्रॉली भी आ गई थी। बर्गर, कॉफी और काजू नमकीन सर्व हुई। ऑन डिमांड बियर, शेंपियन और रेड वाइन भी थी। रित ने काजू का टुकड़ा मुँह में डाला और कॉफी का प्याला उठाते हुए पूछा, "यू डिड नॉट टुक बियर ऑर शेंपियन।"

"नो! नीड नॉट। आई डोंट लाइक एनी टाइम।"

"देन व्हेन यू प्रेफर इट?"

"आई विल टेल यू।" थोड़ा सा मुसकराई वह। क्षण भर रुककर बोली, "बिफोर डिनर।"

"ओके! यू बिलॉन्ग फ्रॉम व्हेयर एंड हाउ डू यू नो अबाउट काशी।"

"यस-यस! आई एम फ्रॉम न्यूयॉर्क और काशी में मेरा ननिहाल रहा। मोहल्ला अस्सी पर मेरे नाना आचार्य प्रसन्न वदन चतुर्वेदी का घर था। आज भी होना चाहिए। नाना बी.एच.यू. में तुलनात्मक धर्म दर्शन विभाग में प्रोफेसर थे। उनके रिसर्च स्कॉलर थे जॉन लिंडर्सन। लिंडर्सन न्यूयॉर्क के रहनेवाले थे। उनकी रुचि दर्शन में बहुत गहरी थी। प्राच्य विद्या और सनातन धर्म में उनकी रुचि और लगन को देखते हुए नाना ने उन्हें अपने निर्देशन में शोध करने के लिए रजिस्टर्ड करा दिया। उनकी बेटी सोना उन दिनों दर्शन में स्नातकोत्तर की छात्रा थीं। नाना की एकमेव संतान। जॉन के परिश्रम, लगन और निष्ठा से प्रभावित होकर नाना ने उन्हें अपने घर में स्थान दे दिया। एक विषय और निरंतर साथ ने उनके बीच प्रेम के बीज बो दिए। समय के साथ नाना ने बेटी को लिंडर्सन से शादी की अनुमति दे दी। वे लिंडर्सन के साथ न्यूयॉर्क आ गईं। यहाँ उनका नाम सॉनिटो लिंडर्सन हो गया। मैं उन्हीं सॉनिटो लिंडर्सन की बेटी मिस माइकेला हूँ।" वह चुप हो मुसकराते हुए रित का चेहरा पढ़ने लगी।

"तो आप सिंगल हैं, मिस माइकेला!"

"जी! और आप?" उसकी मुसकान शरारती हो गई।

"वी आर सेम।" रित की आँखों में भी हलकी सी शरारत उतर आई।

"रियली?" माइकेला ने अपने हाथ आगे बढ़ा दिए।

"यस···रियली!" रित ने हलकी सी थाप के साथ अपने हाथ उसके हाथ पर रख दिए। माइकेला देर तक इन हाथों को सँभाले रही। विमान पूरी गति से उड़ रहा था। माइकेला विंडो से आकाश को देख रही थी। आकाश के नीले सागर में धुनी हुई रुई का पहाड़ तैर रहा था या उसके मन का रेशा-रेशा। रित ने भी उधर ही दृष्टि डाली, विमान का पंखा तेजी से क्षितिज की छाती पर रंगों के आवर्त बना रहा था। उसे लगा, जैसे इसके भीतर कोई लाल, पीली, नीली लहरों को घुमा रहा है।

"आप इंडिया आती रहती हैं!"

"कोशिश करती हूँ, पर अपना पेशा ऐसा है कि पेशेंट्स ही जीवन धर्म हो गए हैं। वर्षों से इच्छा थी साउथ इंडिया के समुद्र तटों के सैर की। इस कोरोना की महामारी ने ग्रहण लगा दिया। बीच में छोड़कर जाना पड़ रहा है।"

"तो तुम भी डॉक्टर हो?" अनायास रित बोल गया।

"अच्छा लगा। हमारे बीच औपचारिकता की दीवार नहीं होनी चाहिए। आखिर हम बनारसी जो हैं। अब से हम एक-दूसरे को तुम ही कहेंगे।" माइकेला रित की हथेलियों पर दबाव बनाते हुए चहक उठी।

"और तुम तो पक्के डॉक्टर हो, पर कहाँ?" वह उसकी हथेली वैसे ही थामे रही।

"दिल्ली के एम्स में डिपार्टमेंट ऑफ कार्डियोलॉजी में प्रोफेसर हूँ।"

"और तुम?"

कोलंबिया यूनिवर्सिटी इरविंग मेडिकल सेंटर में ब्रेथ की व्याख्याता और स्पेशलिस्ट।

"वाउ! मेरा सौभाग्य, जो तुमसे मुलाकात हुई।"

माइकेला ने गहरी दृष्टि से उसकी आँखों में झाँका और बोली, "कहाँ··· नाश हो इस नाशपिटे कोरोना का। टुअर का सारा एंज्वाय खा गया। बीच में ही फरमान मिला। छुट्टियाँ कैंसिल। न्यूयॉर्क में महामारी कहर बरपा कर रही है। इमीडिएट ड्यूटी ज्वाइन करो। इस धूर्त चीन ने पूरे वर्ल्ड को जानलेवा खतरे में डाल दिया। इससे निजात का कोई फौरी रास्ता दिखाई नहीं देता।" वह उत्तेजित हो गई।

"ये चीनी दुनिया की कोई चीज सम भाव से खाते हैं। साँप, बिच्छू, चमगादड़, मेढक, पैंगोलिया···और महामारी का वायरस फैलाते हैं।"

"नहीं रित, नहीं! यह वुहान के सी-फूड मार्केट से फैली महामारी नहीं है। मुझे वाशिंगटन पोस्ट के एक रिपोर्टर ने बताया है कि वुहान के इंस्टीट्यूट ऑफ वायरोलॉजी के लैब में कोरोना वायरस केमिकल वेपंस पर रिसर्च के दौरान यह एक इंटर्न की गलती से लीक हो गया। दरअसल इस लैब में बायो सेफ्टी लेबल के मानकों का कोई ध्यान नहीं रखा गया। तुम जानते ही हो बी.एस.एन.-4 में जरा सी असावधानी कितना बड़ा खतरा बन जाती है। वह इंटर्न संक्रमित हो गई। यह संक्रमण उसके द्वारा उसी के ब्वाय फ्रेंड को मिला और फिर पूरी दुनिया को।"

"निश्चय ही वे दोनों प्लेन में मिले होंगे। हमारी तरह।" उसने कनखियों से उसकी ओर देखा और प्यार से मुसकराया।

"ओके···आई विश यू फॉर योर डिजायर।" दोनों ने एक-दूसरे की ओर हथेली बढ़ा दी। दोनों ने गर्मजोशी से हाथ मिलाकर अपनी स्वीकृति दी। विमान नीचे आने लगा था। उद्घोषणा हो रही थी, आपका विमान इंदिरा गांधी अंतरराष्ट्रीय एयरोड्रम पर लैंड करनेवाला है। प्लेन के अंदर छोटे-छोटे लट्टुओं का प्रकाश रोशन हो गया था। जैसे रित के अंदर हजारों छोटे-छोटे बल्बों की विद्युत् झालर जगमगा उठी हो। प्लेन रन-वे से चलते हुए रुक चुका था। दिल्ली उतरने वाले यात्री हेलीपैड की ओर बढ़ने लगे। रित और माइकेला आगे बढ़े। हेलीपैड की सीढ़ियों पर उतरते हुए वह माइकेला का हाथ पकड़े हुए था।

लगेज लेने के बाद वे लाउंज में आ गए। माइकेला की बगल में बैठते हुए रित ने पूछा, "तुम्हारी फ्लाइट कितने बजे है?"

"क्यों···? उकता रहे हो?"

"नहीं। जानना चाहता हूँ, तुम्हारा सान्निध्य कितने क्षण और मेरे भाग्य में है।"

गहरी मुसकान के साथ माइकेला ने अपनी बाँहें उसके कंधे पर डाल दीं। कुछ कहने को उद्यत हुई कि उद्घोषणा सुनाई पड़ी, "अपरिहार्य कारणों से वर्जिन अटलांटिक की न्यूयॉर्क के 'जॉन कैनेडी इंटरनेशनल एयरपोर्ट' जानेवाली फ्लाइट कैंसिल हो गई है। यात्रियों से अनुरोध है, उनके रुकने की व्यवस्था लेमन टी होटल में की गई है। अगली उड़ान कल सुबह 10 बजे निर्धारित है। संबंधित यात्रियों का टिकट उक्त फ्लाइट के लिए स्थानांतरित कर दिया गया है। होटल तक उनके आने-जाने, रहने-खाने की निःशुल्क व्यवस्था वर्जिन अटलांटिक की ओर से रहेगी।"

उद्घोषणा सुनकर दोनों एक साथ चौंक गए। उनकी खुशी अंदर-ही-अंदर उछाह मारने लगी। अतिरेक में रित ने माइकेला को खींचकर गले लगा लिया। क्षण भर बाद दोनों एक-दूसरे को भौचक देखने लगे। माइकेला ने होटल के रिसेप्शन पर वैधानिक और आवश्यक काररवाई पूरी की। लगेज रूम में ला दिए गए। रूम सेकेंड फ्लोर पर था। सर्विस ब्वाय ने रूम तक उसे पहुँचाकर 'की' हैंडओवर कर दी। रित रिसेप्शन के लाउंज में बैठा रहा। आधे घंटे बाद माइकेला लाउंज में आई। रित ने उसकी ओर देखा। उसके होंठों पर खिंची मुसकान की रेखा सीधे रित को अंदर तक बेध गई।

इंटेंस पर्पल शूट के आवरण में डॉलप पिंक देह-यष्टि। करीने से कटे हुए गरदन तक बाल। पुतलियों पर नरगिस की महीन पाँत। फिरोजी होंठ। वर्तुल उरोज। जैसे बादल से धुली हुई कचनार की कोमल टहनी सामने खड़ी हो।

"आओ चलें। डिनर कहीं और करते हैं।" माइकेला ने कहा।

"ओके!" रित उठ गया।

कैब सड़क पर फर्राटे भर रही थी। माइकेला बिजली के प्रकाश में हाइवे, मेट्रो लाइन, रिंग रोड और मल्टी स्टोरीज बिल्डिंग देखते हुए दिल्ली के वैभव को तौल रही थी। रास्ते के प्रति सावधान रित कैब ड्राइवर को लेफ्ट-राइट के निर्देश दे रहा था। कैब अशोक रोड पर चल रही थी। संग्रीला इरोज के सामने उसने कार अंदर लेने का निर्देश दिया। वे सॉरेंटो रेस्टोरेंट में आ गए। सॉरेंटो कलात्मक ढंग से बनाया गया रेस्टोरेंट। दीवार और फर्श पर इतालवी ड्राइंगवाली टाइल्स। हॉल में करीने से लगी लक्जरी कुरसियाँ, टेबल। साफ-सुथरा माहौल। स्काई ब्लू शूट और टाई में ढंग से अपना काम करते बेयरे। माइकेला को वातावरण अच्छा लगा।

"नाइस योर च्वाइस। एप्रेसिएबल।" चेयर पर बैठते हुए माइकेला ने कहा। रित मुसकाने लगा।

बेयरा टेबल के पास अदब से खड़ा हो गया। "कैन आई सर्व यू सर?"

"यस! सिसलियन फेनल एंड फेवा सूप। फॉरेस्ट मशरूम, पाइन नट्स विथ गारगॉन्जल क्रीम। कॉर्न ब्राकुली क्वीनोआ विथ चीसेज।" माइकेला ने ऑर्डर दिया।

"एनी थिंग मोर सर?"

"रेडवाइन।" रित ने कहा।

"इट्स योर रिक्वायर बिफोर डिनर।"

माइकेला मुसकरा उठी।

"पापा-मम्मी तुम्हारे साथ रहते हैं?" रित ने पूछा।

"वनली मम्मी। साल भर हुए, पापा नहीं रहे।" क्षण भर के लिए उसकी आँखों में मखमूर उदासी उतर आई।

"बट मम्मी···! शी इज टोटल इंडियन। मुझसे कहती हैं, 'चलो बनारस में आखिरी साँस वहीं लेना चाहती हूँ। मुमुक्षु नगरी है काशी। तीनों लोकों से न्यारी। शिव की भूमि। मृत्यु के लिए सबसे सुरक्षित।' एक दिन मैंने पूछा, 'यह मृत्यु क्या है मम्मी! जीवन का अंत ही न! तो कहीं हो जाए जीवन का अंत।' मम्मी ने कहा, 'नहीं, बेटी जीवन का अंत कैसे भी हो सकता है? किसी तरह हो सकता है। मृत्यु तो महाकाल का प्रसाद है। उसकी प्रसन्नता का परितोष'।"

रेडवाइन आ गई थी। साथ में ऑयल रोस्टेड पोटैटो पीस और सॉल्टी कैश्यू-पिस्टा।

माइकेला ने दो पेग बनाए। एक उसने रित की ओर बढ़ा दिया। दूसरा स्वयं उठा लिया। रित ने अपना जाम उठाया। आँखें टकराईं। दोनों एक साथ बोल उठे, "चेस! हमारी दोस्ती के नाम।"

जाम होंठों से लग गए। घूँट-घूँट मदिरा हलक में उतरने लगी।

"माइकेला! अपनी मम्मी को तुम जरूर काशी लाओ। काशी राग और विराग का नगर है। यहाँ विछोह में भी मिलन है। महानिर्वाण यानी महायात्रा का महाबिंदु महाश्मशान मणिकर्णिका पर ही जीवन का सारा भटकाव समाप्त हो जाता है। ज्योति में ज्योति विलीन हो जाती है। इसी विछोह में हमारा-तुम्हारा, इनका-उनका अंश अंशी से महामिलन करता है। इसलिए इस महामारी के बाद तुम माताजी को काशी लाओ और उनकी अंतिम इच्छा का सम्मान करो।"

"यह जीवन अजीब है रित! एक कैनवास! इस पर सृष्टि-सौंदर्य के अनेक चित्र बनते-मिटते रहते हैं। कभी समय से जूझनेवाला, कभी उसके विद्रूप को सहनेवाला, कभी संत्रास को झेलनेवाला। अनेक रूपों, भावों और क्रियाकलापों वाला। चित्र की हर रेखा और हर रंग का केंद्र होता है आदमी। सिर्फ आदमी। कैसी विडंबना है, आदमी स्वयं ही उलझता है, स्वयं ही सुलझता है। स्वप्न और सत्य का निर्माण करता है। यह सब होता है, होकर भी नहीं होता। क्षण या वर्षों में मिट जाता है। मनुष्य के इस अस्तित्व की इस विडंबना की जीती-जागती प्रतिमा हैं मेरी मम्मी।" माइकेला ने दूसरा पेग रित के गिलास में डालते हुए कहा। क्षण भर बाद उसने एक बड़ा घूँट अपनी हलक में उतार लिया। रित देर तक उसके चेहरे पर

उलझे तारों का सेहरा सुलझाने की कोशिश करता रहा। हारकर बोला, "ऐसा क्यों कहती हो?"

"और कैसा कहूँ रित! अब मेरी मम्मी को ही देखो। आज से चालीस साल पहले वे बनारस में थीं। बनारसीपन में रचीं-बसीं। दर्शन--संस्कृति की स्कॉलर। अमेरिकन हो गईं। अमेरिका में बनारसीपन आ नहीं सकता था और बनारस में अमेरिका जा नहीं सकता था। अब पापा रहे नहीं, वे बनारस के लिए हठयोग करती हैं।" माइकेला ने पूरा पेग समाप्त कर दिया।

रित एकटक उसकी आँखों की नील झील में उठती लहर, मछली और कंकड़ी देख रहा था। बेयरा टेबल पर खाना रखकर, बाउल में सिसलियन सूप बनाने लगा। सूप परोसकर वह चला गया। माइकेला करीने से रखे फूड पाट को देखने लगी।

"माइकेला! न्यूयॉर्क जाकर तुम्हें वहाँ की स्थितियों-परिस्थितियों से जूझना होगा। कितने दिन दुनिया इन स्थितियों से जूझती है। उसके बाद ही हम और कुछ सोच सकते हैं। मेरा आग्रह है, तुम मन छोटा न करो। इस परिस्थिति से निजात के बाद तुम माँ को बनारस ले आओ। जरूर कोई रास्ता मिलेगा।" रित ने सूप की ओर इशारा किया और चम्मच उठा लिया।

"रियली!" माइकेला ने अपनी हथेली आगे बढ़ाई। रित ने अपनी हथेली उस पर रखते हुए कहा, "ऑफकोर्स! उनके उपचेतन में रचा-बसा बनारस और उसकी संस्कृति निरंतर उन्हें आंदोलित कर रही है। उनकी यह अनुभूति कभी समाप्त नहीं हो सकती, इसलिए उन्हें बनारस लाना ही होगा। समय और अवसर की प्रतीक्षा करो।"

"तुम साथ दोगे?" माइकेला कातर हो उठी।

"अवश्य! समय आने दो।" रित ने फूड पाट की ओर इशारा किया। दोनों ने खाना लगाने में एक-दूसरे का साथ दिया। व्यंजन लजीज था। वे खाने लगे। मशरूम के टुकड़े को मुँह में डालते हुए रित ने देखा कि माइकेला उसे इस तरह देख रही थी कि वह उसे देखते हुए न देख ले। किंतु आँखें थीं, टकरा ही गईं। दोनों ने महसूस किया कि आँखें नहीं, दोनों ओर से फेंकी गई अव्यक्त प्यास टकरा गई।

ग्यारह बज गए। वे रेस्टोरेंट से बाहर आ गए। पहले से कॉल की गई कैब खड़ी थी। पिछली सीट पर वे बैठ गए। रित ने ड्राइवर को ओ.टी.पी. बताते हुए कहा, "एयरोजोन, होटल लेमन ट्री।" सड़क खाली थी। कैब फर्राटा भरने लगी। फर्राटा भरने लगा चुपचुप रित और माइकेला का मन। इस चुप्पी को तोड़ा माइकेला ने।

"रित! मुझे तुमसे बहुत सी बातें करनी हैं। काश⋯!"

"काश! क्या माइकेला! बात पूरी करो।"

"काश! एयरोजोन को जानेवाली यह सड़क इतनी लंबी हो जाए कि हम जीवन भर इस पर चलते रहें।"

होटल लेमन ट्री आ गया। पीली-पीली रोशनी में रित ने देखा कि माइकेला की नीली आँखों के कोर पर सफेद क्रिस्टल सा पानी जम गया है। वे दोनों कैब से उतर गए। रित ने उसे अपना विजिटिंग कार्ड थमाया। माइकेला ने पर्स से अपना विजिटिंग कार्ड निकाला और रित की ओर बढ़ा दिया।

लेमन ट्री के परिसर में दोनों खड़े एक-दूसरे को बेबस आँखों से देख रहे थे।

"अब तुम जाओ रित! ⋯और हाँ⋯कल मुझे सी ऑफ करने मत आना। मैं अपने को सँभाल न सकूँगी।"

रित ने अपनी बाँहें फैला दीं। माइकेला मधुमालती-सी उससे लिपट गई। रित के कान में उसने धीरे से कहा, "अपना वादा याद रखना।"

"मैं इंतजार करूँगा।" उसी तरह रित भी बोला।

माइकेला ने रिसेप्शन के गेट तक पहुँचते हुए, कैब के स्टार्ट होने की आवाज सुनी। उसने देखा कि वापस होती कैब के विंडो से बाहर रित का हाथ हिल रहा था। वह वहीं खड़ी तब तक हाथ हिलाती रही, जब तक कैब परिसर के बाहर नहीं हो गई।

□

माइकेला का प्लेन जब न्यूयॉर्क के जॉन कैनेडी एयरपोर्ट पर उतरा तो अमेरिकी समय के अनुसार दूसरे दिन रात के दो बज रहे थे। अठारह घंटे तीस मिनट की उड़ान थी वह। माइकेला थक गई थी, फिर भी टेस्ट, मास्क और लगेज की प्रक्रिया आवश्यक थी। एयरपोर्ट से निकलकर जब वह कैब में बैठी, दो घंटे और बीत गए थे। उसने ड्राइवर से कहा, "मैनहट्टन।"

प्रात: के चार बज रहे थे। सड़क एकदम खामोश थी। किनारे पर खड़े चारचिनार और कहीं-कहीं प्लाटनस के पेड़ किसी प्रेत के सिर पर बड़े से ताज की तरह लग रहे थे। प्लाटनस की सुनहली और लाल पत्तियाँ रणक्षेत्र में योद्धाओं के खून से सनी बर्छियों की तरह लपलपा रही थीं। कैब चल रही थी। सड़क सुनसान। अपार्टमेंट सुनसान। घरों की खिड़कियाँ बंद। पार्क में छड़ी लेकर टहलनेवाले

बूढ़े कहीं दिखाई नहीं पड़ रहे थे। सेंट्रल न्यूयॉर्क के वे पार्क, जो अब तक चुस्त हाफ पैंट और तंग स्कर्ट पहनकर जॉगिंग करनेवाली लड़कियों से भरे रहते थे और जिनके बिना ब्रैजियर के हिलते स्तनों को देखने के लिए जॉगिंग के शौकिया नौजवानों की कतार खड़ी रहती थी। पूरी तरह खाली थे। यदाकदा महापालिका की कूड़ा गाड़ियाँ अवश्य दिखाई पड़ जातीं। सड़क के दोनों ओर ऊँचे-ऊँचे विशाल टावर वाली इमारतों के बाउंड्रीवॉल वाले गेट बंद थे। चौकीदार लापता थे या चहारदीवारी के अंदर। एयरपोर्ट से मैनहट्टन का तीस कि.मी. का यह रास्ता इमारतों की पर्वतशृंखला के बीच सुरंग जैसा लग रहा था। माइकेला स्तब्ध थी। यह वही रास्ता है, जिसे वह छोड़कर गई थी। टाइम स्क्वायर पर पुलिस ने रेडलाइट फेंककर गाड़ी रुकवाई। लॉकडाउन में सड़क पर निकलने का कारण पूछा। पासपोर्ट पर जे.एफ.के. न्यूयॉर्क का स्टैंप देखा। पूरी इन्क्वायरी की। जब उसने बताया कि वह कोलंबिया यूनिवर्सिटी में प्रोफेसर और (सॉस) ब्रेथ की डॉक्टर है तो पुलिसवाले ने उसे सैल्यूट किया। उसकी गाड़ी आगे बढ़ गई।

मैनहट्टन के अपने फ्लैट पर जब वह पहुँची, पाँच बज गए थे। अँधियारा हलका हो चला था। कुछ पीला, कुछ भूरा, किंतु सूरज अभी क्षितिज के पार आकाश पर उभरे चितकबरे धब्बों को धोने में लगा था, शायद! वह ड्राइंगरूम में आ गई। मम्मी सामने ही सोफे पर बैठी थीं। उनके मुँह पर मास्क कसा था। कमरे में फैल रहे दूधिया प्रकाश में मम्मी मार्बल की प्रतिमा लग रही थीं। माइकेला ने पैर छुए। मम्मी ने हाथ उठाकर आशीर्वाद दिया।

"घर में भी मास्क लगाई हो माँ!" वह सोफे पर बैठते हुए बोली।

"डॉक्टर की माँ हूँ। प्रिकॉशन तो बरतना होगा।"

मेड चाय लेकर आ गई। दोनों चाय सिप करने लगीं। मेड वहीं खड़ी थी। माइकेला ने उसके मास्क लगे चेहरे की ओर देखा और बोली, "आर यू फाइन।"

"ओके। आई एम फाइन।" उसने उत्तर दिया।

"एनी प्रॉब्लम।"

"नो मैम।" कहकर वह चली गई।

यह मेड काफी दिन से उसके यहाँ रहती थी। उसके पिताजी के जमाने से। उसकी माँ अकेली थी। तब यह उसकी गोद में थी। लिंडर्सन ने उसे अपने यहाँ बाहर की ओर एक कमरा दे रखा था। तब से वह उसी कमरे में रहती थी। इस

लॉकडाउन के समय में यह अच्छा था। उसके घर में किसी बाहरी के आने की गुंजाइश नहीं थी।

आहिस्ता-आहिस्ता सूरज सोने के कण बिखराते मैनहट्टन की चोटियों जैसी इमारतों पर उतरने लगा। माइकेला ने इतने दिनों का पूरा ब्योरा मम्मी से ले लिया था। उसे ध्यान था कोलंबिया यूनिवर्सिटी इरविंग मेडिकल सेंटर के डायरेक्टर के एस.एम.एस. का। 'प्लीज यू रीच इमिडिएट एंड ज्वाइन ऐटवन्स योर ड्यूटी।' वह फ्रेश होने के लिए अपने बेडरूम में चल दी। एक घंटे बाद जब वह पुनः ड्राइंगरूम में आई तो तरोताजा थी। मेड डाइनिंग टेबल पर ब्रेकफास्ट लगा रही थी। वह वहीं पहुँच गई। मेड ने बताया कि मम्मी पूजा पर हैं। अतः उसने अकेले ही ब्रेकफास्ट समाप्त किया। घड़ी की ओर देखा। साढ़े आठ बज रहे थे। उसे मेडिकल सेंटर निकलना था। गैरेज से कार निकाली। पी.पी.ई. का एक सेट गाड़ी में रखा। मुँह पर मास्क कसा और गाड़ी ड्राइव कर चल दी।

सी.यू.आई.एम.एस. का प्रेस्बिटेरियन हॉस्पिटल। उसकी ड्यूटी इमरजेंसी वार्ड में थी। चेंज रूम में उसने अपने को पी.पी.ई. से कवर किया। शरीर पर एप्रिन कोट, हैंडग्लव्स, मास्क और कैप। पूरा शरीर ढका। केवल आँखें दिख रही थीं। केबिन में उसके साथ तीन डॉक्टर और थे। डॉ. मिस मारिया, डॉ. कास्त्रो और डॉ. डेविड। केबिन के बाहर पेशेंट्स की भारी भीड़ थी। सब हाँफ रहे थे, खाँस रहे थे, नाक बंद थी, साँस लेने में परेशानी, उलटी और बुखार। डॉ. डेविड ने सबको सीधे वार्ड में ले जाने का आदेश दिया। स्ट्रेचर कम पड़ रहे थे। मास्क इकट्ठे किए जा रहे थे। वेंटिलेटर ट्रॉली पर घसीटे जा रहे थे। तीनों डॉक्टर सीधे वार्ड में चले गए। चारों ओर चीख-पुकार, भाग-दौड़, अफरा-तफरी मची थी। वार्ड ब्वाय, नर्सेज, कंपाउंडर सब सैंपल लेने में लगे थे। एक-एक पेशेंट के कॉटन स्वाब से गले के अंदर से मैटेरियल, नाक में सेल्यूशन डालकर सैंपल, ब्रोंकोस्कोप ट्यूब से फेफड़े का सैंपल। इसके अतिरिक्त फेफड़े में जमे मैटेरियल और ब्लड के सैंपल इकट्ठे किए जा रहे थे। सैंपल लेना, टेस्ट के लिए लैब में भेजना, आइसोलेट करना, क्वारंटाइन करना यही एकमेव तरीका था। यही उपचार था। दवा के नाम पर मलेरिया की गोली, बुखार और दर्द निवारक टैबलेट या निमोनिया के इंजेक्शन। संख्या इतनी अधिक थी कि सारे हॉस्पिटल के कर्मचारी, डॉक्टर इस काम में लगे थे। काम था, जो पूरा होने का नाम नहीं ले रहा था। डॉक्टर परेशान थे। बायोसाइंटिस्ट मेडिसिन और वैक्सीन पर रिसर्च कर रहे थे।

"इजराइल ने कोरोना वायरस का कोई टीका विकसित किया है क्या?" डॉ. डेविड ने अपने साथी डॉक्टरों से, लैब से आई रिपोर्ट देखते हुए पूछा।

"ओह! नो। अभी बहुत से स्टेप्स चढ़ने बाकी हैं। इसके डेवलप मोड में कई टेस्ट करने होंगे। इस काम में कितने महीने लगेंगे, कुछ नहीं कहा जा सकता। इजराइल के रक्षा मंत्रालय ने साफ कर दिया है कि बायोलॉजिक इंस्टीट्यूट को अभी तक कोई सफलता नहीं मिली है।" डॉ. माइकेला ने कहा।

"दरअसल ऐसे किसी किट्स या टीके के डेवलपिंग फंक्शन में क्लिनिकल ट्रायल से पहले एनिमल पर एक्जामिन करने का लंबा मोड चलेगा।" डॉ. कास्त्रो ने अपना विचार व्यक्त किया।

सहसा वेंटिलेटर की ट्रॉलियाँ खड़खड़ा उठीं। वार्ड में कई मरीजों की साँसें रुक रही थीं। डॉ. डेविड और माइकेला रिपोर्ट छोड़कर उधर ही भागे। डॉ. माइकेला ने उदास आँखों से देखा। एक ओर वेंटिलेटर लग रहे थे, दूसरी ओर स्ट्रेचर ट्रॉलियों पर तीन शव मॉर्चरी की ओर जा रहे थे।

डॉ. डेविड ने मार्च का तीसरा सप्ताह खत्म होते-होते, जो आँकड़ा दिया, माइकेला विचलित हो उठी, "अकेले न्यूयॉर्क में पंद्रह हजार संक्रमित हो गए थे। एक सौ चौदह लोगों की मौत हो चुकी थी। पूरे अमेरिका में चौंतीस हजार लोग संक्रमित पाए गए। चार सौ से अधिक लोगों की मौत हो गई। यह बढ़ोतरी तीन सप्ताह पहले पहला संक्रमित केस प्राप्त होने के बाद की है।" कहते-कहते डॉ. डेविड के चेहरे पर चिंता की झाड़ियाँ उग आईं।

अचानक नीचे एंबुलेंसों की घरघराहट सुनाई पड़ी। डॉ. कास्त्रो ने विंडो से देखा। बारह नए मरीज उतारे जा रहे थे। घबराए स्वर में उन्होंने डॉ. डेविड और साथियों को बताया। सब एक साथ चीख पड़े, "ओ माई गॉड! व्हाट इट्स बीइंग।" ट्रॉलियों के पहिए रैंप को रगड़ने लगे। एक नर्स दौड़ती हुई आई। उसने बताया, "वार्ड में जगह नहीं है डॉक्टर! कोई बेड खाली नहीं है। दर्जन भर नए मरीज आ रहे हैं।" नर्स रुआँसी हो गई।

"ओके! डोंट वरी। रेंटल गद्दे वार्ड के बैक वाले कॉरिडोर में डलवा दो। डिस्टेंस नीयर अबाउट वन टू वन ऐंड हाफ मीटर। बी अलर्ट। सैंपल कलेक्ट करो। वी आर कमींग।" डॉ. डेविड ने नर्स को निर्देश दिया।

"हमारे हॉस्पिटल पर ही यह लोड नहीं है। पूरे न्यूयॉर्क की यही स्थिति है। न्यूयॉर्क के तीन उपनगरों में अस्थायी अस्पताल बनाने का निर्देश दिया गया है। सभी

हॉस्पिटल मरीजों से भर गए हैं। कॉरिडोर, बरामदे सब आकुपाई कर लिये गए हैं।" डॉ. डेविड बोलते हुए उठ गए। उन्हीं के साथ डॉ. माइकेला, डॉ. मिस मारिया और डॉ. कास्त्रो भी उठ गए।

वार्ड में वही चीख-पुकार, छींक-खाँसी, भाग-दौड़। चारों डॉक्टर सीधे वार्ड के बैक कॉरिडोर में पहुँचे। तीन मरीजों को वेंटिलेटर की आवश्यकता थी। वेंटिलेटर खाली नहीं थे। माइकेला ने बताया, "आई.सी.यू. फाइव। दियर आर थ्री पेशेंट्स ऑन वेंटिलेटर बट दे हैव नो मोर रिक्वायर।"

"ओके!" वेंटिलेटर वहाँ से मँगाकर नए रोगियों को लगा दिए गए। डॉक्टरों की टीम सभी वाड्र्स का चक्कर लगाने लगी। एक-एक बेड की रिपोर्ट, फाइल परखकर आवश्यक और उपलब्ध मेडिसिन लिखने लगी। घंटे भर बाद कानों में ट्रॉलियों की खड़-खड़ सुनाई पड़ी। आई.सी.यू. से तीन शव निकल रहे थे।

न्यूयॉर्क का गवर्नर ऑफिस इन स्थितियों से बखूबी वाकिफ था। उसने सतर्क निगाह भी रखी थी। गवर्नर एंड्रयू कुओमो ने चिकित्सा आपूर्ति बढ़ाने का आदेश दिया था। अमेरिका में वाशिंगटन, कैलिफोर्निया और न्यूयॉर्क कोरोना वायरस के केंद्र बन गए थे। इनके सहित सात राज्यों में आवाजाही पर रोक लगा दी गई थी। उद्योग-व्यापार की सारी गतिविधियाँ बंद कर दी गई थीं। इसके कारण दस करोड़ से अधिक लोग प्रभावित हुए। अमेरिकी सरकार साधन एवं आवश्यकता के अनुरूप टास्क फोर्स गठित कर नागरिकों में कोरोना के संक्रमण की जाँच करा रही थी। मार्च में तीन सप्ताह पूरा होते-होते ढाई लाख अमेरिकियों की जाँच की जा चुकी थी।

तीन सप्ताह बाद आज माइकेला को घर आने का मौका मिला। मम्मी इंतजार कर रही थीं। उनके आश्चर्य की सीमा न रही। माइकेला इन तीन सप्ताहों में कितना बदल गई थी। आँखों के पपोटे सूज गए थे। मास्क कसे होने के कारण आँखों के नीचे और गालों पर रेखा जैसे नीले निशान पड़ गए थे। उसने अपनी मम्मी को बताया, "जीवनचर्या के सारे नियम और आचार हम डॉक्टरों ने खूँटी पर टाँग दिए हैं। कोरोना के संक्रमित पेशेंट्स ही अपनी दुनिया हैं। इनकी सेवा धर्म। इनकी चीख-पुकार। इनका दर्द हमेशा कानों में गूँजता है। जीवन की सारी संवेदना इनकी आँखों में भरे पानी में डूब जाती है। इनकी बहती नाक में बह जाती है। सारी स्मृतियाँ, सारे रिश्ते इनकी छींक में उड़ जाते हैं। छोड़ो इन्हें…अपनी बताओ…कैसी हो? घर में खाने-पीने का सामान और जरूरी चीजें तो हैं न!" माइकेला ने अपनी माँ से पूछा और पॉट की चाय टेबल पर रखती मेड की ओर देखा।

"वह सब ठीक है, बेटी।" उसकी माँ सॉनिटो ने कहा।

"डॉ. कास्त्रो कह रहे थे, कोरोना की इस बंदी में उनके पड़ोस के हॉकर ने सामानों की जमाखोरी कर रखी थी। वह ऊँचे दामों पर या ब्लैक से जरूरतमंदों को सामान दे रहा था। प्रशासन को पता चला तो उसे गिरफ्तार कर लिया।" माइकेला ने कहा।

"जरूरी चीजें तो ऑनलाइन उपलब्ध हैं।" मम्मी ने कहा।

"क्या कहा जाए मम्मी! वैक्सीन बेचने का दावा करनेवाली एक वेबसाइट को न्याय विभाग ने बंद कराया है। इस इम्मोरलिटी को क्या कहा जाए? अमेरिका में कोरोना वायरस के वैक्सीन की धोखाधड़ी की अनेक चर्चाएँ हैं। संभवत: यह पहली कार्रवाई है।" कहकर माइकेला चुप हो गई।

"सुना है, किसी सिनेटर को भी कोरोना हो गया है। वह रिपब्लिकन पार्टी का है।"

"कोरोना न पार्टी देखता है, न जाति, न संप्रदाय, न वर्ग, न अमीर, न गरीब। उसके लिए देश और समाज की कोई भौगोलिक सीमा नहीं रह गई है, मम्मी।" माइकेला चुप होकर सोचने लगी।

सारी दुनिया इस महामारी से बचने के लिए अपनी-अपनी कोठरियों में कैद है। एक विशाल कैदखाना है, आज की दुनिया। उनकी अलग-अलग कोठरियाँ, बैरकें। बड़ी-बड़ी महाशक्तियाँ विवश। इस मायावी शत्रु के सामने नतमस्तक। शत्रु अदृश्य। केवल उसका अट्टहास सुनाई पड़ता, जब दुनिया शव बनती जा रही है। आदमी रो रहा है। वह हँस रहा है।

इस विचार-प्रवाह को भंग किया मिसेज सॉनिटो ने, "तुम्हारा इंडिया विजिट कैसा रहा? तुमने कुछ बताया नहीं।"

"अवसर ही नहीं मिला। उस दिन आई तो सीधे हॉस्पिटल चली गई। तब से आज सोने के लिए ऑफ मिला है। इस विजिट के बारे में और कुछ तो नहीं कहा जा सकता। मुझे एक उपलब्धि की प्रतीति होती है। शायद! तुम्हारी काशीवास की इच्छा पूरी हो सके।" कहते हुए माइकेला का थका चेहरा आरक्त हो उठा। रित उसकी आँखों के सामने साकार हो गया। उसने पूरा वाकया अपनी मम्मी को बता दिया। सबकुछ सुनकर मिसेज सॉनिटो का प्रौढ़ चेहरा गंभीर हो गया। उनके मानस में हलचल हो रही थी। काशी। शिव और सुंदर। ॠत और सत्य।

"माइकेला! तुम डॉक्टर हो, किंतु मेरी बेटी हो। जानती हो ऋत और सत्य में क्या अंतर है?"

"सॉरी मम्मी!" माइकेला का ध्यान भंग हुआ।

"बेटी! प्रकृति में जो घटित होता है, वह ऋत है। जैसे सूरज पूरब में निकलता है। जो हम भोगते हैं, वह सत्य है। जैसे यह कोरोना का कहर।"

"यानी रित प्रकृति सत्य है और सत्य हमारा सच।" माइकेला मुसकराई।

"ऐसा ही हो। विश्वास और धारणा सत्य का केंद्र है। तुम्हारे भीतर का विश्वास और धारणा अटल हो।" मिसेज सॉनिटो की आवाज अंतः से निकली।

माइकेला एकटक मम्मी का चेहरा देखने लगी।

"माइकेला! तुम थोड़ा आराम कर लो। डिनर पर मिलते हैं।" मिसेज सॉनिटो उठ गईं। माइकेला भी अपने बेडरूम में आ गई। बेड पर बंद आँखों के भीतर रित का साथ याद आने लगा। उसे याद आया अपना यह वाक्य—'तुम साथ दोगे।' उसका उत्तर—'अवश्य! समय आने दो।' यह केवल संवेग नहीं हो सकता। यह स्त्री और पुरुष की समान आवश्यकता नहीं हो सकती। यह अपनी माटी में उपजनेवाले बीज का अंकुरण है। सारा जड़ और चेतन इस अंकुरण को महसूस करता है। अंतः की प्रकृति इसे सँवारती रहती है। विकसित कर पल्लवित-पुष्पित करती है। समय के साथ समझौता भी चलता है। अंतः के भाव दबाने पड़ते हैं। लेकिन उपचेतन की स्मृति का क्या करें, वह कोई समझौता नहीं करने देती। यह अदृश्य शत्रु! यह कोरोना वायरस! मम्मी ठीक कहती हैं, हम इसे भोग रहे हैं। यह ऐसी यंत्रणा है, जो धीरे-धीरे हमें कुंठित करना चाहती है, हमारे संबंधों के नजदीकीपन से हमें काट रही है।

आदमी आदमी नहीं रह गया है। निःस्तब्ध, निर्जन आकाश के नीचे रेंगनेवाला अकेला और लाचार जीव। एकांत और अकेलेपन की अपनी व्यथा होती है। हम आमने-सामने अपना दर्द भी एक-दूसरे से नहीं बाँट सकते। पड़ोसी पड़ोसी के लिए दरवाजा नहीं खोल सकते। किसी का व्यक्तिगत अवसाद सुनने की भी फुरसत किसी को नहीं है। उसका पिघलता, टूटता हृदय। पश्चात्ताप के बोझ से दबा मानस। भावनाओं का रिसता व्रण। कोई मरहम लगानेवाला नहीं। किसी ट्रेजडी कथानक की तरह परसों का वह दृश्य उसकी आँखों के सामने चलचित्र की भाँति घूमने लगा।

निलय! कोलंबिया यूनिवर्सिटी में उसकी क्लास का छात्र। थर्ड ईयर का प्रबुद्ध भारतीय। लखनऊ का निवासी। परसों उसकी केबिन में आया। सामने खड़ा हो गया।

आँखों से अविरल आँसू गिर रहे थे। उसे इस अवस्था में देख मेरे माथे पर शिकन आ गई। मैंने पूछा, "क्या हुआ निलय! बैठो।" मैंने कुरसी की ओर इशारा किया।

चुप। वह केवल रोता रहा। मैं उठ गई। उसके कंधे पर हाथ रख कुरसी पर बैठाया। पैक्ड पानी की छोटी बोतल उसकी ओर बढ़ाई। टिश्यू पेपर आगे बढ़ाते हुए, पानी पीने के लिए कहा।

"क्या हुआ निलय! ··· कुछ बोलो तो!"

"मैम! लखनऊ में मेरे पिताजी एक बड़ी फार्मास्युटिकल कंपनी में मैनेजर थे। उन्हें कॉर्डियल प्रॉब्लम था। लॉकडाउन के चलते सड़क पर कोई बिना पास के आता-जाता नहीं है। मम्मी ने दूर के किसी रिश्तेदार को फोन कर एंबुलेंस भिजवाने के लिए कहा। रिश्तेदार ने बताया कि तीन एंबुलेंस सर्विस को उसने फोन किया। कहीं फोन ही नहीं उठा, तो कहीं ड्राइवर न होने से एंबुलेंस की उपलब्धता न हो सकी। किसी तरह चौथी बार फोन करने पर एक एंबुलेंस आई। तब तक बहुत देर हो चुकी थी। पिताजी को हृदयाघात था। वे चल बसे। माँ ने मुझे फोन किया। मैं कल से ही बैग एंड बैगेज के साथ बैठा हूँ। यहाँ भी लॉकडाउन। कोई फ्लाइट नहीं। यही स्थिति फ्रांस में मेरे छोटे भाई की है। अड़ोस-पड़ोस में सोशल डिस्टेंसिंग और कोरोना संक्रमण के भय से कोई आया नहीं। चंद रिश्तेदारों के आने का प्रश्न ही नहीं। अकेली मेरी माँ किसी पुलिसमैन की मदद से जाने कैसे उनका शव श्मशान ले गईं। उन्होंने स्वयं चिता सजाई और मुखाग्नि दी। मैं असहाय, बेबस यहाँ पड़ा हूँ मैम! वे पिता, जो मुझे न्यूयॉर्क भेजकर मेडिकल की पढ़ाई करा रहे थे, जिन्होंने मेरे जीवन के विकास हेतु कितने परिश्रम से मेरी सुविधा, मेरे खानपान, रहन-सहन और स्वास्थ्य का ध्यान रखा। मैं उनका अंतिम दर्शन भी नहीं कर सका। मैं कितना अभागा हूँ मैम!"

वह सन्न रह गई थी। बैठी हुई काठ की मूर्ति बन गई थी।

अकेले निलय ही विवश और अभागा नहीं था। माइकेला भी उतनी ही विवश थी। सिवाय उससे सुनने और सहानुभूति के दो शब्द कहने के अतिरिक्त वह कर भी क्या सकती थी।

लाख प्रयासों के बाद भी यह घटना उसके मानस से उतर नहीं पा रही थी। निलय की यह यंत्रणा कितनी कटु और हृदय को बोझिल बना देनेवाली है। यह यंत्रणा केवल निलय की या मेरी नहीं। आम आदमी की यंत्रणा है। भले ही कोई अपना दिल बहलाने के लिए इन सबसे उदासीन हो जाए या आत्मविश्वास से भरा

दिखाई पड़ने का प्रयास करे। उसका हृदय हाहाकार कर उठा। उसे लगा, जैसे वह किसी यातना के शिविर में आ गई है। इस शिविर का अभी तक कहीं कोई अंत दिखाई नहीं पड़ता, किंतु वह उदासीन नहीं हो सकती। अपने प्रति, अपने कर्तव्य के प्रति, समाज के प्रति, माँ के प्रति और अपने भीतर दिल्ली में उगे राग के उस अंकुर के प्रति। उसकी स्मृतियों का प्रेत अजीब मायावी रूपों में सामने आया और चारों ओर की निस्तब्धता तथा मौन के गहन अंधकार में विलीन हो गया। उसने सेल फोन उठाया। कॉन्टैक्ट में रित का नंबर सर्च करने लगी किंतु रुक गई। ड्राइंगरूम से मम्मी की आवाज आ रही थी।

शाम हो गई। मिसेज सॉनिटो अपने रूम से बाहर आ गई थीं। उन्होंने मेड को बुलाया। आवाज सुनकर माइकेला भी आ गई। सब बालकनी में बैठे। घरों की खिड़कियाँ खुल गईं। अकेलेपन की ऊब मिटाने के लिए लोगों की खिड़कियों और बालकनी से गीत-संगीत के स्वर फूटने लगे। मिसेज सॉनिटो के अनुरोध पर माइकेला ने अपना पियानो उठा लिया। तारों से प्रस्फुटित माधुर्य में मिसेज सॉनिटो खो गईं। माइकेला भाव-विभोर थी। उसके मुख से गीत के बोल फूटने लगे—

"पास आना मना
दूर जाना मना
जिंदगी का सफर
कैदखाना बना
चुप्पियों की परत
चीरती जा रही
चीख चीत्कार बेइंतिहा दूर तक
पत्थरों के बुतों में
बदलने लगे
साँस लेते हुए सब मकाँ दूर तक
पट्टियों की तरह
जो बँधी जख्म पर
रोशनी मौत की लोरियाँ गा रही
अब दबे पाँव
तीखी हवा जिस्म पर
आग का सुर्ख मरहम लगा जा रही

हुक्मराँ वक्त की
यह मुनादी फिरी
मुसकराना मना
खिलखिलाना मना
धूप में, चाँदनी में
नहाना मना।"

गीत की स्वरलहरी बंद हो गई। देर तक मिसेज सॉनिटो के अंत: में ही नहीं, बगल की खिड़की के भीतर कानों में दूर किसी मंदिर की घंटियों से आती हुई आवाज की गूँज भरती रही। माइकेला ने देखा कि उसकी मम्मी की आँखें भर आई थीं। उसने कुछ कहना चाहा कि उसका सेल क्रिं···क्रिं···करने लगा। रित का फोन था।

□

डॉ. रित ने सुना तो, पर देखा नहीं था। टेलीविजन पर इस न्यूज के टेलीकास्ट होने की चर्चा थी। प्रत्यक्ष उसने आज देखा, जब माइकेला से वीडियो कॉल पर बात की। दोनों आँखों के नीचे कनपटी, नाक और गालों के ठुड्डी प्रदेश तक जमे हुए रक्त की भूरी-नीली रेखा, जैसे नील नदी के कगार पर विशाल रेत का क्षेत्र। यह हाल अकेली माइकेला का नहीं, संसार के तमाम डॉक्टरों का था। डॉक्टर रात-दिन जग रहे थे। परिश्रम कर रहे थे। सोने के लिए घंटे-दो घंटे किसी टेबल पर, बेंच पर या अपनी कुरसी पर बैठे-बैठे ही वक्त निकाल पा रहे थे। अमेरिका, इटली, फ्रांस, जर्मनी सहित प्राय: सारे देश जूझ रहे थे। स्पेन की संसद् ने इमरजेंसी घोषित कर दी थी।

और भारत··· ? भारत में मार्च की दूसरी तारीख को संसद् में हाथापाई, धक्का-मुक्की और मर्यादा के हनन का नंगा नाच हो रहा था। अमेरिका के राष्ट्रपति डोनाल्ड ट्रंप भारत की यात्रा पूरी कर जा चुके थे। उनके रहते ही दिल्ली दंगे की भयानक आग में जला दी गई थी। एक राष्ट्रीयता और जातीय-बोधवाली सरकार के खिलाफ झूठ की बुनियाद पर अल्पसंख्यकों के एक बड़े वर्ग को भड़काया गया। पाकिस्तान, बांग्लादेश और अफगानिस्तान के प्रताड़ित धार्मिक अल्पसंख्यकों को नागरिकता देने का कानून संसद् द्वारा बनाया गया। उसके खिलाफ विद्रोह प्रदर्शन और धरनों के आयोजन कराए गए। फिर इन्हीं को आगे कर सरकार विरोधी तत्त्वों ने अराजकों और कानून न माननेवाले अवांछित लोगों द्वारा नॉर्थ-ईस्ट दिल्ली को

जलवा दिया। संसद् में इन्हीं लोगों के नुमाइंदे विश्वव्यापी कोरोना महामारी से आँख मूँदकर दिल्ली दंगों पर शोर मचाते हुए संसद् में दंगल करने को उद्यत हो गए।

डॉ. रित सोचने लगे। देश में कोरोना ने संक्रमण का आगाज कर दिया है। केरल से प्रारंभ होकर वह तमिलनाडु, महाराष्ट्र, जयपुर, मध्य प्रदेश और दिल्ली तक के द्वार पर खड़ा हो गया है। स्वास्थ्य मंत्री एम्स में मीटिंग कर रहे हैं। हम सब तनाव में हैं। देश की इतनी बड़ी आबादी के लिए टेस्टिंग किट्स, पी.पी.ई., हॉस्पिटल, बेड्स, जीवनोपयोगी और बहुत सी सामग्री चाहिए। देश की संसद्, देश के नियामक इस पर कब सोचेंगे? संक्रमण अपने विस्तार के प्रथम चरण रख रहा है। हमारी आँखें मुँदी हैं। आखिर यह संसदीय दंगल क्यों हो रहा है?

निश्चय ही वोटबैंक के लिए। सांसद अपने-अपने दलों के हित में एजेंडा सेट किए रहते हैं। इसके लिए लोकसभा-राज्यसभा सचिवालय से जारी एजेंडा एक ओर कर दिया जाता है। हंगामा एक ऐसा अस्त्र है, जिसके द्वारा पक्ष-विपक्ष जनता में अपनी राजनीति चमकाता है। अपने को पहचनवाता है। अन्यथा जब सरकारें किसी विषय और समस्या पर चर्चा कराने को तैयार रहती हैं। विपक्ष के प्रश्नों का उत्तर देने के लिए सहमत होती हैं, तब वह गंभीर चर्चा या विमर्श के बजाय अराजक आचरण पर क्यों उतर आता है? निश्चय ही जब तर्क कमजोर होते हैं या वह विषय और समस्या के लिए स्वयं जिम्मेदार होता है तब उसे दिखावा करना पड़ता है कि समस्या के प्रति वह गंभीर है; लेकिन अपनी पोल खुलने के डर से सत्ता पक्ष पर दोष मढ़कर, सदन नहीं चलने देता।

बात साफ और अनावृत थी कि दिल्ली का वातावरण बिगाड़ने में कांग्रेस और अन्य विपक्षी दलों ने नागरिकता संशोधन कानून के खिलाफ अल्पसंख्यकों के सबसे बड़े वर्ग को पूरी ताकत के साथ भड़काया। रामलीला मैदान में रैली कर उन्हें घरों से बाहर निकलने के लिए ललकारा। यह राजनीति भी कितनी बेशर्म है, जो लोग नागरिकता संशोधन कानून के खिलाफ अराजक बयान देते हैं, उकसाने और भड़काने का काम करते हैं, वही सीएए के समर्थन में आने और बयानों को जारी करनेवालों के विरुद्ध काररवाई की माँग करते हैं। दिल्ली का दंगा किसी राजनीतिक मुद्दे पर नहीं हुआ। वह सीएए के विरोध में हुआ। इस मुद्दे को लेकर विपक्षी नेताओं ने जितना बन सका, जहर बोया। इनके साथ वामपंथी बुद्धिजीवियों की भूमिका भी अभूतपूर्व रही।

डॉ. रित को सेल फोन पर ही माइकेला से होनेवाली बात का एक प्रसंग याद

आया। वह कह रही थी, "दिल्ली का दंगा तो राष्ट्रपति डोनाल्ड ट्रंप के आगमन पर मुसलमानों को सड़क पर उतारने की सुनियोजित साजिश थी। उसके पीछे न केवल मोदी सरकार को असहज करने का उद्देश्य था, अपितु दुनिया को यह दिखाना था कि सीएए कानून के खिलाफ भारत में कितना गुस्सा है? उसने निर्णायक स्वर में कहा था—हम अमेरिकी भारतीयों को इस बात में जरा भी संदेह नहीं है कि अमेरिकी राष्ट्रपति के आगमन पर भड़काए गए दंगे भारत में विपक्ष के द्वारा प्रायोजित कुत्सित कार्यक्रम था।" डॉ. रित चिंतित थे, क्योंकि ये लोग इस महामारी द्वारा ढाए जानेवाले कहर को नहीं देख रहे हैं। ये आज भी और अभी भी कुछ ऐसा आचरण कर रहे हैं, जो सिद्ध करता है कि इनकी चिंता हिंदू और अन्य प्रताड़ित शरणार्थियों के प्रति नहीं है। इनकी सारी चिंता घुसपैठियों और देश-तोड़क तत्त्वों के लिए है। ऐसी ताकतें हैं, जो देश को आग में झोंक रही हैं। अत: इन्हें खोजने और प्रत्यक्ष करने की जरूरत है, जैसे दिल्ली के दंगे के अपराधियों को। यहाँ यह भी नहीं भूला जा सकता कि दिल्ली पुलिस समय से दंगों की स्थिति का अंदाजा नहीं लगा पाई। सरकार भी लगातार खराब होते वातावरण को रोकने के लिए सक्रिय नहीं हो पाई। खैर...जो भी हो। अब तो सबको एक साथ मिलकर कोरोना कहर से बचाव की रणनीति बनानी चाहिए, लड़ने का उपाय सोचना चाहिए।

"डॉ. रित! आप गहरी चिंता में हैं।" केबिन में खड़ी डॉ. रूबिया लियाकत यानी मेरी मम्मी की आवाज ने उसका ध्यान भंग किया।

"ओह! नो। मैं आपकी प्रतीक्षा में हूँ। आउटडोर चलना है।"

वह उठकर खड़ा हो गया, तभी नर्स ने सूचना दी कि गोकुलपुरीवाले रतन लाल की बीवी सीरियस है। डॉ. रित और डॉ. रूबिया आई.सी.यू. की ओर भागे।

रतन लाल दिल्ली पुलिस में हेड कॉन्स्टेबल थे। वे गोकुलपुरी के ए.सी.पी. ऑफिस में तैनात थे। पूर्वी दिल्ली के मौजपुर में दोनों गुटों को रोकने के लिए रतन लाल बीच में आ गए। उनके हाथ में केवल एक डंडा था। आततायियों ने उन्हें पीटकर मार डाला था। इस सदमे से उनकी पत्नी पूनम को दिल का दौरा पड़ा था। डॉ. रित और डॉ. रूबिया ने घंटे भर के परिश्रम के बाद उन्हें सामान्य किया। घड़ी की ओर देखते हुए रूबिया ने कहा, "आउटडोर पोस्टपोंड कर दिया जाए। वार्ड विजिट आवश्यक है।" डॉ. रित ने भी सहमति जताई। वे वार्ड में आ गए। तीन घंटे बाद वार्ड दौरा कर वे अपनी केबिन में आए। दोनों शांत थे। डॉ. रूबिया ने चाय मँगाई। एक प्याला रित की ओर बढ़ाते हुए बोलीं, "यू आर सीरियस।"

"नो।"

"समथिंग इज इन योर माइंड।"

"मैम! दिल्ली के इस दंगे में तिरपन लोग मारे गए। इसमें रतन, अंकित, राहुल, आलोक, इरफान, सुलेमान या शाहबान—इनका दोष क्या था? यह पूनम, इसके ये दोनों बच्चे—इनका दोष क्या? ये तो जिंदगी को ठीक से समझ भी नहीं सके और जिंदगी का कड़वा सच इनके सामने आ गया। दंगे में कोई ताहिर अली जैसा मुसलमान या कपिल मिश्रा जैसा हिंदू नहीं मरता। मौत तो केवल गरीब की होती है, जो रोटी की जुगाड़ में मेहनतकशी करता है। दंगे में मौत हिंदू-मुसलमान की नहीं मानवता की होती है।"

"इससे बड़े हादसे और हॉरर के लिए तैयार रहना होगा, डॉ. रित! अदृश्य शत्रु अनेक रूपों में कहर ढाने के लिए आ गया है। प्रवेश करते ही इसने देश में पचासों लोगों को अपनी गिरफ्त में ले लिया। अभी तो मार्च का पहला सप्ताह ही है।" डॉ. रूबिया ने चिंताकुल स्वर में कहा।

"सुना है कि स्वास्थ्य मंत्री डॉ. हर्षवर्धन और डॉ. गुलेरिया की मुलाकात हुई थी। क्या कहा उन्होंने?" रित ने पूछा।

"उन्होंने बताया, अब तक 29 मामलों की पहचान हुई है। इन्हें विभिन्न अस्पतालों में क्वारंटाइन कर उपचार किया जा रहा है। यह सब आपसे इसीलिए शेयर कर रहा हूँ कि आनेवाले दिन आपके लिए परिश्रम और कष्ट के साथ चुनौती भरे होंगे। इनका हम सबको धीरज के साथ मुकाबला करना होगा।"

डॉ. गुलेरिया ने पूछा, "टेस्टिंग किट्स, पी.पी.ई., वेंटिलेटर और बेड्स की व्यवस्था करनी होगी। हम उस दिशा में क्या कर रहे हैं?"

"सरकार पूरी तैयारी कर रही है। उम्मीद है, सारी चीजें जरूरत भर की उपलब्ध रहेंगी।" डॉ. हर्षवर्धन ने उत्तर दिया।

"चलो अच्छा है। इस दिशा में सरकार सजग तो हुई!" डॉ. रित ने कहा।

"सजग सरकार हो रही है, अच्छी बात है। लेकिन सजग हम सबको होना होगा। एक-एक नागरिक को होना होगा। यह राष्ट्र पर आई हुई आपदा है। उसमें व्यक्तिगत स्वार्थ और वैचारिक मतभेद भुलाना होगा।" डॉ. रूबिया ने उत्तर दिया।

"पी.एम.ओ. ने भी पूरी शक्ति से कार्य प्रारंभ कर दिया है। विदेश से आनेवाले हर नागरिक के लिए एयरपोर्ट, बंदरगाह या चेकपोस्ट पर स्क्रीनिंग अनिवार्य कर दी गई है।" रित ने कहा।

"स्क्रीनिंग पहले से हो रही थी। अब तक केवल बारह देशों से आनेवाले यात्रियों की अनिवार्य स्क्रीनिंग हो रही थी। अब सभी देशों से आनेवाले यात्रियों के लिए यह अनिवार्य होगी।" रूबिया बोलीं।

"यस… मैम। यू हैव इंट्रेस्ट।"

"थैंक्स!" रूबिया और रित दोनों हँस पड़े।

वे केबिन में आ चुके थे। रूबिया ने घड़ी देखी, बोलीं, "नौ बज गए। वुड यू लाइक टू मूव।"

"यस-यस मैम। आजकल मिस साबिया लियाकत के क्या हाल-चाल हैं। चैनल पर अच्छे-अच्छे के दाँत पर पसीना आ जाता है।"

"अल्लाह का खैर… आप स्वजनों की दुआ।" डॉ. रूबिया ने शिष्टता से कहा।

"मैं उसकी न्यूज एनालिसिस और टी.वी. डिबेट की ऐंकरिंग का फैन हूँ।"

"ओके! लेट अस मूव।"

दोनों केबिन से बाहर आए और अपनी-अपनी गाड़ियों में बैठ गए।

घर पहुँचकर रित फ्रेश हुआ और डाइनिंग टेबल पर आ गया। उसका नेपाली सेवक दाज्यू टेबल पर खाना लगाने लगा। रित ने टी.वी. ऑन किया। न्यूज आ रही थी कि प्रधानमंत्री नरेंद्र मोदी कोरोना वायरस के प्रति सावधानी और सामाजिक दूरी के लिए होली नहीं मनाएँगे। धीरे-धीरे समूची सरकार के प्रतिनिधियों, भाजपा का केंद्रीय और प्रदेशीय नेतृत्व तथा उसकी अन्य प्रदेशीय सरकारों के मुख्यमंत्रियों और मंत्रियों ने भी इसका अनुसरण किया।

"साबजी! रोटी।" दाज्यू ने गरम रोटी रित के प्लेट में डाल दी।

उसने टी.वी. से आँख हटाकर खाने की प्लेट को देखा। उसे यह समाचार अच्छा लगा। बिल्कुल गरम रोटी के टुकड़े जैसा। यह कोरोना वायरस के विरुद्ध देश को सोशल डिस्टेंस की ओर ले जाने की मनोवैज्ञानिक जागरूकता का प्रयास था। राजनीति, कटुता, विद्वेष, शक्ति स्पर्धा से अलग। 'सर्वजन हिताय, सर्वजन सुखाय।'

□

मार्च का दूसरा सप्ताह!

भारत और अफ्रीका के बीच आयोजित क्रिकेट मैच रद्द। यह समाचार

युवाओं में चर्चा का विषय था। एक–दूसरे से मोबाइल पर वे अपना ज्ञान बघार रहे थे। क्रिकेट के इतिहास में यह पहली बार हो रहा है। लखनऊ के के.डी. स्टेडियम में होनेवाला भारत और अफ्रीका के बीच क्रिकेट मैच रद्द हो गया। आई.पी.एल. भी टाल दिया गया। देश–विदेश में होनेवाले अन्य कई खेल आयोजन रद्द किए जा चुके थे। कोरोना वायरस महामारी बन गया था। दुनिया एक अघोषित कर्फ्यू के नीचे चली गई थी। शिक्षण संस्थान, दुकान, मॉल, सभा, सेमिनार सब बंद और रद्द हो गए थे। भारत के प्रधानमंत्री नरेंद्र मोदी सार्क देशों को एकजुट कर कोरोना से लड़ने की रणनीति बनाने का प्रयास कर रहे थे। दुनिया में एक लाख चौंतीस हजार से अधिक लोग संक्रमित हो चुके थे। नेपाल ने एवरेस्ट की चढ़ाई पर रोक लगा दी। पूर्वी अफ्रीका, केन्या, यूक्रेन आदि देशों में भी मौत ने दस्तक दे दी। ईरान को दवाएँ और मेडिकल उपकरण आयात करने में भीषण परेशानी का सामना करना पड़ रहा था। भारत में कोरोना की दहशत पैर पसारने लगी थी। बयासी लोग संक्रमित हो चुके थे। दो मौतें भी हो गईं। जामिया इसलामिया यूनिवर्सिटी की कक्षाएँ 31 मार्च तक के लिए निलंबित कर दी गईं। जे.एन.यू. की भी यही स्थिति थी। बॉलीवुड ने भी अपनी गतिविधियाँ आधी कर दीं। दिल्ली सरकार ने खेल और अन्य आयोजनों पर पूरी तरह से रोक लगा दी। लेकिन···

शाहीन बाग में धरना चल रहा था। इजी टी.वी. न्यूज रिपोर्टर मिस साबिया लियाकत यानी मैं कवरेज के लिए शाहीन बाग गई थी। मेरी पूरी कैमरा टीम साथ थी। लाइव टेलीकॉस्ट चल रहा था। महिलाएँ बच्चों के साथ बैठी थीं। पुरुष इधर–उधर इकट्ठे होकर गप्प लड़ा रहे थे। बड़े–बड़े भगोनों में चिकन–बिरियानी पकाई जा रही थी। एक मौलाना तकरीर कर रहे थे, 'मुसलमान लड़ता है तो पूरी ताकत से लड़ता है। आखिरी साँस तक लड़ता है। काफिर को दोजख तक पहुँचाने के लिए लड़ता है। काफिर के खिलाफ हर लड़ाई का हिस्सेदार अल्लाह के आँख का तारा होता है। हम इस लड़ाई को अंजाम तक पहुँचाएँगे। हमें कोरोना का डर मत दिखाओ। हमें कोरोना नहीं होगा। कोरोना हमें देश से निकालने की साजिश रचनेवाले मोदी को होगा। अमितशाह को होगा। आदि···आदि।'

मैं महिलाओं के बीच में घुस गई। एक मोहतरमा के सामने माइक कर पूछा, "कोरोना की महामारी फैली है। एक जगह इकट्ठा होने से संक्रमण बढ़ेगा। आप बीमार हो सकती हैं। आप अपनी बीमारी और परिवार के अन्य लोगों के संक्रमित हो जाने के खतरे को नहीं महसूस करतीं?"

"हम बीमारी के बारे में सोचकर क्या करेंगे? वतन छोड़कर भी तो मरना है। ऐसे ही मर जाएँगे।" मोहतरमा ने उत्तर दिया।

"इन बच्चों को यहाँ क्यों लाती हैं? इन्हें संक्रमित होने का खतरा है। बीमारी बहुत खतरनाक है।"

"यह रहकर ही क्या करेगा? जब इसके बाप-दादा ही भगा दिए जाएँगे तो यह जीकर क्या करेगा?"

"आज नब्बे दिन हो गए। आप लोगों ने सड़क कब्जा करके नागरिक जीवन को अस्त-व्यस्त कर दिया है। सुप्रीम कोर्ट के मध्यस्थों से बात में कोई रास्ता क्यों नहीं निकल पाया?"

"मध्यस्थ क्या रास्ता निकालेंगे? मोदी क्यों नहीं सीएए और एनआरसी वापस लेता? जब तक वह वापस नहीं लेगा, हम यहीं रहेंगे।"

"मोदीजी तो कहते हैं कि एनआरसी का तो वजूद ही नहीं है?"

"वह झूठ बोलता है।"

इस तरह के बहुत से प्रश्नोत्तर मेरे और उन महिलाओं के बीच चलते रहे। बीच-बीच में पुरुष लोग टोकाटाकी करते रहे। मैं आगे बढ़ी। कैमरामैन चिकन-बिरियानी के भगोनों और प्लेटों के दृश्य फिल्माने लगे। तभी एक झुंड नारे लगाता हुआ आया—गोदी मीडिया वापस जाओ-वापस जाओ।

मैं एक आदमी से पूछ रही थी, "ये सायरन और गाड़ियों पर हूटर क्यों लगे हैं?" यह सुनते ही वह बौखला गया। मैं माइक पर बोलने लगी, जिसका लाइव प्रसारण हो रहा था। "दरसअल ये सायरन और हूटर खतरे का संकेत देने के लिए लगाए गए हैं। इसकी आवाज सुनते ही आसपास की बस्ती से लोग जुट जाते हैं। नारेबाजी करने लगते हैं या ताकत दिखाने लगते हैं।" मेरी बात पूरी भी नहीं हुई थी कि एक नौजवान ने मुझसे माइक छीनकर पटक दिया। कैमरामैन को धक्का दिया। पत्थर का एक टुकड़ा किसी बुर्केवाली ने साधकर मेरी ओर उछाला। पत्थर मेरे माथ पर लगा। खून बहने लगा। मैं घायल हो गई।

देखते-देखते सैकड़ों हिंसक युवकों और महिलाओं ने मुझे और मेरी टीम को घेर लिया। आगे कुछ और अप्रिय हो, इसके पहले एक शूट और टाईवाला युवक सामने आया। "रुक जाओ।" उसने कड़ककर कहा। जो जहाँ था, वहीं रुककर खड़ा हो गया। उसने माइक और कैमरे टीम को वापस दिलवाए। मुझको मेरी गाड़ी में बैठाया। ड्राइवर से बोला, "जाओ। मैंने देखा, पहचाना।" वह इस्माइल था। मेरा

दोस्त। गाड़ी चलते-चलते मैंने सुना। इस्माइल कह रहा था, 'मीडिया और विरोधी में फर्क करना सीखो। सबके साथ एक ही तरीका नहीं होता।'

मैं उलझन में पड़ गई। इस्माइल यहाँ कैसे आया? प्रश्न मेरे मानस में कौंधने लगा।

डॉ. रूबिया घबराई हुई रित के पास आकर बोलीं, "न्यूज ऐप देखा?"

"नहीं।"

उन्होंने अपने मोबाइल में इजी न्यूज ऐप लगाकर रित के सामने रख दिया। न्यूज आ रही थी। शाहीन बाग में इजी न्यूज रिपोर्टर मिस साबिया लियाकत घायल।

"उन्हें फोन कर यहाँ बुला लें।" डॉ. रित ने कहा।

"मैंने कह दिया है।"

थोड़ी देर में मैं एम्स में आ गई। डॉ. रित और मम्मी ने मुझे देखा। चोट गंभीर न थी। टाँका और ड्रेसिंग के बाद मुझे छोड़ दिया गया। ऑफिस से मुझे छुट्टी भी दे दी गई थी। अत: घर आ गई। बिस्तर पर लेटकर सोने का उपक्रम करने लगी। नींद न आ सकी। बार-बार मेरे सामने एक ही प्रश्न अनुत्तरित खड़ा हो जाता। इस्माइल शाहीन बाग में क्या कर रहा था? उसे मैं तब से जानती हूँ, जब मैं जामिया इसलामिया यूनिवर्सिटी की छात्रा थी। इस्माइल और मैं पत्रकारिता के स्टूडेंट थे। वह रिसर्च कर रहा था और मैं स्नात्कोत्तर। उससे दोस्ती···। कॉलबेल घनघना उठी। मेरी सोच बाधित हुई। नौकरानी फरहत ने दरवाजा खोला। मम्मा और डॉ. रित आए थे। दोनों सीधे मेरे रूम में आ गए।

"हलो डॉक्टर!" मैंने रित को आदाब किया।

"अब कैसी हो साबिया?" डॉ. रित ने पूछा।

"बेटर फील कर रही हूँ, डॉक्टर!" मैंने कृतज्ञता से कहा।

"मैंने तुम्हारी साहसपूर्ण कवरेज को और उसकी विजुअल्टी को देखा। तुम्हारा काम जोखिम भरा है।" रित ने प्रशंसा की।

मैंने हलके से मुसकरा दिया।

"आखिर तुम पर यानी मीडिया पर हमला क्यों हो रहा है? मुझे लगता है कि शाहीन बाग या ऐसे अन्य धरनों में गहरी साजिश है। सीएए या एनआरसी बहाना है। इसमें बाहरी तत्त्वों का हाथ हो सकता है क्या?" डॉ. रित ने पूछा।

"अभी तक जो जानकारी प्राप्त है और पुलिस ने जो बताया है, शाहीन बाग में ऐसे लोगों ने शिरकत की है, जो आई.ए.एस. जैसे संगठन से संबद्ध हैं। इन्होंने

नागरिक संशोधन कानून विरोधी प्रदर्शनों का इस्तेमाल मुसलमान नौजवानों को भड़काकर हिंसा के लिए कराने का एजेंडा बनाया था¨।"

मेरी बात अधूरी रह गई। फ़रहत ने इस्माइल के आने की सूचना दी।

"भेज दो।" डॉ. रूबिया ने कहा।

डॉ. रित और रूबिया को नमस्कार कर वह बैठ गया। तबीयत का हालचाल लेने के बाद उसने कहा, "तुम कुछ कह रही थी।"

"ये मुहम्मद इस्माइल हैं! मौलाना आजाद कॉलेज में जर्नलिज्म के असिस्टेंट प्रोफेसर।" मैंने परिचय कराया। इस्माइल ने पुनः हाथ जोड़कर आदाब किया।

"एम्स में कार्डियोलॉजी के प्रोफेसर डॉ. रित हैं।" मैं इस्माइल की ओर मुखातिब हुई।

"तुम्हारी बात अधूरी रह गई, साबिया।" डॉ. रित ने कहा।

"जी! दरअसल इसलामिक स्टेट खुरासान प्रोविंस (आई.एस.के.पी.) अफगानिस्तान में आई.एस. का सहयोगी संगठन है। खुरासान मॉड्यूल का मूल आधार पाक-अफगान सीमा पर है। तालिबान अमेरिका समझौते के बाद इसने अफगान में कई बड़े हमले किए हैं। खुरासान अफगानिस्तान का एक क्षेत्र है। यह इसलिए ऐतिहासिक है कि इसमें ईरान और अफगानिस्तान के हिस्से शामिल हैं। आपको याद होगा कि आई.एस. ने विश्व के इसलामी साम्राज्य का जो नक्शा जारी किया था, उसमें भारत के काफी क्षेत्रों को शामिल किया गया था। आई.एस. ने इस क्षेत्र के लिए अपने कमांडर की नियुक्ति की घोषणा भी कर दी थी। खुरासान में तालिबान छोड़नेवाले और विदेशी लड़ाके दोनों शामिल हैं। इसे बेहद क्रूर माना जाता है। इसके लिए भर्ती दक्षिण एशिया से हो रही है⋯"

"यह कपोल कल्पना कहाँ से लाई हैं, मिस साबिया?" इस्माइल ने साबिया की बात काटकर कहा।

"यह कपोल कल्पना नहीं है प्रोफेसर! न तथ्यहीन स्टोरी। पिछले आठ मार्च को दिल्ली पुलिस ने ओखला विहार के जामिया नगर इलाके से इसलामिक स्टेट खुरासान प्रोविंस (आई.एस.के.पी.) मॉड्यूल से जुड़े एक कश्मीरी दंपति को गिरफ्तार किया। ये कश्मीर निवासी जहाँजेब सामी और उसकी बीवी हिना बशीर वेग गिरफ्तारी से पहले शाहीन बाग और जामिया के प्रदर्शन में लगातार सक्रिय थे। इसके अगले दिन त्रिलोकपुरी से दानिश अली नामक नौजवान को गिरफ्तार किया गया। यह पी.एफ.आई. का सक्रिय सदस्य है। शाहीन बाग और जामिया

आंदोलन में सक्रिय था। दिल्ली दंगों में विशेष सक्रियतावश इसे दंगे के आरोप में गिरफ्तार किया गया है। उससे पूछताछ में जो बात सामने आई, उस आधार पर पी.एफ.आई. के अध्यक्ष परवेज अहमद और सचिव इलियास को गिरफ्तार किया गया। इन पर दिल्ली दंगों को फंडिंग करने का आरोप है।"

"जहाँजेब और हिना दोनों सोशल मीडिया और व्हाट्सएप कॉल के जरिए लगातार अफगानिस्तान के आतंकी संगठन इसलामिक स्टेट के संपर्क में थे। सीएए के खिलाफ उतरने को इन्होंने मुसलमानों को उकसाया। इसके खिलाफ भड़कानेवाली सामग्री भी ये लोग तैयार करके फैला रहे थे। जहाँजेब के कितने फर्जी आई.डी. बरामद हुए हैं। ये दोनों टेलीग्राम, इंस्टाग्राम, फेसबुक, श्योर स्पॉट, ट्विटर आदि सभी सोशल मीडिया प्लेटफॉर्म पर एक्टिव थे।…"

इस्माइल बीच में बोला, "ये दोनों सॉफ्टवेयर कंपनी के कर्मचारी थे। इनका सक्रिय होना स्वाभाविक है, साबियाजी!"

"किसी कंपनी में सामान्य सॉफ्टवेयर का काम करनेवाला इतना सक्रिय नहीं रहता, जितना ये थे। अच्छा छोड़ो… ये दोनों पति-पत्नी इंडियन मुसलिम यूनाइट नाम का सोशल अकाउंट क्यों चला रहे थे? सच यह है प्रोफेसर साहब! आई.एस. की जिहादी विचारधारा से युवाओं को प्रभावित कर जिहादी गतिविधियाँ करने को प्रेरित कर रहे थे।" एक घूँट पानी पीकर मैं फिर बोली।

"जाँच में यह भी खुलकर सामने आ गया है कि ये सीएए के विरोध में प्रदर्शन कर रहे लोगों से फ्री कश्मीर के नारे लगवाते थे। ये दिल्ली के अलावा मुंबई और उत्तर प्रदेश के कई शहरों में लोगों को सीएए का डर दिखाते थे। इसे कौम के खिलाफ मोदी की साजिश बताते थे। इन दोनों ने कुबूल किया है कि वे आई.एस. की पत्रिका 'स्वात-अल-हिंद' के फरवरी संस्करण को प्रकाशित कराने में शामिल थे। इसमें लिखा था कि लोकतंत्र आप लोगों को नहीं बचा पाएगा। आपको जानकारी होगी। इनके खिलाफ भारतीय दंड विधान संहिता की धारा 124ए, 153, 120बी के तहत केस दर्ज किया गया है। इन विवरणों के बाद प्रो. साहब! क्या यह संदेह रह जाता है कि शाहीन बाग का धरना या देश के अन्य स्थानों पर शाहीन बाग सरीखे धरनों-प्रदर्शनों का विस्तार व्यापक और बाहरी गहरी साजिश नहीं है?"

"तो पी.एफ.आई. को बैन क्यों नहीं करते?" इस्माइल ने आक्रोश से पूछा।

"इसका उत्तर तो सरकार का ही व्यक्ति दे सकता है। मुझे जो मालूम है, उत्तर प्रदेश और असम की हिंसा में इनकी संलिप्तता पाई गई है। उसके व्यापक

प्रमाण भी दिए गए हैं। केंद्रीय गृह मंत्रालय के पास इन्हें बैन करने की अनुशंसाएँ विचाराधीन हैं। जामिया हिंसा में भी जो आरोप-पत्र न्यायालय को दिया गया है उसमें भी पी.एफ.आई. का नाम है।"

डॉ. रित कुछ कहने को हुए तो मैं रुक गई।

"आज का वाकया, मैंने विजुअल देखा। शाहीन बाग की कवरेज में तुम्हारे साथ जो हुआ, वह इसी साजिश को छिपाने का हिस्सा लगता है। वे सायरन, हूटर, चिकन-बिरियानी के भगोने। औरतों के रटे-रटाए जवाब निश्चय ही प्रायोजित और देश को डिस्ट्रॉय करनेवाली ताकतों के हैं। शाहीन बाग के पीछे यही शक्तियाँ हैं। इन्हीं के द्वारा तुम्हारे ऊपर हमला भी कराया गया।" डॉ. रित बोलकर इस्माइल की ओर देखने लगे।

वह कुछ कहने को उद्यत हुआ कि डॉ. रूबिया, जो एकदम खामोश थीं, बोल उठीं, "शाहीन बाग में जिस तरह के भड़काऊ भाषण हो रहे थे, जैसी सामग्रियाँ बँटती रहीं, संयोग से मुझे भी पढ़ने को मिलीं, वे निहायत ही आपत्तिजनक हैं। देश विरोधी मानसिकता की परिचायक हैं। वहाँ जिस तरह हर तरीके के संसाधन उपलब्ध रहे हैं, इन्हें देखकर किसी भी निष्पक्ष और तटस्थ व्यक्ति के मन में संदेह पैदा होना स्वाभाविक है।" क्षण भर रुककर वह फिर बोलीं, "मैंने कई बार खुद से पूछा है कि जो कानून तीन देशों में मजहबी कारणों से प्रताड़ित और नाहक जबरदस्ती बेइज्जत किए गए शरणार्थियों की भलाई के लिए नागरिकता देनेवाला है। इसे छल, प्रपंच, दुष्प्रचार की बुनियाद पर मुसलमानों को भड़कानेवाला तंत्र कैसा है? क्या वह देश के साथ द्रोह नहीं कर रहा है? निश्चय ही यह तंत्र अत्यंत प्रभावी और मजबूत है। पी.एफ.आई. और आई.एस. की भूमिका सामने आने के बाद मेरी धारणा और पक्की हो गई।"

"तो पुलिस प्रशासन और केंद्र की सरकार इसका उत्तर क्यों नहीं देतीं? आखिर इतने भयानक तत्त्वों की भूमिका सामने आने के बाद शाहीन बाग जैसे धरने (यदि वह अवैध और अलोकतांत्रिक हैं) को खत्म क्यों नहीं करती? सरकार को किस बात का डर है?" इस्माइल थोड़ा उत्तेजित हुआ।

"होगा। वह भी होगा और मुझे लगता है कि जल्द ही होगा। यदि कोरोना संकट शाहीन बाग के आयोजकों और भड़के हुए लोगों की समझ में नहीं आ रहा है तो सरकार को समझाना ही होगा।" मैंने दृढ़, किंतु शांत स्वर में कहते हुए टी.वी. के रिमोट का बटन दबाया।

ब्रेकिंग न्यूज थी—'महामारी से मिलकर लड़ें सार्क देश।' न्यूज एंकर बोल रही थी—"भारत और पड़ोसी देशों में कोरोना वायरस के बढ़ते खतरे को देखते हुए प्रधानमंत्री नरेंद्र मोदी ने सार्क देशों को एकजुट करने का प्रयास शुरू कर दिया है। उन्होंने कोरोना वायरस के खिलाफ सामूहिक रणनीति बनाने के लिए दक्षिण एशियाई सहयोग संगठन (सार्क) के सदस्य देशों से एकजुट होने की अपील की। मोदी की इस अपील का गहरा असर दिखा। देर शाम तक मालदीव, भूटान और श्रीलंका की तरफ से इस पर सकारात्मक प्रतिक्रिया जताई गई।"

डॉ. रित ने उठते हुए कहा, "मोदी में अद्‌भुत नेतृत्व का गुण एवं क्षमता है! समय से आपदा निस्तारण के लिए प्रबंधन उनसे सीखने लायक है।"

"बहुत खुश हो डॉक्टर! रुको खाना यहीं खा लो।" डॉ. रूबिया ने कहा।

"नो थैंक्स! खाना दाज्यू ने तैयार किया होगा।" रित ने कहा।

डॉ. रूबिया उसे कार तक छोड़ने आईं।

"हिंसकों से मेरी रक्षा के लिए धन्यवाद प्रो. इस्माइल!"

"अरे नहीं! वह बायस्ड मीडिया के प्रति आक्रोश था। वहाँ कुछ खास हिंसा की बात नहीं थी।" इस्माइल ने लापरवाही से कहा।

"यदि सच दिखाना, रियलिटी को सामने लाना बायस्ड होना है तो यही पढ़ाते रहो अपने स्टूडेंट को।" साबिया ने तीखेपन से कहा।

"छोड़ो पत्रकार साहिबा···! तुम्हारी हाल-चाल मिल गई, अब इजाजत दो।" इस्माइल उठ गया।

"ओके। लेकिन मान गई साहब! शाहीन बाग में तुम्हारा जलवा है।"

इस्माइल हँसते हुए दरवाजे के बाहर हो गया। मैंने आँखें मूँद लीं। मुंदी आँखों के भीतर जाते हुई इस्माइल की पीठ दिख रही थी।

□

22 मार्च, 2020, रविवार।

पाँच बज रहे थे, पूरा भारत ठहर गया था। देश के नागरिक अपनी छतों, बालकनियों, बरामदों, खिड़कियों और दरवाजे पर खड़े थे। हाथों में थाली, कटोरी, चम्मच, घड़ियाल, घंट, शंख थे। सब बज रहे थे। इनकी गूँज क्षितिज पर एक लय, एक ताल उत्पन्न कर रही थी। एक ही निनाद था—कोरोना के कर्मवीरों की जय हो।

समय गवाह रहेगा। आनेवाली पीढ़ियों के सामने इतिहास के उज्ज्वल और ज्वलंत पृष्ठ फड़फड़ाएँगे। लोग पढ़ेंगे, सुनेंगे, कैसे नरेंद्र मोदी नाम के प्रधानमंत्री के आह्वान पर सारा देश उनके पीछे चल पड़ा था। नेता, अभिनेता, कवि, कलाकार, अधिकारी, व्यापारी, सैनिक, किसान, मजदूर सब किसी-न-किसी धातु से बनी चीज को बजा रहे थे, एक साथ। सारी सीमाएँ टूट गईं। जाति और धर्म की दीवारें ढह गईं। एलीट और आम आदमी का वर्गभेद ताश के पत्ते की तरह बिखर गया। डॉ. रित ने मन के किसी कोने में इसे सँजोकर रख लिया। शायद कभी किसी अजनबी को या कहानी की जिद करनेवाले किसी बच्चे को सुनाने के लिए।

यह केवल भावना नहीं, एक प्रचारणा थी। राष्ट्रव्यापी हुंकार थी, जो चीन के वुहान से निकले कोरोना जैसे मायावी राक्षस को मार भगाने के लिए सन्नद्ध थी। उसके सामने उसके सेलफोन की स्क्रीन पर चमकनेवाले अनेक वायरल मेसेज साकार होने लगे। जो बार-बार राजनीति के घटिया बाड़े से निकलकर मन और मस्तिष्क में घुसने का प्रयास कर रहे थे जिनसे विश्वास का गहरा संकट पैदा हो गया। जब सोशल मीडिया हमारे दिल और दिमाग को मथकर कसैला और जहरीला बनाने में लगा है। एक आह्वान होता है। देश के प्रधानमंत्री नरेंद्र मोदी का। जनता कर्फ्यू का।

आज से तीन दिन पूर्व मोदी का यह आह्वान प्रसारित हुआ। टी.वी. चैनलों पर, चट्टी चौराहों पर, कॉफी घरों में बहस-मुबाहिसे शुरू हो गए। तर्क के तरकस से अनेक तीखे तीर पक्ष-विपक्ष में छूटने लगे। कुछ सीधे वार करनेवाले, कुछ फाउल गिरनेवाले। झूठ सच के विचार से दूर कुछ पिटे-पिटाए मुहरे चाल में फिट किए जाने लगे। विपक्षी दलों के नेता इसे कोरोना वायरस के खिलाफ ठोस कार्यक्रम के अभाव में जनता का ध्यान बँटाने की साजिश कहने लगे। जनता ने भी समझ लिया बुद्धि का अजीर्ण रखनेवाले ये नेता अपनी उलटियों द्वारा हमारे ही मानस को संक्रमित करना चाहते हैं। इसलिए उन्होंने अपने ध्यान और विवेक का परिचय देते हुए विरोधियों द्वारा फेंके गए सारे कीटाणुओं को फूँककर उड़ा दिया। तीन दिन नेता बहस-मुबाहिसों में मशगूल रहे। भारत की जनता अपने कर्म के पथ का निर्धारण करती रही।

आज का रविवार अद्भुत, अभूतपूर्व और अकल्पनीय। कश्मीर से कन्याकुमारी तक जनता कर्फ्यू। कोरोना के विरुद्ध युद्ध में एकजुट। सड़कों, गलियों व सार्वजनिक स्थानों पर सन्नाटा। विभिन्न राज्यों में एकदम ठप परिवहन। और···

मैं शाहीन बाग गई थी रिपोर्टिंग करने। इस महायुद्ध में देश एकजुट है तो शाहीन बाग में क्या हो रहा है? कल जब मुझे पता चला कि कुछ मुसलिम संगठनों और धर्मगुरुओं ने अपील की है कि कोरोना वायरस के मद्देनजर सीएए विरोधी शाहीन बाग या अन्य स्थानों पर होनेवाले आंदोलनों को स्थगित कर दिया जाए। इस्माइल ने मुझे बताया था, आंदोलन के आयोजनकर्ताओं का एक गुट भी इसे रोक देने के पक्ष में है। इसलिए कल जब मुझे पुलिस और आंदोलन के आयोजकों के बीच बातचीत का समाचार मिला, मैं भागी-भागी इंडिया इसलामिक सेंटर पहुँची थी। मैंने समाचार लाइव किया।

"शनिवार को दिल्ली पुलिस ने इंडिया इसलामिक सेंटर में शाहीन बाग प्रोटेस्ट के आयोजकों के साथ बैठक की। पुलिस ने कोरोना वायरस के बढ़ते प्रभाव को देखते हुए लोगों से प्रदर्शन खत्म करने की अपील की। इस बैठक में डी.सी.पी., साउथ-ईस्ट समेत दिल्ली पुलिस के कई सीनियर ऑफिसर मौजूद थे।"

"प्रदर्शनकारियों की ओर से इंडिया इसलामिक सेंटर के प्रेसिडेंट सिराजुद्दीन, सेक्रेटरी बदरुद्दीन और शाहीन बाग से प्रदर्शन करनेवाले सात प्रदर्शनकारियों ने बैठक में शिरकत की। दिल्ली पुलिस की अपील बैठक में उपस्थित लोगों ने तो स्वीकार की, लेकिन दूसरे गुट ने इसे नामंजूर कर दिया। इसके बाद प्रदर्शनकारी दो गुटों में बँट गए और जमकर आपस में मारपीट हुई। दोनों पक्षों में बवाल इस तरह बढ़ गया कि प्रदर्शनकारियों ने एक-दूसरे पर जूते-चप्पल फेंकने शुरू कर दिए। दोनों पक्षों में बवाल बढ़ने की सूचना पर पुलिस पहुँच गई। पुलिस ने समझा-बुझाकर इनके हंगामे को शांत कराया। प्रदर्शनकारियों के एक पक्ष का कहना है कि शाहीन बाग के लोग देश में आई संकट की इस घड़ी में एक साथ खड़े हैं। यह गुट कोरोना वायरस के मद्देनजर प्रोटेस्ट खत्म करना चाहता है। इनका कहना है कि इस आपदा में भी कुछ बाहरी लोग प्रदर्शन में शामिल होकर उसे जारी रखना चाहते हैं। यही लोग स्थानीय लोगों को धरने के लिए उकसा रहे हैं।"

"इस मारपीट में आधा दर्जन प्रदर्शनकारी चोटिल हो गए। बवाल की आशंका को देखते हुए, धरना स्थल के आसपास पुलिस बल तैनात कर दिया गया है।"

"अंततः दोनों पक्षों ने तय किया कि धरना स्थल पर सिर्फ पाँच महिलाएँ बैठेंगी। महिलाओं का पूरा शरीर हमजत शूट से ढका रहेगा। बच्चे और बूढ़े इसमें नहीं होंगे। माइक का इस्तेमाल नहीं होगा। धरना खत्म करनेवाले गुट ने खुला आरोप लगाया है कि कुछ लोगों की जिद के कारण सैकड़ों जान आफत में हैं।"

खबर स्टूडियो से प्रसारित हो रही थी। स्टूडियो से मैं शाहीन बाग से लाइव लिंक थी। कैमरामैन दिखा रहा था। धरना स्थल पर दूरी बनाकर सात महिलाएँ बैठी थीं। चौकियों पर कुछ जूते-चप्पल रखे थे। यहाँ भी गहरा सन्नाटा पसरा था। मैंने एक प्रदर्शनकारी महिला के सामने माइक कर पूछा, "आपका नाम ?"

"कनीज फातिमा।"

"आज गहरा सन्नाटा है ?"

"हाँ! हमने प्रधानमंत्री की अपील स्वीकार करते हुए प्रतीकात्मक प्रोटेस्ट का निर्णय लिया है।"

"आगे का कार्यक्रम कैसे चलेगा ?"

"रविवार से यहाँ आनेवाला कोई भी प्रदर्शनकारी सिर्फ चार घंटे ही धरना स्थल पर रहेगा।"

"यह कब तक चलेगा ?"

"जब तक कोरोना का संकट समाप्त नहीं हो जाता और फिर पहले की तरह जब तक सीएए, एनआरसी वापस नहीं हो जाता।"

मैंने माइक हटा लिया। कैमरे का स्विच ऑफ हो गया।

हॉस्पिटल में भागदौड़ के बीच कहीं डॉ. रित की निगाह टी.वी. के स्क्रीन पर पड़ी। मेरा टेलीकास्ट देख क्षण भर ठिठक गए। फिर अस्फुट बुदबुदाते हुए आगे निकल गए, "भूत वही, जो सिर चढ़ बोले।"

एकजुटता के प्रदर्शन की इस अभूतपूर्व सफलता से कोई भी आत्ममुग्ध हो सकता है। पर भारत का नेतृत्व आत्ममुग्ध नहीं था। प्रधानमंत्री नरेंद्र मोदी ने कहा, "इसे सफलता न मानें। यह एक लंबी लड़ाई की शुरुआत है। आज देशवासियों ने बता दिया कि हम सक्षम हैं। निर्णय कर लें तो बड़ी-से-बड़ी चुनौती को एक होकर हरा सकते हैं।" इस तरह मोदी ने कमर कस ली।

देश जब जनता कर्फ्यू के जरिए कोरोना की राह रोकने में जुटा था। प्रधानमंत्री नरेंद्र मोदी के निर्देश पर एक उच्चस्तरीय बैठक हो रही थी। इस बैठक में बड़े फैसले हुए। पहला अहम फैसला था—पचासी जिलों को लॉकडाउन कर देने का। जी हाँ! पचासी जिले लॉकडाउन हो गए थे। इसमें उत्तर प्रदेश के छह जिले शामिल थे। यह वे जिले थे, जहाँ अभी तक कोरोना संक्रमितों की पहचान हुई थी। इन जिलों में सिर्फ आवश्यक सेवाओं को जारी रखने का आदेश दिया गया था। यह देश के इतिहास में पहला मौका था, जब देश के एक बड़े हिस्से को आपातकालीन

परिस्थितियों में लॉकडाउन किया गया था। सूचना यह भी दी गई कि बाईस राज्यों के पचासी जिलों के अतिरिक्त कोरोना संक्रमण के प्रसार को देखते हुए, दूसरे जिलों में भी लॉकडाउन का फैसला लिया जा सकता है। राज्य सरकारों को अपने स्तर पर स्थिति की समीक्षा कर निर्णय लेने का अधिकार दिया गया था। सरकार इसे तीसरे स्टेज पर जाने से रोकने के लिए हर संभव प्रयास पर आमादा थी। दरअसल पिछले तीन-चार दिनों में कोरोना के संक्रमण का विस्तार तेजी से होने लगा था। सख्त कदम उठाने और निर्णय लेने की इसी प्रक्रिया का पहला चरण था—देश में पचासी जिलों का लॉकडाउन।

दिल्ली में कोरोना का संक्रमण बढ़ रहा था। राममनोहर लोहिया हॉस्पिटल, लोकनायक जयप्रकाश हॉस्पिटल, सर गंगाराम हॉस्पिटल, सफदरजंग हॉस्पिटल सहित सभी अस्पतालों के डॉक्टर और उनके स्टाफ कमर कसकर रात-दिन लगे थे। जाँच आइसोलेशन क्वारंटाइन के साथ उपचार चल रहे थे। इन डॉक्टरों का समूह जगह-जगह तैनात था। हॉस्पिटल में ही नहीं, सूचना मिलने पर संक्रमित जगह जाना पड़ता था। थर्मल स्क्रीनिंग, टेस्ट या सेनिटाइजेशन जैसी व्यवस्थाएँ करनी पड़ती थीं। डॉ. रित सुबह घर से निकलते तो आने का कोई निश्चित समय न होता। माइकेला की याद आती। कभी-कभी फोन भी लगाते। उसका फोन प्राय: स्विच ऑफ होता और कभी मिलता तो क्षण भर बात हो पाती। उन्हें लगता कि वह बहुत कुछ कहना चाहती है, तब तक डॉक्टर-डॉक्टर की आवाज सुनाई पड़ने लगती। उसे कोई पुकार रहा होता। सॉरी कहकर वह फोन रख देती। आज वह हिंदुस्तान के इस परिदृश्य की चर्चा उससे करना चाहता था। सेलफोन उठाया, तभी डॉ. रूबिया आ गईं।

"मुझे लगता है, आप भी फ्री हो गए हैं।" डॉ. रूबिया ने कहा।

"इस कोरोना के कहर में हम कहाँ फ्री हो सकेंगे?"

"कुछ खास है तो फ्री ही समझिए। बैठिए प्लीज!"

डॉ. रूबिया बैठ गईं। उन्होंने एक गहरी दृष्टि रित के चेहरे पर डाली और गंभीर हो बोलीं, "उस दिन मेरे घर पर प्रो. इस्माइल से आपकी मुलाकात हुई थी। याद है?"

"जी! वह मौलाना आजाद कॉलेजवाला।"

"यस''यस! कैसा लगा आपको?"

"मेरी तो पहली बार की क्षणिक मुलाकात रही। व्हाट आई शुड से?"

"फिर भी। फर्स्ट इंप्रेशन?" डॉ. रूबिया ने आग्रह किया।

"नॉट वेरी गुड। आई थिंक ही इज फंडामेंटलिस्ट।" रित ने कहा।

"मुझे लगता है उसके संबंध रेडिकल लोगों से हैं।"

"मे बी। यू आर राइट। बट हाउ कैन आई से? आई डोंट नो हिम। बट आपको ऐसा क्यों लगता है?" डॉ. रित ने रूबिया की ओर देखा।

"साबिया ने मुझे बताया। वह बार-बार उसे फोन कर पूछ रहा था, आज शाहीन बाग में क्या होनेवाला है? तुम्हें कुछ सूचना तो जरूर होगी। जब साबिया ने कहा, मुझे कोई सूचना नहीं है तो वह चुप हो गया। 'तुम छिपा रही हो, साबिया। याद रखो, तुम जर्नलिज्म करती हो और मैं जर्नलिस्ट तैयार करता हूँ।' कहकर वह हँसने लगा। साबिया ने बताया वह हँसी बड़ी क्रूर थी।" डॉ. रूबिया चुप हो गईं।

"तो आप यह फितूर लेकर क्यों परेशान हैं? साबिया वेलनॉन पत्रकार हैं। बहुत तरह के लोगों से उसका साबका पड़ता होगा और पड़ेगा। वह सक्षम है, किसी भी स्थिति से मुकाबला करने में। आप चिंता न करें।" डॉ. रित ने समझाया।

डॉ. रूबिया चुप हो गईं। क्षण भर बाद रित ने कहा, "मुझे तो अभी रहना पड़ेगा। रात बारह बजे के बाद ही फ्री हो सकूँगा। आप फ्री हैं क्या?"

"यस डॉक्टर!" कहते हुए रूबिया उठ गईं।

"ओके! गुड नाइट।" रित ने कहा। डॉ. रूबिया केबिन से बाहर आ गईं।

घर आते-आते दस बज गए। उन्होंने फरहत से पूछा, "साबिया आ गईं।"

"नहीं मैम!" फरहत ने बताया।

रूबिया अपने कमरे में चली गईं। उन्होंने मुझे फोन मिलाया। मैंने कनेक्शन काट दिया। मम्मी थोड़ा चिंताकुल हुईं, फिर वॉशरूम में घुस गईं। आधे घंटे बाद वापस आईं तो फ्रेश थीं। ड्रेसिंग टेबल के सामने वे खड़ी हुईं कि सेल क्रिं···क्रिं करने लगा। फोन मेरा था।

"हलो साबिया! बहुत देर हो गई। मैं खाने पर तुम्हारा इंतजार कर रही हूँ।"

"सारी मम्मा! तुम खा लो। मैं बिजी हूँ। आना नहीं हो सकेगा।"

"कहाँ हो?" रूबिया ने पूछा।

"अभी तो स्टूडियो में हूँ, पर जाना भी पड़ सकता है।"

"क्यों, कुछ खास है?"

"कुछ तय नहीं है। रुकने को कहा गया है। संभव है नहीं जाना पड़े, तो बारह बजे तक आ जाऊँगी।"

"ओके! टेक केयर।"

"थैंक्स! बाय मम्मा!" फोन कट गया।

फरहत ने खाना लगा दिया। मम्मी खाने के बाद सोने चली गईं। आधे घंटे बाद ही मैं वापस आ गई। मुझे दूसरे दिन शाम को बुलाया गया था। नाइट ड्यूटी के लिए।

24 मार्च! रात दो बजे। मेरा सेल बजने लगा। स्क्रीन पर इस्माइल का नाम आया।

"हलो!"

"तुम्हारा मीडिया कहाँ है, साबिया! शाहीन बाग में दिल्ली पुलिस जबरदस्ती कर रही है। महिलाओं को मार रही है। मीडिया ओवरलुक कर रहा है।" इस्माइल लगभग चीख रहा था।

"अच्छा! आई सी। थैंक्स फॉर इन्फॉर्मेशन।"

'आखिर वह हो गया, जिसका मीडिया को अनुमान था।' मैंने खुद से कहा और टीम को इमिडिएट शाहीन बाग चलने को कहा।

चंद समय में टीम आवश्यक उपकरणों के साथ गाड़ी में बैठ गई। थोड़े देर बाद मैं शाहीन बाग में थी।

सुबह के चार बज रहे थे। मीडिया के कैमरों से फ्लैश लाइट चमक रही थी। कैमरामैन शाहीन बाग के विजुअल फिल्मा रहे थे। मैंने देखा साउथ-ईस्ट दिल्ली पुलिस के डी.सी.पी. वहाँ मौजूद थे। इनके नेतृत्व में पुलिस फोर्स की दस कंपनियाँ मोर्चा सँभाले थीं। पुलिस लाउडस्पीकर से अपील कर रही थी कि 'कोरोना वायरस की वजह से लागू लॉकडाउन का अनुपालन करते हुए, आप लोग यहाँ से हट जाएँ। इस स्थान को खाली कर दें।' प्रदर्शनकारियों ने पुलिस की अपील को नजरअंदाज कर दिया। आसपास से सैकड़ों लोग धरना स्थल पर आ गए। झड़प और हाथापाई होने लगी। अंततः पुलिस को हलका बल प्रयोग करना पड़ा। मैंने जो देखा, उसमें एक विशेष बात थी—झड़प करनेवाले एक ग्रुप का सरगना इस्माइल था। किसी पुलिसवाले की लाठी उसकी टाँग पर और हाथ पर पड़ी। कुछ नौजवानों ने उसे घेर लिया और चतुराई से धरना स्थल से निकाल लाए। इस बल प्रयोग के परिणामस्वरूप अधिकांश लोग धरना स्थल से चले गए। जो बचे पुलिस ने उन्हें गिरफ्तार कर लिया।

मेरे कैमरामैन ने यह दृश्य भी कैमरे में कैद किया। आसपास की सभी गलियों

को पुलिस ने ब्लॉक कर दिया था। चार ट्रक खड़े थे। पुलिस टेंट उखाड़ रही थी। भगोने, पतीलियाँ, थालियाँ, क्रॉकरी के सामान, प्लेट, कटोरियाँ, चम्मचें, पानी के केनर, स्टोव, चूल्हे, बाँस, रस्सियाँ, टेबल, कुरसी, चौकियाँ, गद्दे, बैनर, पोस्टर, माइक, साउंड बॉक्स, लाउडस्पीकर, छपे हुए परचे, बुकलेट आदि जो भी सामान वहाँ मौजूद थे, सबको पुलिस उठा-उठाकर ट्रकों में भर रही थी। ऑपरेशन समाप्त होते-होते सुबह हो गई।

मम्मी ने चाय के साथ टी.वी. का स्विच ऑन किया। इजी टी.वी. का चैनल स्क्रीन पर उभरा। समाचार और डिबेट चल रहा था। मैं बोल रही थी—

'कोरोना वायरस के कहर की अनदेखी करनेवाले शाहीन बाग में बैठे प्रदर्शनकारियों को दिल्ली पुलिस ने अंततः हटा दिया। सीएए और एनआरसी के खिलाफ इनका धरना उस सड़क पर चल रहा था, जो दिल्ली और नोएडा को जोड़ती है। सौ दिन से बंधक बनाई गई यह सड़क कुछ लोगों की अपनी राजनीति और उनकी अराजकता की शिकार थी।'

डॉ. रूबिया को न्यूज अच्छी लगी। किसी भी समझदार मुसलमान की तरह वे इस प्रोटेस्ट को गैर-वाजिब, अराजक और राष्ट्र-विरोधी मानती थीं। हॉस्पिटल के लिए उन्हें तैयार होना था। अतः उन्होंने टी.वी. बंद कर दी।

दिन के दस बज रहे थे। मैं स्टूडियो से बाहर निकली। आज भी मेरी ड्यूटी नाइट में ही थी। गाड़ी में बैठी, तभी इस्माइल का फोन आ गया।

"हलो!"

"कहाँ हो साबिया!"

"अभी-अभी निकली हूँ। ऑफिस से घर के लिए।"

"मैं डॉ. शौकत अली के नर्सिंग होम में हूँ।"

"क्यों?" यद्यपि मैं सब समझ रही थी।

"इतनी अनजान भी मत बनो। तुम्हारी न्यूज में मुझे लाठी मारते पुलिसवाले दिखाई पड़ रहे हैं। शकल दोनों की क्लीयर नहीं है। न मेरी, न उस कॉन्स्टेबल की।"

"अच्छा तो वह तुम हो। मैं बिल्कुल ही नहीं समझ सकी। माई गॉड!"

"क्या तुम कुछ देर के लिए आ सकोगी?" इस्माइल के स्वर में आग्रह था।

"वहाँ तुम्हारे जैसे और कितने लोग हैं?" मैंने पूछा।

"रिपोर्टिंग करोगी क्या? सॉरी! यहाँ तुम्हारे काम का कोई नहीं है।" इस्माइल बोला।

"ओके! कोशिश करती हूँ।" मैंने फोन काट दिया।

डॉ. शौकत अली का नर्सिंग होम रास्ते में ही था। याद आया कि यह वही शौकत है, जिस पर पी.एफ.आई. को फंडिंग का आरोप है। दिल्ली के रईसों में एक। प्रायः मुसलिम संगठनों और मौलानाओं की मदद करते रहते हैं। मैं वहाँ पहुँच गई।

रिसेप्शन पर पूछा, "प्रो. इस्माइल किस नंबर में होंगे?"

"रूम नं. 3, फर्स्ट फ्लोर।" रिसेप्शनिस्ट ने उसे ऊपर से नीचे तक देखा और खड़ी हो गई।

"थैंक्स!" मैं लिफ्ट की ओर चल दी।

"वेलकम मिस साबिया!" रूम नं. 3 में पहुँचने पर इस्माइल ने कहा।

कमरे में इस्माइल के अलावा दो लोग और थे।

इनमें से एक उसकी मेडिकल फाइल पढ़ रहा था। मैं अनुमान लगाती कि…

"ये डॉ. शौकत अली हैं।" इस्माइल ने परिचय दिया।

"नमस्कार! आप शायद मिस साबिया हैं?" डॉ. शौकत ने कहा।

"जी! नमस्कार!" मैंने शालीनता से उत्तर दिया।

दूसरे सज्जन को मैं जानती थी। उन्हें नमस्कार किया। वह पत्रकार आरफा खाँ शेरवानी थे।

इस्माइल के पैर पर पट्टी बँधी थी। हाथ पर चोट के निशान थे।

"फ्रैक्चर तो नहीं है?" मैंने पूछा।

"नहीं। गनीमत है, तुमने चेहरा नहीं दिखाया। नहीं तो घर से उठाकर फ्रैक्चर कर दिया जाता।" इस्माइल ने व्यंग्य किया।

"तुमने चेहरा छिपा लिया होगा। कैमरामैन ने तो फोकस तुम्हारे चेहरे पर ही किया होगा, वरना पुलिसवाले की छाया पीछे से न आती।" मैंने नहले पर दहला मारा। क्षण भर रुककर मैंने पूछा, "वैसे तुम वहाँ रोज जाते थे क्या?"

"जाना ही चाहिए मिस साबिया!" बीच में आरफा खाँ शेरवानी आ गए।

मैं चुप रही।

शेरवानी ने मुझे चुप देखकर कहा, "मिस साबिया! यह आंदोलन हिंदुस्तान के इतिहास में एक ऐसा आंदोलन था, जो संविधान और लोकतंत्र की रक्षा के लिए लड़ा जा रहा था। वे महिलाएँ सैल्यूट करने के योग्य हैं, जिन्होंने सौ दिनों तक अनेक तकलीफों, शीत और बरसात को झेलकर यह आंदोलन चलाया।"

मैं फिर चुप रही।

"आपको नहीं लगता मिस साबिया कि आपका चैनल कुछ बायस्ड है?" पत्रकार अय्यूब राणा इस आंदोलन को पुनः संगठित करने का आह्वान कर रही हैं। आपका क्या खयाल है?" इस बार डॉ. शौकत अली ने तीर फेंका।

"मैं यहाँ बहस करने नहीं आई हूँ डॉक्टर! मुझे इस्माइल ने बताया कि वह आपके नर्सिंग होम में है। उपचार करा रहा है। मेरा उद्देश्य पेशेंट को देखना है। फिर भी··· बायस्ड होना, न होना व्यक्ति की सोच और अनुकूलता-प्रतिकूलता की समझ तथा विचारधारा पर निर्भर करता है। आप जिसे बायस्ड समझते हैं, दूसरे की दृष्टि में वह रीयल हो सकता है और आप जिसे रीयल कहते हैं, वह औरों की दृष्टि में बायस्ड हो सकता है। रही बात अय्यूब राणा की, वह क्या कर रही हैं, कह रही हैं, वह उनका विजन और कर्म हो सकता है। जरूरी नहीं कि हर कोई उनका अनुसरण करे।" मैंने कहा।

"फिर भी मिस साबिया! केंद्र सरकार के इशारे पर दिल्ली पुलिस का यह रात के अँधेरे में कायरतापूर्ण कार्य है।" इस्माइल बोला।

"मैं कायरता और बहादुरी का सर्टिफिकेट देने नहीं बैठी हूँ। मैं शाहीन बाग को डिस्ट्रॉय करनेवाला आंदोलन मानती हूँ। धीरे-धीरे वह मोदी विरोध में देश विरोधी मंच बन गया था। इसी मंच से जे.एन.यू. छात्रसंघ की अध्यक्ष आइशी घोष ने कहा था—'नागरिकता संशोधन कानून के खिलाफ चल रही यह लड़ाई संविधान में हुई छेड़छाड़ की पहली शुरुआत के विरुद्ध है। यह शुरुआत कश्मीर से हुई थी। हम कश्मीर मामले को पीछे नहीं छोड़ सकते।' मानवाधिकारवादी हर्ष मंदर ने क्या कहा था—'हमें सुप्रीम कोर्ट या संसद् से कोई उम्मीद नहीं करनी चाहिए। इनके विरुद्ध हमें सड़कों पर उतरना होगा।'

"वहाँ संविधान बचानेवाली दादियाँ और बहनें। दोनों के भाषण पर तालियाँ पीट रही थीं। शरजील इमाम को भी याद कर लीजिए। वह तो खुद को इस विरोध प्रदर्शन का आयोजक भी कह रहा था। वह असम को भारत से काट देने की बात कर रहा था। उसने यह भी कहा कि असम में सीएए लागू हो गया है। वहाँ लोग डिटेंशन कैंप में डाले जा रहे हैं। वहाँ कत्ल-ए-आम चल रहा है। पिछले छह से आठ महीने में सारे बंगालियों को मार दिया गया। हिंदू-मुसलमान किसी को नहीं छोड़ा गया। इस झूठ की बुनियाद पर मुसलमानों को भड़काने का उसका यह काम···

"आप लोग चाहते हैं कि मीडिया इसकी कवरेज न करे। इस आंदोलन को

कोरोना के इस काल में भी संक्रमण फैलाने के लिए छोड़ देना चाहिए। माफ करें प्रो. इस्माइल, यह कायराना काम दिल्ली पुलिस को बहुत पहले करना चाहिए था।" मैं उठकर खड़ी हो गई। क्षण भर बाद सबको आदाब करते हुए बोली, "मुझे इजाजत दीजिए।" और कमरे के बाहर हो गई। जब मैं सड़क पर चल रही थी, बिना गियरवाली गाड़ी के एक्सीलेटर पर मेरे हाथ का घुमाव कुछ अधिक हो गया। गाड़ी फर्राटे से सड़क पर दौड़ने लगी। इसी गति से दौड़ गया मेरा मन। मेरे मुँह में बुदबुद हुई—'तो इस्माइल फंडामेंटलिस्ट है।'

घर आते-आते दोपहर हो गई। बारह बज गए। मैंने फरहत से चाय मँगाई। रात की ड्यूटी, भाग-दौड़। सुबह डॉ. शौकत अली के नर्सिंग होम की विजिट। मैं काफी थक गई थी। चाय के बाद सीधे बाथरूम में चली गई। शॉवर से गिरती पानी की नन्ही-नन्ही जलरेखाओं ने काफी राहत पहुँचाई। आधे घंटे बाद बाहर निकली। अपने अंदर ताजगी का अहसास हुआ। डाइनिंग टेबल पर बैठ गई। फरहत की बनाई रुमाली रोटी पसंद आई। खाने के बाद मैं अपने बेडरूम में आ गई। स्लीपिंग गाउन पहन सोने का उपक्रम करने लगी। शाम को निकलना था। आज भी नाइट ड्यूटी थी।

सेलफोन के अलार्म की आवाज कानों में पड़ी, मेरी नींद खुल गई। छह बज रहे थे। जल्दी से तैयार हुई और स्टूडियो के लिए चल दी। आठ बजे प्रधानमंत्री का राष्ट्र के नाम संदेश टेलीकास्ट होनेवाला था। मुझे स्टूडियो में रहना था। ठीक सात बजे ऑफिस पहुँच गई। डिबेट के लिए मेहमान प्रतिभागी आ रहे थे। हर आगंतुक मेहमान का मैंने स्वागत किया। पौने आठ बजे सभी मेहमानों के साथ एंकर की सीट सँभाल ली। ठीक आठ बजे स्क्रीन पर प्रधानमंत्री नरेंद्र मोदी की आवाज सुनाई पड़ी। स्टूडियो में बैठे डिबेट के प्रतिभागी और मैं सब एक साथ ध्यान से सुनने लगे। भाषण समाप्त होने के बाद डिबेट के लिए वातावरण बनाने हेतु, मैं अपनी स्टाइल में समाचार का प्रसारण करने लगी—

"वैश्विक महामारी कोरोना वायरस के बढ़ते मामलों के बीच प्रधानमंत्री नरेंद्र मोदी ने एक बार फिर देश को संबोधित किया। इस दौरान उन्होंने इक्कीस दिनों के लिए पूर्ण रूप से लॉकडाउन की घोषणा की। उन्होंने लोगों से अपील की—जो जहाँ है, वहीं रहे। यह लॉकडाउन आपके भविष्य के लिए बेहद जरूरी है। प्रधानमंत्री ने लोगों को किसी भी कीमत पर घर से बाहर न निकलने की हिदायत दी है। संपूर्ण लॉकडाउन के दौरान जरूरी सेवाएँ जारी रहेंगी, जैसे—अस्पताल, दूध, सब्जी और दवाई की दुकान आदि।"

प्रधानमंत्री के संबोधन की खास बातें रहीं··। एक ओर मैं इन बातों को बता रही थी, दूसरी ओर स्क्रीन पर ब्रेकिंग न्यूज से शीर्षक दिखाई पड़ रहे थे—'सोशल डिस्टेंसिंग ही एकमेव विकल्प।' मैं बोल रही थी—इस महामारी से बचने का एकमेव रास्ता है सोशल डिस्टेंसिंग। केवल मरीजों के लिए नहीं, सबके लिए जरूरी है। हर नागरिक के लिए। प्रधानमंत्री के लिए भी। पिछले दो दिनों से देश के कुछ भागों में लॉकडाउन किया जा रहा है। प्रधानमंत्री ने यह भी कहा कि देश को लॉकडाउन की आर्थिक कीमत चुकानी होगी, लेकिन भारत सरकार और राज्य सरकारों की जिम्मेदारी देश के एक-एक नागरिक की जान बचाना है। यह हमारी प्राथमिकता है। ब्रेकिंग न्यूज पूर्ववत् स्क्रीन पर चल रही थी—'इस देश में जो जहाँ है, वहीं रहे।', 'इक्कीस दिन नहीं सँभले, तो देश इक्कीस साल पीछे चला जाएगा।', 'अफवाह और अंधविश्वास से बचें।', 'जान है तो जहान है।', 'प्रथम और द्वितीय विश्वयुद्ध में भी इतने देशों पर प्रभाव नहीं पड़ा, जितना कोरोना वायरस का पड़ा है।' आदि-आदि।

मैंने प्रधानमंत्री के पूरे संबोधन का हिज्जे और एनालिसिस प्रस्तुत कर दी थी। वातावरण तैयार हो गया था। मैं एंकर की मुद्रा में सवाल करने लगी। पक्ष-विपक्ष में तकरार चलने लगी। आधे घंटे बाद मैंने बहस के नियामक की हैसियत से कार्यक्रम को समेटते हुए कहा, "देश घोर संकट में है। महामारी पक्ष-विपक्ष नहीं देखती। यह समय एक होकर इस अदृश्य दुश्मन से लड़ने का है, राजनीति करने का नहीं। खेद है कि इस गंभीर समय में भी राजनीति ही हो रही है।"

□

डॉ. रित इन दिनों काफी व्यस्त हो गए थे। समय और ड्यूटी मिलकर एक हो गए थे। घर आने का मौका मिला, नहीं मिला सोचने की सुधि ही नहीं रह गई। डॉ. रित ही क्यों, मेरी मम्मी डॉ. रूबिया सहित उनके अन्य साथी डॉक्टर भी इसी स्थिति में थे। उन्हें दिल्ली में निजामुद्दीन मरकज में जमा तबलीगियों के इलाज की मॉनिटरिंग और सुपरविजन का जिम्मा सौंपा गया था। मरकज के परिसर में ही छोलदारी डालकर अस्थायी जाँच सेंटर बनाया गया। पुलिस के साथ डॉ. रित, डॉ. रूबिया और अन्य सहयोगी डॉक्टरों की टीम स्टाफ सहित यहीं डटी थी।

29-30 अप्रैल, 2020। दिल्ली के निजामुद्दीन मरकज में पुलिस ने प्रवेश किया। पुलिस के साथ डॉक्टरों की यह टीम मरकज के अंदर जमा लोगों का

परीक्षण कर विभिन्न अस्पतालों में भेजने अथवा उनके उपचार के संदर्भ में निर्णय लेने के लिए भेजी गई थी। पुलिस और रैपिड ऐक्शन फोर्स के जवानों ने निजामुद्दीन मरकज और उसके चारों ओर 200 मीटर के क्षेत्र में बैरिकेडिंग कर रखी थी। निजामुद्दीन औलिया की मजार और आसपास की बस्ती को भी भारी संख्या में लगे सफाईकर्मी सेनिटाइज कर रहे थे। मरकज के सामने डी.टी.सी. की साठ बसें लगी थीं। पुलिस के साथ डॉ. रित की टीम अंदर घुसी। सारे डॉक्टर प्राइवेट प्रोटेक्शन इक्वूपमेंट से पूरी तरह कवर्ड। सिर पर एप्रिन कैप, आँखों पर चश्मा, मुँह पर मास्क, हैंडग्लव्स, सिक्योरिटी शूट, पाँवों में जूते। शरीर का कोई अंग खुला न था।

चौदह सौ लोगों का परीक्षण कर निर्णय करना था। डॉक्टर स्क्रीनिंग कर रहे थे। संक्रमित, संदिग्ध और नॉर्मल की लिस्टिंग हो रही थी। इसमें दो सौ लोग संक्रमित पाए गए। इनका सैंपल इकट्ठा करने का काम चल रहा था। पुलिस के जवान उन्हें बसों में बैठा रहे थे। डॉक्टर बसों के शीशे बंद करने का निर्देश दे रहे थे। बसों में बैठे लोग विंडो से थूक रहे थे। बसों के ड्राइवर भी डॉक्टरों की टीम की तरह ही पी.पी.ई. से पूरी तरह कवर्ड थे। पत्रकारों की टीम भी पहुँच गई। सबके कैमरे और माइक बखूबी अपना काम करने लगे।

मैं अपने स्टूडियो के निर्देश पर मरकज की क्रोनोलॉजी तारीखवार बता रही थी। कैमरामैन विजुअल दिखा रहा था। लोग अपने सामान के साथ बाहर निकल रहे थे। संक्रमित विदेशियों को भी कैमरे से दिखाया जा रहा था। "ये मलेशिया और इंडोनेशिया के लोग हैं। सबको मास्क पहनाया गया है। तबलीगी जमात द्वारा आयोजित जलसा 13 मार्च को बँगलेवाली मसजिद में हुआ। यही जमात का प्रधान कार्यालय भी है। इसी में मरकज की छह मंजिला बिल्डिंग है। इसमें भाग लेने के लिए साढ़े तीन हजार लोग पहुँचे थे।

"31 मार्च तक दिल्ली में आयोजित धार्मिक, सामाजिक, राजनीतिक कार्यक्रमों में 50 से अधिक लोगों को जमा होने की अनुमति नहीं होगी; इस घोषणा के बाद भी तबलीगी मरकज में रहे। 20 मार्च को जलसे में शामिल होनेवाले 10 इंडोनेशियाई नागरिक तेलंगाना चले गए। यहाँ इनका कोरोना परीक्षण हुआ, जिसमें ये लोग संक्रमित पाए गए। 23 मार्च को 1500 लोगों ने मरकज खाली कर दिए और जगह-जगह अपने गंतव्यों को वापस हो गए। 24 मार्च को प्रधानमंत्री ने देशव्यापी लॉकडाउन की घोषणा की।" मैं बीच में स्टूडियो के निर्देश पर चुप हो जाया करती। मुझे संकेत मिला। मैं चुप हो गई।

डॉ. रूबिया ने एक जमाती को चेक करते हुए पूछा, "जब मैं 25 मार्च को यहाँ दौरे पर आई थी, तब तो आप संक्रमित नहीं थे?"

"जी!"

"फिर··· हम लोगों ने संदिग्धों को हाल में अलग कर दिया था। आपने हमारे निर्देशों को ओवरलुक किया। आप क्यों नहीं समझते कि स्वास्थ्य टीम के निर्देशों का पालन करके ही आप सुरक्षित रहेंगे? इससे आपके जीवन को खतरा हो सकता है।"

"जीवन और मरण तो अल्लाह की मर्जी है, डॉक्टर साहिबा!" कहकर उसने अपना हाथ ऊपर आकाश में उठा दिया।

डॉ. रूबिया ने देखा, शकल से वह कश्मीरी लगता था। एक निगाह उस पर डाल, वे दूसरे आदमी को चेक करने लगीं, किंतु उनके मानस में ऐसे ही किसी कश्मीरी की कोरोना संक्रमण से हुई मृत्यु कौंध रही थी।

शाम तक सभी लोगों को मरकज से बाहर निकाल लिया गया। उन्हें अलग-अलग स्थानों पर क्वारंटाइन किया गया। आज सभी समाचार चैनलों पर यही न्यूज प्रमुखता से चल रही थी। प्राय: कमोबेश फेर-बदल के साथ ब्रेकिंग न्यूज का एक ही शीर्षक था—'जमातियों ने कोरोना संकट बढ़ा दिया'।

स्टूडियो से एंकर की आवाज कानों में पड़ रही थी—'मरकज में शामिल चौबीस जमाती अब तक कोरोना पॉजिटिव पाए गए हैं, जबकि नौ जमातियों की मौत हो गई है। मरनेवालों में तेलंगाना से कश्मीर तक पहुँचे लोग हैं। यह मामला तब खुला, जब दिल्ली में चौंसठ साल के एक व्यक्ति की मृत्यु हो गई। इसके बाद पूरा अमला हरकत में आया। पूरे सेंटर को खाली कराया गया। दिल्ली के इस मरकज में अफगानिस्तान, सऊदी अरब, चीन, इंग्लैंड, बांग्लादेश, श्रीलंका और मलेशिया आदि पंद्रह देशों से जमाती आए थे। इसी तरह देश के श्रीनगर, देवबंद, दिल्ली, हैदराबाद, अंडमान-निकोबार से लोगों ने शिरकत की थी। सरकार हर उस व्यक्ति की तलाश कर रही है, जो मरकज में शामिल हुए या उनके संपर्क में आए।

'इस समय पुलिस के लिए सबसे बड़ी चुनौती है कि ऐसे लोग जो मरकज के जलसे में शामिल हुए और जगह-जगह चले गए हैं, इनकी पहचान कैसे हो? इन्हीं लोगों के द्वारा पूरे देश में संक्रमण फैलने लगा है। पुलिस ने ऐसे लोगों पर एफ.आई.आर. दर्ज करना शुरू कर दिया है, जो लोग मरकज के जलसे में शामिल हुए, लेकिन पहचान छुपा रहे हैं।'

स्टूडियो से संकेत हुआ, "साबिया! क्या वहाँ आप किसी डॉक्टर से बात कर सकती हैं तो संक्रमण के बारे में पूछिए।"

मैंने माइक डॉ. रित के सामने करते हुए पूछा, "एक व्यक्ति से संक्रमण कितने तक पहुँच सकता है?"

"एक व्यक्ति सौ लोगों को संक्रमित कर सकता है।" डॉ. रित ने उत्तर दिया।

"खतरा कहाँ तक पहुँच सकता है?"

"सबसे पहले तो निजामुद्दीन और आसपास जहाँ तक इन लोगों की पहुँच रही। यह तो चेन ऑफ स्प्रेड होती है। एक से दूसरे तक पहुँचती है, जहाँ इस चेन में आए लोगों की आवाजाही होगी।"

"चेन ऑफ स्प्रेड को कैसे रोका जाए?"

"पहचान छिपानेवाले लोगों पर क्रिमिनल एक्ट, डिजास्टर मैनेजमेंट और महामारी अधिनियम के अंतर्गत सख्त काररवाई करनी होगी।"

"थैंक यू सर!" स्टूडियो से संकेत हुआ और मैंने माइक हटा लिया। स्टूडियो में डिबेट के लिए आए प्रतिभागियों के बीच बहस की शुरुआत हो गई। वाक्युद्ध, चिल्लमचिल्ला, निरर्थक गलाजात दंगल स्क्रीन पर आने लगा। बौद्धिक और संवेदनशील दर्शकों ने टी.वी. बंद कर दिया।

शाम के सात बज रहे थे। मरकज का ऑपरेशन खत्म हो चुका था। मैं अपनी टीम के साथ स्टूडियो लौट आई। घंटे भर बाद मेरी ड्यूटी समाप्त हुई। अत: घर आ गई। मम्मी अभी तक नहीं आई थीं। आजकल उनके आने का कोई समय नहीं होता। कभी-कभी उनका आना नहीं भी होता। मैंने फोन लगाया तो पता चला कि वे नहीं आ पाएँगी, खाना खाकर सो जाऊँ, उनका इंतजार न करूँ। अत: मैं भोजन के बाद सोने का उपक्रम कर रही थी कि सेल फोन बजने लगा। इस्माइल था। मैंने फोन उठाया।

"हैलो मि. इस्माइल!"

"जी··· मिस साबिया। क्या कमाल दिखाया आप लोगों ने। देश के चौथे स्तंभ को शेषनाग की तरह अपने सिर पर उठानेवालों, कुछ तो लिबर्टी का ध्यान रखते।"

"···" चुप रही मैं।

"और साबिया! जब मैं कहता हूँ कि मीडिया बायस्ड है तो आपको बुरा लगता है। आप लोग सच कहना कब शुरू करोगे?"

"आप कहना क्या चाहते हैं, मि. इस्माइल?"

"यही कि आप जो मरकज की क्रोनोलॉजी पेश कर रही थीं, वह एकतरफा और बायस्ड है। वास्तविकता सुनेंगी?"

"बोलिए।" साबिया ने कहा।

"तो सुनिए। मरकज को जमातियों से खाली कराने के संबंध में मौलाना यूसुफ ने लाजपतनगर के ए.सी.पी. अतुल कुमार को पत्र लिखा कि जनता कर्फ्यू की वजह से कुछ लोग फँसे हैं। इसी संदर्भ में एस.डी.एम. और डी.एम. को भी पत्र दिए गए। उनसे अनुरोध किया गया कि मरकज को खाली कराने के लिए वाहनों का प्रबंध किया जाए। इसका उत्तर नहीं आया। 25 मार्च को जमात से जुड़े कुछ लोग एस.डी.एम. के कार्यालय गए। मरकज को खाली करने का अनुमति-पत्र और वाहनों के लिए पास की माँग की गई। मरकज तो 23 मार्च से ही प्रशासन के साथ लिखा-पढ़ी कर रहा था। मरकज जनता कर्फ्यू और लॉकडाउन के दौरान और कर भी क्या सकता था?" इस्माइल चुप हो गया।

"वाह! बहुत अच्छे। 23 मार्च को जब दिल्ली सरकार ने आदेश जारी किया कि सभी तरह के आयोजन बंद। पचास से अधिक आदमी एक जगह इकट्ठा नहीं हो सकते, तब आप लिखा-पढ़ी करने लगे। जब 24 मार्च को निजामुद्दीन के एस.एच.ओ. ने मरकज खाली करने के लिए जोर डाला तो आप एस.डी.एम. और डी.एम. के यहाँ गुहार करने लगे। 13 मार्च से 23 मार्च तक क्या करते रहे? टूरिस्ट वीजा पर आए विदेशी जमातियों का देश के विभिन्न हिस्सों में भ्रमण होता रहा। मसजिदों में तकरीर होती रही। क्यों?" मैंने कहा और घड़ी की ओर देखा। दस बज रहे थे। "खैर छोड़िए। मैं बहस नहीं करना चाहती। मुझे सोना भी है¨। ओके! बाय!" मैंने उत्तर की प्रतीक्षा किए बिना फोन काट दिया।

इस्माइल को नींद नहीं आ रही थी। जब से उसे पता चला कि जिम्मेदार लोगों पर एफ.आई.आर. करने का आदेश दिल्ली सरकार ने दे दिया है, उसमें पहला नाम मौलाना साद का है, वह गहरे तनाव में था। उसे मौलाना साद का आशीर्वाद प्राप्त था। प्राय: उनसे वह मिला करता। आज दस-बारह दिन हो गए। मौलाना से न तो वह मिल सका और न उनका कोई पता ही चला। जमातियों में वह बहुतों का परिचित और मददगार था। दिल्ली और उत्तर प्रदेश में उनके भ्रमण और मसजिदों में इसलाम के प्रचार-प्रसार करनेवालों की सहायता उसके जिम्मे थी।

अभी तक उसने अपना काम बखूबी निभाया। लोग अब भी उससे मिलने का प्रयास और मदद की गुहार कर रहे हैं। किंतु¨! उसका दिमाग भन्ना गया।

किंतु क्या… ? जितना बनेगा, मजहब की खिदमत करेगा। अल्लाह का नूर…। नींद पलकों से इतनी दूर कि देखी न जा सके। वह करवटें बदलने लगा। भारत में मुसलमान का क्या होगा ? आज उनकी अस्मिता, उनका मजहब, खुदा की इबादत, उनकी रोजी-रोटी यहाँ तक कि उनका यहाँ रहना नरेंद्र मोदी की सरकार के जमाने में खटकने लगा है। उनके रहन-सहन, खानपान को बाधित किया जा रहा है। उनकी दाढ़ी और लुंगी पर तंज कसा जा रहा है। पहले कश्मीर की स्वायत्तता खत्म की। तीन तलाक कानून बनाया, बाबरी मसजिद तोड़कर सुप्रीम कोर्ट से सारी जमीन ले ली। असम में एनआरसी लाया, अब सीएए रोहिंग्या को बाहर कर रहा है और मुसलमान सो रहा है। उसे समझ में नहीं आता कि सारी संवैधानिक संस्थाएँ मोदी की मुट्ठी में हैं। इलेक्शन कमीशन, सी.बी.आई., ई.डी., रिजर्व बैंक, सुप्रीम कोर्ट, हाई कोर्ट, सारे आयोग। बिना इमरजेंसी के जनतंत्र को उसने बंधक बना लिया है। यह मीडिया तो उसकी गुलाम है।

मीडिया से उसे साबिया याद आई। यह साबिया बहुत बड़ी पत्रकार हो गई है। कितनी अकड़ आ गई है उसमें। जैसे मोदी राज्य में प्रचार का जिम्मा इसके ही सिर पर है। मुझे तो जाहिल समझती है। उपेक्षा करती है। मेरी बातें उसे डिस्ट्रॉय करनेवाली लगती हैं। पढ़ती थी तो कितनी सौम्य, सुंदर और मीठा बोलती। मेरी बहुत इज्जत करती। उसे वह कॉन्फ्रेंस याद आई, जिसने उसको साबिया के इतने नजदीक ला दिया था।

गंगटोक के सिक्किम मनिपाल यूनिवर्सिटी में पत्रकारिता एवं जनसंचार विभाग की ओर से छात्र कॉन्फ्रेंस आयोजित थी। दिल्ली से जामिया मिल्लिया के दो छात्रों को शिरकत करनी थी—एक स्नातकोत्तर से, दूसरा रिसर्च से। साबिया और मैं विभाग की ओर से भेजे गए थे। हमारा प्लेन जब बागडोगरा एयरपोर्ट पर उतरा, शाम हो गई थी।

चार घंटे बाद। हम गंगटोक की पहाड़ियों, वादियों और वन प्रांतर के बीच होटल ऑरेंज के रिसेप्शन पर थे। रूम पहले से बुक थे। आई.डी. और रजिस्टर में इंट्री के बाद हमारे सामान हमारे कमरों में पहुँचा दिए गए। सवा दस बज रहे थे। हमने रेस्टोरेंट में खाना खाया और अपने-अपने कमरे में चले गए।

सुबह हम जल्दी उठे, तैयार हुए। ब्रेकफास्ट के बाद यूनिवर्सिटी के लिए चल दिए। कॉन्फ्रेंस ठीक ग्यारह बजे प्रारंभ हो गई। आज का विषय था—'भारत में प्रेस की आजादी और विश्व का परिप्रेक्ष्य'। साबिया प्रथम वक्ता थी। उसने अपनी बात

काफी प्रभावशाली ढंग से रखी। सत्र समाप्त होते ही लोगों ने साबिया को घेर लिया। बधाइयों का ताँता लग गया। मैंने भी बधाई दी थी। साबिया की सफलता पर मुझे गर्व हुआ। बहुत अच्छा लगा उस समय मुझे, किंतु… ।

'किंतु क्या… ?' मेरे अंत: ने मुझसे पूछा।

'अब अच्छा नहीं लगता।' मैंने कहा।

'क्यों ?'

'नहीं मालूम।'

'सब मालूम है तुम्हें। तुम्हारे भीतर का सॉफ्ट कॉर्नर उसे अपनी उँगली पर नचाना चाहता है। उसकी स्वतंत्रता को अपहृत करना चाहता है।' मेरे अंत: ने कहा।

'नहीं। मैं उसे काफिर का मददगार बनते देखना नहीं पसंद करता। इसलाम और शरिया का विरोधी मुझे अच्छा नहीं लगता।' मेरी आवाज फूटी।

'तो तुम अपना काम करो, वह अपना काम करे।' मेरे अंत: ने समझाया। नहीं! उसकी निकटता मेरे उपचेतन (subconscious) में बसी है। उन क्षणों की याद आँखों में चलचित्र की तरह घूमने लगी।

कॉन्फ्रेंस समाप्त हो गई थी। साबिया को गोल्ड मेडल प्राप्त हुआ। हमने इसे सेलिब्रट करने के लिए नाथुला दर्रा और चंगा झील चलने का मन बनाया, किंतु मौसम खराब होने के कारण हमें रास्ते से वापस होना पड़ा। हमने तय किया लाचुंग चलते हैं। होटल ने हमें इनोवा गाड़ी बुक की थी। हम गंगटोक से लाचुंग के लिए निकल पड़े। गंगटोक से लाचुंग की 125 कि.मी. की यात्रा पर। साबिया गाड़ी के विंडो से पहाड़ों की ऊँचाई को मन-ही-मन माप रही थी। आकाश छूती चोटियों पर पिघली चाँदी सी बर्फ फिसल रही थी। इन्हीं बर्फ राशि पर धुनी हुई रुई की तरह सफेद बादल कहीं समूह-के-समूह सटकर बैठे थे, तो कहीं हवा पर तैर रहे थे। सड़क के अगल-बगल घाटी और पर्वतश्रृंखलाओं पर हरी-हरी वनराजि के बीच हम नामोच बाजार में आ गए। उसने गाड़ी रुकवाकर चाय पीनी चाही तो ड्राइवर ने कहा, "आगे मंगन बाजार है। चाय वहाँ अच्छी रहेगी।"

मंगन के आगे अद्भुत ऊँचाई पर हमारी गाड़ी चढ़ने लगी। निरंतर ऊँचाई बढ़ रही थी। ऊपर से बारिश भी गिरने लगी। थोड़ी-थोड़ी दूर पर उफनते जल प्रपात, गाड़ी की विंड स्क्रीन से टकराती बारिश की बूँदें। सड़क किसी मोटी सी काली टेढ़ी-मेढ़ी सूखी डाली-सी, जिसके दोनों ओर बहते काले, नीले, भूरे बादल। घाटी से लेकर पर्वतश्रृंखला तक हरियाली का न समाप्त होनेवाला सिलसिला।

बगल से गिरते झरने के पास गाड़ी रुक गई। अद्‌भुत दृश्य। दस हजार फीट की ऊँचाई से गिरता झरना। सड़क से बहता हुआ नीचे घाटी तक जाता। जैसे दस हजार फीट की ऊँचाई से सरसराता, हहराता अनाकाउंडा उतर रहा हो। पेट के बल नहीं, पीठ के बल। उलटा सरकता। साबिया झरने के पास गई। एक समतल पत्थर पर बैठ पाँवों को थिर पानी के झाग में डाल इस प्रपात की ऊँचाई को निरखने लगी। भाप सी उड़ती झरने की बूँदें उसे भिगोती रहीं। वह इस सौंदर्य को पीने के अतिरिक्त और कुछ नहीं देख रही थी। मैं उसे इसी स्थिति में देखता रहा। एक तराशी हुई यौवन की प्रतिमा। अल्लाह की कलाकृतियों में एक। हवा के तेज झोंके से प्रपात की अल्हड़ बूँदें उसे सहला गईं। वह थर्राकर सहम गई। मैं उसकी बगल में बैठ गया। उसने मेरी ओर देखा, फिर उच्छृंखल, विकल, निर्बंध प्रपात की जलधार को। उठते हुए बोली, आओ चलें। रास्ता निरंतर ऊँचाई की ओर जा रहा था। इस ऊँचाई के साथ उसका सँकरापन डरावना था। बेहद खतरनाक सँकरी सी घाटी में बहता झरने का पानी। घाटी के दोनों किनारे को जोड़ती एक पुलिया। ड्राइवर के सधे हुए हाथों ने हमें इस पार से उस पार पहुँचा दिया।

हम नागा गाँव के पाँच कि.मी. पहले थे। कुहरे से ढकी हजारों फीट गहरी खाई। टूटे पहाड़ोंवाला बेहद खराब रास्ता। इनोवा हलकी-हलकी उछल रही थी। पूरी सड़क जैसे कुंडली मारे अजगर। हम उसके पीठ पर चल रहे थे। साबिया संकुचित थी। बार-बार गाड़ी के पहियों की उछल-कूद साबिया को मेरे ऊपर या कभी मुझे उसके ऊपर लुढ़का देती। मैं उसकी ओर देखने लगता। मुझे महसूस होता कि मैं न देख लूँ, इस तरह उसकी आँखें मुझे देख लेती हैं।

गुरु डांगमार झील पहुँचते हुए हम 17,300 फीट की ऊँचाई पर आ गए। यहाँ आकाश एकदम साफ था। गुनगुनी धूप की रेखाएँ अच्छी लग रही थीं। गाड़ी रुकी। साबिया बाहर निकल पड़ी। साथ ही, मैं भी नीचे उतर गया। उतरकर दो कदम ही आगे बढ़े कि साबिया लड़खड़ा गई। सँभलने की कोशिश नाकाम हुई। मैंने उसे बाँहों में सँभाला। दरअसल इस पठारी समतल मैदान में हवा का उद्‌दाम वेग प्रचंड था। लगभग सोलह हजार फीट पर शीतल हवा कहर बरपा रही थी। साबिया को अपनी बाँहों में जकड़े मैं बुरी तरह काँप रहा था। वह निढाल मेरी बाँहों के सहारे थी। मैं गाड़ी की ओर बढ़ने की कोशिश करने लगा, किंतु हवा कानों में शीशे की तरह चुभ रही थी। पाँव अकड़ने लगे। कौन किसके सहारे आगे बढ़ने की कोशिश कर रहा था, जान पाना मुश्किल हो रहा था। मैं साबिया से

और साबिया मुझसे गुँथी जा रही थी। अवसर की नजाकत को ड्राइवर भाँप गया। दौड़कर उसने गाड़ी से दस्ताना, कोट और मफलर लाकर दिया। किसी तरह हम प्रयास कर अलग हुए। इसी प्रयास द्वारा हम अपने हैंडग्लव्स, कोट और मफलर पहन पाए। आहिस्ता-आहिस्ता चलकर गाड़ी में बैठ गए। पहली बार मैंने साबिया को नजदीक से महसूस किया। पहली बार इस ठंड में मेरे भीतर एक आदिमगंधा प्यास जाग उठी। पहली बार वह मेरे मानस के कैनवास पर स्पर्श बिंब की रेखाओं सी खिंच उठी।

गुरु डांगमार झील के पास पहुँचकर साबिया सामान्य हो गई थी। यहाँ आना उसकी प्रबल इच्छा में शुमार था। उसे यह झील देखनी थी, क्योंकि गुरुनानक के चरण-कमल यहाँ पड़े थे। यह सिखों और बौद्धों के लिए बेहद अर्थपूर्ण थी। उसी ने बताया था कि तिब्बत यात्रा के दौरान गुरुनानक ने इस झील के जिस हिस्से में स्नान किया था, वहाँ का पानी जाड़े के मौसम में भी नहीं जमता। यह अच्छा था कि यहाँ 17,300 फीट की ऊँचाई पर भी हवा तेज नहीं थी। झील का पूरा जल दूर-दूर तक नीला था, किंतु एक हिस्सा जमकर बर्फ हो गया था। हम नजदीक पहुँचे। बर्फ की परत बहुत मोटी नहीं थी। एक ओर से वह पिघल रही थी, तो दूसरी ओर उस पार का नीला आकाश सोन खंडों के पत्थरों पर लेटा था।

मैंने कहा, "साबिया! लग रहा है, जैसे सुनहली बाँहों पर नीली साड़ी फहर रही हो।"

"और यह बहती हुई बर्फ जैसे दोने में भर-भरकर कोई सफेद गुलाब बहा रहा हो।" साबिया की बड़ी-बड़ी आँखें लाल हो उठीं। उसमें उतर आए लाल डोरों में कोई पंछी फड़फड़ा रहा था।

'उफ्! अजीब शिकारी हैं ये आँखें।' मेरे मन ने मेरे कान में कहा।

डागमार के किनारे की सामान्य हवा और छटा ने अर्धमूर्च्छना में ला देनेवाली उस हवा के आतंक से हमें प्रकृतिस्थ कर दिया। ऑक्सीजन की कमी से बचने के लिए दवा लेकर हम नीचे की ओर चल दिए।

थांगू के पास चोपटा घाटी में दो विशाल पर्वतों के बीच एक पतली हरी नदी के पास पहुँचते-पहुँचते शाम होने लगी। हलकी बारिश के बीच हम चुंगथांग पहुँच गए। लाचुंग पहुँचते-पहुँचते रात हो गई। सेना के कैंप से होते हुए हम आगे बढ़े।

यारलाम रिसोर्ट!

नीली, पीली, भूरी वादियों और पहाड़ियों के बीच गोलाकार मुख्य भवन।

दोनों ओर की दीवारों से सटा तीन मंजिला कंस्ट्रक्शन। अधिकांश लकड़ी की बनावट। फूलों से भरा हरी घासवाला लॉन। जैसे—किसी पहाड़ी को काट-छाँट और तराशकर आगंतुकों के स्वागत में एक जन्नत रची गई हो। रिसेप्शन के लाउंज के गेट पर सजी-सँवरी बालाओं ने वेलकम किया। चाय, कॉफी और वाइन का स्टाल सजा था। पसंद के अनुकूल वेलकम ड्रिंक के लिए अनुरोध किया गया। साबिया ने कॉफी पसंद की। मैंने भी कॉफी ही ली, किंतु मेरी आँखें स्कॉच की ओर लालच से ताकती रहीं। बाहर ठंड हड्डियाँ कँपा रही थी, किंतु अंदर अपेक्षाकृत गरमी थी। ब्लोअर काम कर रहा था। हम अपने-अपने कमरों में आ गए। कमरे में भी ब्लोअर चल रहा था। हॉट किल्ट करीने से बेड पर रखी थी। खाने का समय समाप्त होनेवाला था। रेस्टोरेंट बंद हो, इसके पहले खाना खा लेने का अनुरोध रिसेप्शन से आया। मैंने साबिया को बताया और रेस्टोरेंट में आने को कहकर स्वयं वहीं आ गया। खाने पर मैं उसके सामने बैठा। स्कॉच के दो पेग मैं रूम में ले चुका था। क्रिस्पी का एक टुकड़ा मुँह में डालते हुए मैंने कहा, "अच्छा है।"

"क्या?" साबिया ने पूछा।

"क्रिस्पी।"

"और यह जगह।"

"मोस्ट ब्यूटीफुल! अवेजम!! मेरे लिए यह सफर जितना कुदरत के बेजोड़ नजारे के लिए महत्त्वपूर्ण है, उससे अधिक दिल और दिमाग में जनमी एक पाक मुराद के लिए।" मैंने साबिया की ओर हसरत से देखा। वह थोड़ा असहज लगी। मैंने निगाहें झुका लीं। चिकन की लेग पीस उठाया। अच्छा लगा।

सुबह साबिया ने दरवाजे पर दस्तक दी। मैं बाहर आ गया। सुबह सुहानी थी। कल शाम की हलकी बारिश कहीं गुम हो गई थी। नीले आकाश की रेशमी झील को चूमता लाचुंग का पहाड़। पहाड़ के ठीक मध्य में झरने की रेखा पर्वतशृंखलाओं की विस्तीर्णता में सरकती हुई चमक रही थी। दूसरे छोर पर पर्वत के सामने यारलाम काले अँधेरे में डूबता-उभरता। दूर शिखर पर नुकीली पत्तियोंवाले पेड़ पर किरणों के पलने। उस पर झूलती हुई बर्फ। किरणों का यह पलना अब कंचनजंघा तक अपनी पेंग मारने लगा। बर्फ के बोझ को सिर पर उठाए ये चोटियाँ उगते सूरज की छटा में सोने के तंतुओं से बुनी शॉल ओढ़े हुए आभामान हो रही थीं। साबिया यारलाम की ऊपरी छत की रेलिंग से सटकर यह नजारा अतृप्त आँखों में भर रही थी। बगल में उससे सटकर खड़ा मैं भी देख रहा था। जैसे नीचे की काली पहाड़ी

के ऊपर सोने का कोई खंभा पट करके लिटाया गया हो। एकबारगी मुझे लगा कि किसी सोई हुई रूपगर्विता के शरारे को हवा के उद्दंड वेग ने उलट दिया है और उसकी गोरी जाँघें खुल गई हैं। अल्हड़, लापरवाह। मेरी आँखें साबिया की जींस में कसी मोटी जंघाओं पर फिसलने लगीं। सबसे बेखबर साबिया कंचनजंघा की मंजुषिमा में ठगी सी खोई रही और मैं उसमें।

यारलाम से निकलते-निकलते दस बज गए। मौसम घामछाँही वाला था। हमारी यात्रा जीरो प्वाइंट और यामथुंग घाटी की ओर थी। जीरो प्वाइंट। समुद्र तल से 15,300 फीट की ऊँचाई। चारों ओर बर्फ-ही-बर्फ। गोया चाँदी की खान नहीं होती, पहाड़ होते हैं। यहाँ चाँदी ही पिघलती और बहती रहती है। काले-भूरे तल पर बर्फ की ऊँची-ऊँची चट्टानें। ऊपर तैरता हुआ नीला आकाश। इस नीलाई को तलहटी से उठी पहाड़ी चोटियों का करीने से अल्पना बनाते हुए छूना। जैसे धरती से आकाश तक किसी विशाल स्टैंड पर कसा कैनवास। उस पर किसी कलाकार ने समूची प्रकृति के रंगों को भरकर जीवंत आकार दे दिया हो। साबिया बर्फ पर कैप, कोट और पिंडलियों तक बर्फानी जूतों में बेलौस चल रही थी। बर्फ पर बैठने के कारण उसके नितंबों पर सफेद बर्फ के कण अपनी चमक से नाहक ही ध्यान आकृष्ट कर रहे थे। बर्फ के गोलों की फेंका-फेंकी उसके उरोजों से टकराकर पानी-पानी हो, सीने पर बह रही थी। वह आसपास से बेखबर आगे बढ़ रही थी, वहाँ जहाँ रास्ता रास्ता नहीं, शून्य हो जाता है। एक संस्कृति यहाँ आते-आते अपनी यात्रा पूरी कर चुकी होती है। दूर बर्फ की घाटी में गुमसुम खड़े याक को देख वह तेजी से उधर मुड़ी। चार-छह कदम आगे बढ़ी कि मैंने उसे जोर का धक्का दिया। वह लड़खड़ाकर मेरी ओर लुढ़की। मैंने उसे सँभालने के लिए बाँहें बढ़ाईं। वह मेरी बाँहों में गिर गई, किंतु मेरा बैलेंस असंतुलित हो गया। हम बर्फ में गिर पड़े। कुछ हड़बड़ी, कुछ अव्यक्त भय, हम दोनों ने एक-दूसरे को जकड़ लिया था। क्षण भर बाद साबिया कसमसा उठी। मेरी बाँहें ढीली हो गईं। मैं जल्दी से उठकर उसे थोड़ा और पीछे खींच लाया। इस बर्फानी ठंड में मेरे भीतर उसके वक्षों की जादू भरी गरमाहट महसूस हो रही थी। कुछ आश्चर्य, कुछ भय, कुछ लाज और कुछ गुस्से से साबिया ने मुझसे आँखें मिलाईं।

"नदी के पानी और पिघलती बर्फ से बेलौस नहीं होते साबिया!" मैंने प्यार से कहा।

"और नाखूनवाले जानवरों से भी।" साबिया ने गुस्से से कहा।

"जी मैम! आपका अगला कदम बर्फ के दलदल में जानेवाला था। सामने की वह पीली बर्फ, जिस पर आप जा रही थीं, वह पिघला हुआ दलदल है। आप उसमें धँस जातीं। बर्फ पर चलते समय केवल सफेद बर्फ पर ही पाँव रखा करें। वह ठोस होती है।" क्षण भर रुककर मैंने उसकी आँखों में झाँका और कान पकड़कर बोला।

"हुजूर फरमाएँ! गुस्ताख, इनाम का हकदार है या सजा का?"

"फरियादी इनाम की ख्वाहिश करे।" साबिया मुसकाई।

"वक्त आने दें हुजूरेआला! गुलाम ख्वाहिश जरूर-जरूर पेश करेगा।" दोनों हँस दिए। मैंने साबिया की कलाई बड़े प्यार से पकड़ी। उसे उठाते हुए बोला, "जहाँपनाह की आज्ञा हो तो इस जन्नत को सलाम फरमाया जाए।"

"सलाम! सलाम!" उसने नाटकीय अंदाज में कहा और मेरे साथ चल दी।

यहाँ से डेढ़ घंटे का सफर तय कर हम यामथुंग रोज वैली में आ गए।

धूप खिल गई थी। लाल गुलाबी घाटी। हरी-हरी झाड़ियों पर गुलाबी और बैंगनी फूलों की अपार समतल राशि। जैसे गुलाबी और कत्थई, मैरून, बैंगनी रंग में रँगा क्षितिज धरती पर विशाल तंबू ताने हो। बारह हजार फीट की इस ऊँचाई पर रोडोडेंड्रोंस के जंगल। हवा के झोंको से मचलते बनफूल। घाटी के गोल चिकने पत्थरों से टकराती, उछाहें मारती नदी। थोड़ी दूर पर सल्फर के पानी का सोता लाचुंग चू। लाचुंग चू किसी अल्हड़ यौवना सी ठुमके लगाती हुई।

साबिया ने सल्फर वाले पानी का स्पर्श किया। पानी गरम था। वह चहक उठी। मैंने रोडोडेंड्रोंस से एक गुलाबी फूल चुना और घुटनों के बल बैठकर साबिया की ओर बढ़ाते हुए कहा, "हुजूर की शान में बंदे की जर्रानवाजी कुबूल हो।" फिर बगल से सेल्फी ली।

"शुक्रिया! काँटोंवाला गुलाब इस डेंड्रोंस की हिफाजत कैसे करेगा?"

सेल्फी देखने के लिए इस्माइल ने टेबल पर रखे लैपटॉप की ओर हाथ बढ़ाया कि किसी पिन का नोक उँगली में धँस गया। उसके मुख से निकल पड़ा, "काँटोंवाला गुलाब।"

यह वही काँटेवाला गुलाब है, जिसने जामिया में एक आंदोलन का नेतृत्व करते हुए, कुछ छात्रों के साथ वी.सी. लॉज में तोड़-फोड़ की थी। साबिया को शो-काज नोटिस इश्यू हुई। मैंने आंदोलन का नेतृत्व अपने साथियों के साथ सँभाला। विश्वविद्यालय बंद करा दिया। प्रशासन को झुकना पड़ा। शो-काज नोटिस वापस हो गई। साबिया के सौंदर्य और तर्क का तो मैं फैन था। प्रतिरोधी आवाज का भी

हो गया। वह आंदोलन में मेरे कूदने से प्रभावित हुई। हम अच्छे और आत्मीय दोस्त तो थे ही। हमारे बीच इस आत्मीयता का निर्वाह होता रहा है, किंतु इधर वह मुझसे असहमत ही नहीं, विरोधी हो गई है। उसके भावों और विचारों में दोस्ती और आत्मीयता की जगह उपेक्षा व्याप्त हो गई है। तो… ! तो वक्त का इंतजार… ! तेल देखो तेल की धार देखो। दीवार घड़ी से निकलता संगीतमय निनाद रात दो बजे की निस्तब्धता को भंग कर गया। उसकी पलकों पर अब नींद झिलमिलाने लगी। आहिस्ता-आहिस्ता वह सो गया।

सुबह उसकी नींद अपेक्षाकृत देर से खुली। चाय के साथ वह अखबार देखने लगा। मौलाना साद पर केस दर्ज हो गया। क्राइम ब्रांच को इन्वेस्टिगेशन सौंपा गया था। उन्हें क्राइम ब्रांच के ऑफिस में हाजिर होकर जवाब देने को कहा गया था। आगे समाचार वह पढ़ता कि उसका मोबाइल बजने लगा।

"हैलो!" इस्माइल बोला।

"वालेकुम सलाम सर! मैं उस्मान बोल रहा हूँ।"

"वही इंडोनेशियावाले न।"

"जी सर! मैं प्रयागराज में हूँ सर! प्रो. साहब ने आपके कहे मुताबिक व्यवस्था कर दी है। सभी साथी मसजिद में हैं। हम अल्लाह का काम कर रहे हैं सर!"

"बहुत अच्छे। अल्लाह मेहरबान…।" कहकर इस्माइल ने फोन काट दिया। अखबार फिर उठा लिया।

□

एम.एम.जी. हॉस्पिटल, गाजियाबाद।

सी.एम.ओ. डॉ. रवींद्र सिंह अपने केबिन में नए मरीजों के संक्रमणवाली फाइल देख रहे थे। तबलीगी जमात के कई मरीज आइसोलेशन वार्ड में भरती थे। उन्होंने पियून से पूछा, "डॉ. चित्रा कहाँ हैं?"

"सर! चित्रा मैम आइसोलशन वार्ड में हैं।" पियून ने उत्तर दिया।

"तो डॉ. फातिमा को बोलो कि वे मुझसे आइसोलेशन…" उनकी बात पूरी भी न हुई कि डॉ. फातिमा दौड़ी हुई आईं। वे बुरी तरह हाँफ रही थीं।

"सर… !" उनकी आवाज में घबराहट थी। साँस तेजी से चल रही थी।

"यस डॉ. फातिमा! व्हाट हैपेंड?"

"सर! आइसोलेशन वार्ड में भर्ती तबलीगी-वाले मरीज डॉ. चित्रा और नर्स

स्टाफ के साथ बदतमीजी कर रहे हैं। दे आर मोलस्ट्रेटिंग देम एंड···।'

डॉ. रवींद्र आगे सुनने से पहले उठ खड़े हुए। वे आइसोलेशन वार्ड की ओर भागे। डॉ. फातिमा और पियून उनके पीछे हो लिए। आइसोलेशन वार्ड का दृश्य देख वे सन्न रह गए। पाँच-छह तबलीगी मरीज केवल अंडरगारमेंट पहने नंगे बदन नर्सों के हाथ खींच रहे थे। कुछेक उँगली से अश्लील इशारे करते हुए बीड़ी, सिगरेट माँग रहे थे। एक डॉ. चित्रा के सामने खड़ा होकर फ्लाइंग किस फेंक रहा था। स्टाफ के कपड़े बिखर गए थे या हलके से फट गए थे।

"खबरदार!" गुस्से से कड़कते हुए डॉ. रवींद्र ने कहा। अब तक वार्ड ब्वाय और अन्य स्टाफ भी आ गए थे। अपने-अपने बेड पर जाओ, वरना मुझे पुलिस बुलानी होगी। कुछ जमातियों ने बेड पर जाकर मोबाइल का वॉल्यूम बढ़ा दिया। अश्लील गाना कानों में चुभने लगा।

डॉ. फातिमा ने एक नर्स को किसी तबलीगी के सामने से खींचा और सभी महिला स्टाफ को सी.एम.ओ. के केबिन में आने को कहा। एक जमाती ने उन पर गंदी-सी फब्ती कसी।

"शटअप! पुलिस आ रही है।" डॉ. रवींद्र ने कहा।

जमाती हो-होकर हँसने लगे। दीवारों, फर्श और स्टाफ पर थूकने लगे। डॉ. रवींद्र सबको साथ लेकर वार्ड से बाहर निकल गए।

"बुलाओ पुलिस···बुलाओ पुलिस···साले···सूअर की औलाद।" कहते हुए जमाती चिल्लाने लगे।

अपने केबिन में आकर एम.एम.जी. हॉस्पिटल के मुख्य चिकित्सा अधीक्षक डॉ. रवींद्र ने गाजियाबाद के डी.एम. और एस.एस.पी. को घटना की सूचना दी और प्रोटेक्शन की माँग की।

घटना जंगल में आग की तरह चारों ओर फैल गई। मीडिया सक्रिय हो गई। उत्तर प्रदेश के मुख्यमंत्री योगी आदित्यनाथ ने घटना का स्वत: संज्ञान लेते हुए उन पर रासुका लगाने का आदेश दिया। कुल छह लोगों पर एफ.आई.आर. दर्ज की गई। इन्हें दूसरे अस्पताल में शिफ्ट किया गया।

डॉ. रित इस घटना से हतप्रभ रह गए। उनके मस्तिष्क में आलोड़न चलने लगा—कितने जाहिल हैं ये लोग। जो इनके जीवन की रक्षा में स्वयं के जीवन की परवाह नहीं कर रहे हैं, उनके साथ ऐसा सुलूक। मानवता शर्मसार नहीं हो रही, स्वयं शर्म ही शर्मसार हो रही है।

"डॉ. रित! आपने सुना···।" कुछ घबराए अंदाज में मेरी मम्मी डॉ. रूबिया ने केबिन में प्रवेश किया।

"मैं वही सोच रहा था। गाजियाबाद की घटना तो अंतरराष्ट्रीय मीडिया की सुर्खी बन गई है। मुझे न्यूयॉर्क से एक लेडी डॉक्टर का फोन आया था। पूछ रही थीं, इंडिया में यह क्या हो रहा है!" रित ने चिंता प्रकट की।

"ओह डॉ. रित! आप भी किस दुनिया में हैं? तबलीगी रोज दजला-फरात का पानी गंदा कर रहे हैं।"

"क्या हुआ···कुछ नया हो गया क्या?"

"डॉ. रित! लोकनायक जयप्रकाश हॉस्पिटल दिल्ली में लेडी डॉक्टर से अभद्रता हुई। आपत्तिजनक शब्द कहे गए। गाली दी गई। हुआ यूँ कि एल.एन.जे.पी. के सर्जिकल वार्ड रूम नं. 5ए में कोरोना पॉजिटिव तबलीगी ने लेडी डॉक्टर से कुछ गंदे शब्द कहे। जब उनके साथी मेल डॉक्टर ने इसका विरोध किया तो वह गाली-गलौज और मारपीट पर उतर गया। उसने अनेक साथी मरीजों को बुला लिया। लेडी डॉक्टर को बुरी तरह मोलेस्ट्रेट किया गया। डॉक्टरों ने खुद को ड्यूटी रूम में बंद कर किसी तरह बचाया।"

"उत्तर प्रदेश के मुख्यमंत्री योगी आदित्यनाथ ने तो गाजियाबाद के आरोपियों पर रासुका लगाने का आदेश दे दिया। दिल्ली सरकार क्या कर रही है?" डॉ. रित ने पूछा।

"क्या कर रही है? ऐसे मामलों में मुख्यमंत्री तो कुछ बोलते नहीं। स्वास्थ्य मंत्री सत्येंद्र जैन ने दो सुरक्षा गार्डों को निलंबित कर दिया, क्योंकि उन लोगों ने सुरक्षा का अलार्म बजने के बाद भी वार्ड में या ड्यूटी रूम तक जाने की जहमत नहीं उठाई।" डॉ. रूबिया ने बताया।

"वेरी रॉन्ग। कोई रिपोर्ट, कंप्लेन?" डॉ. रित ने पूछा।

"अस्पताल के रेजिडेंट डॉक्टर्स एसोसिएशन ने इस मामले को लेकर अस्पताल प्रशासन को चिट्ठी लिखी है और काररवाई की माँग की है। एसोसिएशन ने फ्लोर इंचार्ज डॉक्टर पर भी सूचना देने के बावजूद बचाने के लिए न आने का आरोप लगाया है।"

"और सी.एम.ओ. ने क्या किया?" डॉ. रित की जिज्ञासा आश्चर्य में बदलती जा रही थी।

"उन्होंने सिक्योरिटी ऑफिसर की ओर डायवर्ट कर दिया। पुलिस ने आरोपी

मु. आरिफ और अन्य पर केस दर्ज कर लिया है।"

"वेरी शैड।" डॉ. रित दु:खी हुए।

"स्वास्थ्य मंत्री सत्येंद्र जैन ने तो कह दिया यह असॉल्टेशन का मामला नहीं है। पचीस वर्षीय नौजवान आरिफ ने लेडी डॉक्टर के साथ बदतमीजी की।" डॉ. रूबिया के स्वर में हैरानी थी।

"यह समय प्रतिक्रिया का नहीं है, वरना…।"

"हमें सहना है और मानवता की रक्षा करनी है डॉक्टर! देश, संसार और मनुष्य खतरे में है। हमें शांत रहना होगा। जाहिलों की उपेक्षा करनी होगी।" डॉ. रूबिया ने शांत और उदार मन से कहा।

डॉ. रित चुपचाप उठ गए। उन्हें ओटी में जाना था।

तीन बज रहे थे। डॉ. रूबिया ने अभी तक लंच नहीं किया था। वे टिफिन बॉक्स खोलकर बैठ गईं। टी.वी. स्क्रीन पर मेरी लिखी स्टोरी चल रही थी। आवाज भी मेरी थी। स्क्रीन पर शीर्षक था—'अगर जमाती जलसा न होता।'

"निजामुद्दीन मरकज में हुई जमात ने कोरोना संक्रमण पूरे देश में बढ़ा दिया। दिल्ली, मुंबई, गुजरात तमिलनाडु, कलकत्ता, जम्मू-कश्मीर सहित जमातियों ने पूरे देश के विभिन्न हिस्सों में भ्रमण किया है। उन्होंने मसजिदों में, रिश्तेदारों के घर पर, परिचितों के यहाँ शरण ली। खुद के संक्रमण को ट्रेन, बस, ऑटो, कैब, दुकान, बाजार में फैलाते हुए जिन-जिन लोगों से मिले, उन तक संक्रमण फैला दिया।"

"इनके संपर्क में जो लोग आए, वे कोरोना के वॉरियर बन गए। स्वास्थ्य निदेशालय के अनुसार देश में चालीस प्रतिशत संक्रमण इन तबलीगी जमातियों के द्वारा फैलाया गया। इनसे भारत सरकार और राज्य सरकारें लगातार अपील कर रही हैं कि ये लोग सामने आकर इलाज कराएँ, लेकिन जमाती जगह-जगह छुप गए हैं। पुलिस इन्हें ट्रेस कर रही है, किसी तरह खोजकर सामने ला रही है। अस्पताल में इलाज के लिए भेज रही है तो ये बदसलूकी और जाहिलता पर उतर आए हैं।"

स्क्रीन पर बिहार के नालंदा जिले का शेखपुरा उभरता है। यहाँ के अहियापुर मसजिद की तसवीर दिखाई पड़ती है। दीवारों पर कोटा मार्बल। ऊँची कुरसी के कारण गेट तक सीढ़ियाँ। सीढ़ियों के दोनों ओर स्टील की रेलिंग। चैनल गेट के भीतर एक जमाती धर्मगुरु। बाहर पी.पी.ई. में डॉक्टर। न्यूज प्रस्तुत करती मैं और मेरी आवाज—"यह नालंदा के शेखपुरा की अहियापुर मसजिद है। यहाँ से चार संक्रमित मौलाओं को निकाला गया। इन्हें पावापुरी मेडिकल कॉलेज के अस्पताल

में भरती कराया गया। यहाँ इन्हें आइसोलेशन में रखा गया है। ये लोग हर आने-जानेवाले डॉक्टर और स्वास्थ्यकर्मी को नाहक गाली दे रहे हैं। खाने-पीने की आपत्तिजनक चीजें माँग रहे हैं। ये चारों खुद को इसलामी स्कॉलर बता रहे हैं। दिल्ली से आए हैं, पर निजामुद्दीन की तबलीगी जमात से अलग बता रहे हैं। शेखपुरा पुलिस तहकीकात कर रही है। आइसोलेशन सेंटर के नोडल डॉ. पुरुषोत्तम ने कहा। इनके असहयोग, दुर्व्यवहार और कदाचार से डॉक्टर और अन्य स्टाफ परेशान हैं। आज इनका सैंपल लेकर पटना भेजना था। असहयोग के कारण सैंपल नहीं लिया जा सका। सैंपल लेने के प्रयास में महिला स्टाफ को इनकी गंदी हरकतों से परेशान होना पड़ रहा है। मुश्किल से एक व्यक्ति का सैंपल लिया गया। इसे 102 डिग्री बुखार, सर्दी और खाँसी है। इनमें आरंभिक लक्षण पाया गया है।"

"बिहार के पटनी की घटना तो मानवता को शर्मसार कर देनेवाली है। मुसलमानों की बहुलतावाली एक गली में एन.सी.सी. के कैडर्स लॉकडाउन का पालन करने का संदेश लेकर गए थे। वालंटियर के रूप में वे लोगों के घरों में जाने और सड़क पर न निकलने की हिदायत दे रहे थे। यहाँ मुसलमानों से झड़प हो गई। अपराधी किस्म का चाँद मुहम्मद असलहा लेकर आ गया। वालंटियर्स भागकर गली में ही सनी गुप्ता के मकान में छिप गए। चाँद मुहम्मद अपने साथियों के साथ सनी गुप्ता के मकान पर चढ़ गया। उसने सनी को धमकाया और छिपे हुए वालंटियर्स को बाहर निकालने के लिए कहा। इस पर सनी गुप्ता से बहस होने लगी। चाँद मुहम्मद ने उन्हें गोली मार दी। चाँद मुहम्मद का मकान मुसलमानों की बहुलतावाली गली में है।"

स्क्रीन पर सनी गुप्ता की फोटो दिख पड़ती है। बहनें, माता बिलखती हुई दिखाई पड़ती हैं। पत्नी का रोते-रोते बुरा हाल। बाप बिलखते हुए बताते हैं कि जब सनी का शव लेकर लोग दाह-संस्कार के लिए जा रहे थे, शवयात्रा पर पथराव होने लगा। अनुनय-विनय पर भी लोग नहीं माने। किसी तरह घायल लोगों ने उनका अंतिम संस्कार संपन्न किया। पूरी घटना किसी ने मोबाइल पर शूट की थी। टी.वी. स्क्रीन पर उसका लाइव प्रसारण दिखाया जा रहा था।

मैंने कमेंट किया, "हाल में ही 150 बुद्धिजीवियों ने चिट्ठी लिखी थी कि मुसलमानों के साथ अन्याय हो रहा है। कहाँ हैं ये बुद्धिजीवी? क्यों मर गया है इनकी आँख का पानी! आखिर इस घटना पर सब चुप क्यों हैं?"

डॉ. रूबिया ने दो-चार ग्रास खाए होंगे। मन उचट गया। पानी की बोतल उठा ली और टी.वी. बंद कर दी।

इस्माइल मानसिक रूप से परेशान था। उसका मित्र पार्षद ताहिर अली दिल्ली दंगे के आरोप में जेल चला गया था। उसके संरक्षक मौलाना साद शांत थे। कहीं आना-जाना बंद था। वह देर से सोता और देर से उठता। आठ बज रहे थे। वह सो रहा था। कॉलिंग बेल बज रही थी। आवाज उसके कानों में यूँ लगी, जैसे किसी विषैले नाग ने सोते में डस लिया हो। उसने दरवाजा खोला। एक अजनबी बलात् अंदर घुस आया और दरवाजा बंद कर दिया।

"आदाब! इस्माइल सर।" वह आराम से सोफे पर बैठते हुए बोला। इस्माइल उसे नीचे से ऊपर तक घूर रहा था। क्लीन सेव। पैंट-शर्ट। काला, सफेद।

"पहचानने की कोशिश कर रहे हैं सर! अच्छा है, आप नहीं पहचान रहे हैं तो कोई नहीं पहचान पाएगा। मैं डिल्लन हूँ सर!"

इस्माइल की आँखें फटी-की-फटी रह गईं। उसने दुहराया, "डिल्लन! तुम्हारी दाढ़ी सफाचट। चेहरा बदला हुआ। इस लॉकडाउन में तुम मुरादाबाद से यहाँ कैसे आ गए?"

"आ गया सर! एसेंशियल सर्विस के फर्जी पास पर।"

"पास बन गया?"

"हाँ! इसी चेहरे की फोटो से और इसी नाम के आधार कार्ड के क्लोन से।"

"खैर··· क्या हाल है?" इस्माइल ने पूछा।

"पुलिस हाथ धोकर पीछे पड़ी है। योगी को तो आप जानते ही हैं।" डिल्लन ने कहा।

"हुआ क्या था?"

"अरे वो जो सरताज भइया हैं, पीतल के कारोबारी उनकी मौत हो गई। डॉक्टरों ने उन्हें कोरोना का मरीज बताया। इस आधार पर उनके भाई को भी मरीज बताकर डॉक्टर लोग उठाने आए थे। पूरा इलाका रेड जोन बना दिया गया। मोहल्ला भर के लोगों को उठाने के लिए कई एंबुलेंस आई थीं।"

"सरताज तो हाजी नेब की मसजिदवाले इलाके में रहते थे?"

"जी! नवाबपुरा में यह नागफनी थाने के इलाके में है। पुलिस कप्तान ने हम लोगों की सूचना देनेवालों को इनाम देने की मुनादी कराई है। इंशा अल्लाह! मेरी खोज चल रही है।"

"तो भीड़ तो तुमने ही जुटाई थी?" इस्माइल ने मुसकराते हुए पूछा।

"हाँ सर! सोशल मीडिया पर वीडियो वायरल करके सबको बता दिया कि

सारे मुसलमानों को ये लोग उठाकर अनजानी जगह पर ले जाने आए हैं। बस जो जहाँ था, वहाँ से निकल पड़ा। भीड़ जुट गई। हम अपने परिवार के साथ छत पर चले गए। हमने पत्थर फेंकना शुरू किया तो पूरी भीड़ पत्थर फेंकने लगी। भीड़ जुटाने में आपके दोनों बेटों सलीम और नदीम ने बड़ी मदद की। डॉक्टर के साथ एक फार्मासिस्ट आया था। साला बहुत पिटिर-पिटिर कर रहा था। मेरे घूँसे से साले का मुँह फूट गया। सलीम और नदीम ने भी खूब खातिरदारी की। आपकी भाभी शमीम बेगम और बिटिया शबनम ने भी औरतों को लेकर खूब पत्थर बरसाए। ऊ ससुरा डॉक्टर तो मरने को पहुँच गया, तब तक पुलिस आ गई। पुलिसवालों को भी मारा, साले! कई लोग घायल हुए, लेकिन भइया बेगम और शबनम गिरफ्तार हो गईं।"

"तो यहाँ कैसे आए हो?" इस्माइल ने पूछा।

"सर! किसी तरह आप मुझे मलेशिया या इंडोनेशिया भेजवा दीजिए। योगी बहुत गुस्से में है। उसने रासुका लगा दिया है। सुन रहा हूँ कि हम लोगों के एनकाउंटर की प्लानिंग चल रही है। सामूहिक हरजाने का ऑर्डर हो ही गया।"

"देखो डिल्लन! इस संसारव्यापी लॉकडाउन में न कहीं से कहीं के लिए कोई प्लेन उड़ रही है। न वीजा और पासपोर्ट बन रहा है…।"

"वह मुझे मालूम है। आप मौलाना साद साहब से कहकर मुझे कहीं और जगह सुरक्षित रखवा दीजिए।" उसने इस्माइल की बात काटकर कहा।

"उसके लिए मौलाना की कोई जरूरत नहीं। तुम बिजनौर चले जाओ। मैं तुम्हें भेजवा देता हूँ…।" क्षण भर रुककर उसने फिर कहा, "डिल्लन! जब कौम के काम में उतरे हो तो डरो मत। फेस करो। समय एक-सा नहीं रहता। जो होगा, देखा जाएगा। बहुत जगह तुम्हारे जैसे कौम के खिदमतगारों ने ऐसी घटनाओं को अंजाम दिया है। क्षण भर रुककर बोला—

"चाय पीओगे।"

"नहीं!"

"तो तुम जाओ। बिजनौर में इबादत अली से मिलकर मेरा नाम बता देना और अपना मकसद कहना। तुम सुरक्षित रहोगे। पता नोट कर लो।" कहकर इस्माइल उठ गया। किचन से बोला, "डिल्लन! चाय पीकर जाना।"

"नहीं सर! मैं निकल रहा हूँ। आदाब!" वह दरवाजे से बाहर हो गया।

इस्माइल चाय के साथ टी.वी. के सामने बैठ गया। स्क्रीन पर इसी तरह

के हमले की स्टोरी चल रही थी। एंकरिंग मैं कर रही थी। आवाज गूँजी—"हम देख रहे हैं, इस बुरे समय में भी मेडिकल स्टाफ के साथ तबलीगियों द्वारा किया जानेवाला दुर्व्यवहार कितना घिनौना है। इन जमातियों के व्यवहार से एक कौम शर्मसार हो रही है। क्या भारत में मुसलिम नेतृत्व देश को निराश कर रहा है? या वह मुख्य धारा के प्रति असहिष्णु हो गया है? इसी विषय पर हम बात करेंगे भारत के अल्पसंख्यक समाज कल्याण मंत्री मुख्तार अब्बास नकवी से। शाम पाँच बजे।" इस्माइल ने टी.वी. बंद कर दिया। उसे फ्रेश होना था।

नाश्ते की मेज पर इस्माइल सोच रहा था। लॉकडाउन का पहला चरण बढ़ना तो तय है। आज 11 अप्रैल है। पंजाब में 1 मई तक कर्फ्यू बढ़ा दिया गया। राजस्थान और महाराष्ट्र भी इसी रास्ते पर हैं। इस लॉकडाउन ने मुसलिम समाज के संगठित होते समूह को धक्का पहुँचाया। शाहीन बाग का आंदोलन ध्वस्त हो गया। दिल्ली दंगों के नाम पर कौम के लोगों को जेल में डाल दिया। तबलीगी जमात और मरकज की प्रतिष्ठा को धूल में मिला दिया। चारों ओर एक ही चर्चा है—दिल्ली में तबलीगी जमातियों ने हालात को बिगाड़ दिए। आज ही 183 नए मामले आए, इनमें 154 जमाती पाए गए हैं। मौलाना साद का कुछ अता-पता नहीं है। सुना है कि जहाँगीरपुरीवाले मकान में हैं, लेकिन यह गलत है। वहाँ होते तो कोई-न-कोई मुझे बता देता। मौलाना साद आज के गुलाम रसूल हैं। उन्हें गिरफ्तार करने के लिए दबिशें दी जा रही हैं। करें गिरफ्तार, हम भी दिखा देंगे। मोदी! तू डाल-डाल तो हम पात-पात। एक मोर्चा और सही...। उसका सेल फोन बजने लगा। सोच का क्रम टूट गया। डॉ. शौकत अली का फोन था।

"हैलो सर।"

"कैसे हो प्रोफेसर?" डॉ. शौकत ने पूछा।

"दुआ है आपकी।" इस्माइल ने कहा।

"तबलीगियों की गिरफ्तारी, रासुका, महामारी एक्ट, वसूली की धाराएँ लगाई जा रही हैं। आपको पता होगा ही।"

"हाँ। मीडिया पर बहुत सी फेक तसवीरें दिखाई जा रही हैं।" इस्माइल बोला।

"कुछ कोर्ट के बारे में सोचना चाहिए।" शौकत ने राय दी।

"आपने मेरे मुँह की बात छीन ली, मैं भी यही सोच रहा हूँ। इस लॉकडाउन ने पैर में बेड़ी डाल दी है। कोर्ट बंद है। किसी वकील के यहाँ आना-जाना भी संभव नहीं। फिर भी...।"

"अल्पसंख्यक आयोग के पोर्टल पर देखो।" शौकत ने उसकी बात काटकर कहा।

"अवश्य! आज मुख्तार अब्बास नकवी मीडिया पर शाम 5 बजे बात करनेवाले हैं। क्या मुसलिम नेतृत्व मुख्यधारा के प्रति असहिष्णु है? कुछ इसी तरह का सब्जेक्ट है।" इस्माइल ने कहा।

"आप मिस साबिया का विज्ञापन कर रहे हैं?" शौकत हँसा।

"जी नहीं। मैं कौम से निकले दलालों पर हैरान हूँ।"

"किस पर हैरान हैं, मिस्टर नकवी पर या मिस साबिया पर?"

डॉ. शौकत जोर से हँसने लगे। इस्माइल ने भी साथ दिया। क्षण भर बाद शौकत ने फिर कहा, "साबिया को समझाओ। बहुत तेज चल रही है।" इस्माइल चुप रहा। फोन कट गया।

शाम पाँच बजे। इस्माइल ने टी.वी. का स्विच ऑन किया। इजी न्यूज की स्क्रीन। मैं एंकर सीट पर थी। नकवी साहब अपने घर से ऑनलाइन लाइव थे। मैंने शुरुआत की—"आप देख रहे हैं, इजी न्यूज। हमने, इजी न्यूज ने प्रारंभ किया है, इ-लाइव। इसमें हम हर सप्ताह किसी खास शख्सियत से आपकी मुलाकात कराते हैं। आज के मेहमान हैं, भारत के अल्पसंख्यक कल्याण मंत्री मुख्तार अब्बास नकवी।

"नकवी साहब! आज जब पूरा देश कोरोना से लड़ रहा है, मुसलिम समाज के एक छोटे समूह, तबलीगी जमात ने उसमें व्यवधान पैदा किया है। देश का मुसलिम समाज भी इससे चिंतित है। उसे कुशल मुसलिम नेतृत्व चाहिए। लगता है कि कुछ अवांछित तत्त्वों ने मुसलिम नेतृत्व हथिया लिया है। आप क्या सोचते हैं?" मैंने पूछा।

"साबियाजी! देखें तो मुसलिमों के नेतृत्व को लेकर शुरू से चुनौतियाँ रही हैं। 1947 में जो विभाजनकारी रेखा हिंदुओं और मुसलमानों के बीच खिंची, वह ऐतिहासिक सत्य है। जो मुसलमान भारत में रह गए, हिंदू समाज ने उनको अपनत्व दिया। बावजूद इसके कि पाकिस्तान में हिंदुओं के साथ दुर्व्यवहार होता रहा। आज से साठ-सत्तर वर्ष पहले हिंदू-मुसलमान एक-दूसरे के घरों में आते-जाते रहे। आपस में खाना-पीना, खेलना रोजमर्रा की जीवन-शैली थी। एक विशेष बात और हुई थी भारत में, जिस संयुक्त परिवार की बड़ी प्रतिष्ठा थी, उनके टूटने के कारण भी हिंदू-मुसलिम परिवारों में आपस का आना-जाना कम हो गया। परिणाम हुआ

कि धीरे-धीरे मुसलिम समाज आत्मोन्मुखी होकर अपने में सिमटता चला गया। फिर वे प्लेटफॉर्म कम हो गए या कमजोर हो गए, जहाँ हिंदू-मुसलमान आपस में मिलते थे या गंगा-जमुनी तहजीब बहती थी…।"

"जी! आप यह कह रहे हैं कि इस स्थिति का निरंतर विकास हुआ और धीरे-धीरे मुसलिम समाज में अस्तित्व का इगो प्रबल हो गया और वह मुख्यधारा के प्रति असहिष्णु हो गया?" नकवी को बीच में टोककर मैंने हस्तक्षेप किया।

"असहिष्णु शब्द का इस्तेमाल ठीक नहीं होगा। हाँ, वह मुख्यधारा से कटने लगा और लगातार कटता गया।"

बीच में मैंने फिर पूछा, "जिस देश की जनता पर महात्मा गांधी का संस्कार रहा, जिस देश में मुसलमान राष्ट्रीय अस्मिता का योद्धा रहा, वहाँ ऐसी प्रवृत्ति कैसे पनप गई? कौन जिम्मेदार है इसका?"

"साबियाजी! इसे मुख्यत: दो प्रवृत्तियों ने बढ़ाया और मजबूत किया। पहली बात या प्रवृत्ति, स्वतंत्रता संग्राम का नेतृत्व करनेवाली कांग्रेस ने गांधीजी की सलाह के विरुद्ध खुद को राजनीतिक पार्टी बना दिया। वह चुनावी स्पर्धा में मुसलमानों को वोटबैंक के रूप में देखने लगी। कांग्रेस ने मुसलमानों को आरएसएस और जनसंघ का भय दिखाकर और स्वयं को हितैषी और सेक्युलरिज्म का अनुयायी बताकर मुसलमानों की अल्पसंख्यक अस्मिता को विशेष बल प्रदान किया। परिणामस्वरूप अल्पसंख्यकवाद और मुसलिम तुष्टीकरण का जहरीला पेड़ उगा। इसी वजह से मुसलमानों में प्रताड़ित, वंचित और पीड़ित होने की भावना पैदा हुई। उनमें हिंदुओं के प्रति रोष उपजा। कांग्रेस की तरह ही अन्य अनेक क्षेत्रीय दलों ने भी मुसलमानों का हित-साधक होने का बहुरुपियापन प्रस्तुत किया। इस प्रकार ये सभी दल मुसलमानों का शोषण करते रहे और उन्हें मुख्यधारा में आने नहीं दिया। दूसरी बड़ी बात स्वतंत्रता के बाद मुसलिम नेतृत्व ग्रास रूट से पैदा ही नहीं हुआ। जो नेता आए, वे कांग्रेस की बैसाखी पर आए थे।"

"नकवी साहब! मौलाना आजाद सरीखे नेता इसी हिंदुस्तान में पैदा हुए। इसी दिल्ली में 1947 में 4 नवंबर को उन्होंने मुसलमानों से कहा कि 'वे शपथ लें कि यह देश हमारा है और इसके भविष्य का निर्णय तब तक अपूर्ण रहेगा, जब तक हम उसमें शिरकत नहीं करेंगे।' आज मुसलिम नेतृत्व में उस तरह का जज्बा क्यों नहीं पैदा होता?" मैंने पूछा।

"यह बड़े दुर्भाग्य की बात है, साबियाजी! मौलाना आजाद या उन्हीं जैसे नेता

रफी अहमद किदवई की मृत्यु के बाद उनकी जगह लाया गया हाफिज इब्राहिम को, एम.सी. छागला को। ये लोग मुसलिम समाज को अपेक्षित राजनीतिक नेतृत्व नहीं दे सके। कारण यह नहीं है कि ये लोग सक्षम नहीं थे, कांग्रेस ने इन्हें स्वतंत्र रूप से उभरने और मुसलिम के अंदर राष्ट्र की मुख्यधारा का भाव पैदा करने के लिए स्वतंत्र रूप से कार्य ही नहीं करने दिया। 1961 में जबलपुर और 1964 में जमशेदपुर और राउरकेला में हिंदू-मुसलिम दंगे हुए···।"

"लेकिन नकबी साहब! 1965 में भारत-पाकिस्तान युद्ध के बाद अब्दुल हमीद को मरणोपरांत 'परमवीर चक्र' दिया गया, तब तो मुसलमानों के मुख्यधारा में आने की स्थिति और आशा जगनी चाहिए थी।"

"आप ठीक कह रही हैं, साबियाजी! लेकिन अनेक मुसलिम नेता वैसा रवैया नहीं अख्तियार कर सके, जैसा वक्त की माँग थी।" नकवी ने तपाक से कहा।

"मुसलिमों की नई पीढ़ी अपने को भारतीय मानती थी। बरेलवी हों या देवबंदी, वे भारत के प्राचीन इतिहास में अपने पूर्वजों को तलाश रहे थे, फिर ऐसा क्या हो गया कि वे मुख्यधारा से कट गए?" मैंने पूछा।

"हाँ भाई! तो अलीगढ़ मुलिम विश्वविद्यालय, उर्दू और मुसलिम पर्सनल ला मुसलिम अस्मिता के नए प्रतीक बन गए। 1971 के भारत-बांग्लादेश युद्ध से भी हिंदू-मुसलिम अलगाव उभरा। इमरजेंसी में जब इंदिरा गांधी ने आरएसएस और जमात-ए-इसलामी नेताओं को जेलों में बंद किया तो दोनों समुदायों के पास आने की आस जगी। संपूर्ण क्रांति के प्रणेता लोकनायक जयप्रकाश के सुझाव पर आरएसएस ने मुसलमानों के लिए संघ में प्रवेश देने की हामी भरी, किंतु 1978-80 में ईरानी क्रांति, अयातुल्ला खुमैनी की तकरीर और नेतृत्व से भारत में भी इसलामिक उफान जैसा आ गया। कश्मीर तो हमेशा सांप्रदायिक सौहार्द में विभाजक तत्त्व रहा। अन्य मुद्दे, जैसे—शाहबानो, राम मंदिर, गोधरा कांड और गुजरात दंगे भी उसे हवा देते रहे। 1992 में बाबरी ढाँचा ढहाए जाने से भी हालात बदले।"

"नकवीजी! एक और प्रश्न, मुसलिम स्कॉलर्स ने सांप्रदायिक सौहार्द हेतु सही बौद्धिक नेतृत्व विकसित करने में कैसा रोल अदा किया?"

"यही तो रोना है, साबियाजी! सांप्रदायिक सौहार्द के लिए मुसलमानों को सही बौद्धिक नेतृत्व भी नहीं मिला। अपवादों को छोड़, मुसलिम विद्वान् मुसलिम-केंद्रित अध्ययन-शोध में लीन रहकर यह प्रमाणित करते रहे कि मुसलिम उपेक्षित और असुरक्षित हैं। सांप्रदायिक दंगों में वे पुलिस की सख्ती को रेखांकित करते

हैं, लेकिन वस्तु-सत्य छिपाते रहते हैं कि पुलिस को ऐसा क्यों करना पड़ता है। अधिकतर दल राजनीतिक लाभ के लिए मुसलिम तुष्टीकरण का प्रयास करते हैं। वे हिंदुओं की असुरक्षा और संवेदनाओं की घोर उपेक्षा करते हैं। मुसलिम स्कॉलर भी मुसलमानों को यह नहीं समझा सके कि उनका भी कुछ फर्ज बनता है। गंगा-जमुनी तहजीब बनाए रखने की जिम्मेदारी उनकी भी उतनी ही है, जितनी हिंदुओं की।"

"मुसलिम स्कॉलर्स के हाथ में कोई नेतृत्व है क्या?" मैंने बीच में पूछा।

"यही तो मैं कह रहा हूँ, साबियाजी! मुसलिम विश्वविद्यालय हिंदू-मुसलिम सद्भाव के संवाहक नहीं बन सके, उलटे नफरत और राष्ट्र-विरोध के केंद्र बन गए। यद्यपि हिंदू-मुसलिम स्कॉलर्स में बेहद सौहार्द और भाईचारा है। इसी की आड़ लेकर कट्टरपंथी धर्मगुरुओं ने मुसलिम स्कॉलर्स से नेतृत्व छीन लिया। कट्टरपंथी धर्मगुरु पैन इसलामिज्म को लक्ष्य करते हैं, इसीलिए उनकी तकरीरों में मुसलिम अस्तित्व को मजबूत करने का प्रयास होता है। मुसलमानों को मुख्यधारा में लाने के लिए इनके अंदर कोई सोच ही नहीं होती। यही कारण है कि तबलीगी जमात के मौलाना साद जैसे तत्त्व मुसलमानों को शर्मसार करते हैं। ऐसे लोग सूफी किस्म के धर्मगुरुओं के सांप्रदायिक सौहार्द के प्रयासों पर पानी फेर देते हैं।"

"नकवीजी! एक आखिरी सवाल। मुसलिम नेतृत्व अधिकांशतया अपराधियों के हाथ में क्यों चला गया? क्या मुसलिम नेतृत्व से गंगा-जमुनी तहजीब की पहल संभव हो सकेगी?"

नकवी हलके से हँसे, फिर बोले, "राजनीति में अपराधीकरण हर जगह और हर वर्ग में बढ़ा है। इनके बढ़ते प्रभाव और मुसलमानों को वोटबैंक की तरह देखने के कारण दलों ने स्थानीय स्तर पर मुसलिमों का राजनीतिक नेतृत्व हथियाने के लिए क्रिमिनल को प्रोत्साहित किया है। इस प्रकार राजनीतिक, बौद्धिक, धार्मिक, सामाजिक मुसलिम नेतृत्व के अभाव ने न केवल मुसलिम अस्मिता, वरन् सांप्रदायिक विद्वेष और राष्ट्र-विरोध को भी बलवती किया है।

"शायद मुसलिम नेतृत्व की कोई ऐसी धारा फूटे, जो मुसलमानों को देश की मुख्यधारा, गंगा-जमुनी तहजीब और सांप्रदायिक सौहार्द की ओर ले जाए।"

"बहुत-बहुत धन्यवाद, नकवीजी। आपने हमें समय दिया।"

नकवी और मेरी तसवीर स्क्रीन से ओझल हो गई। टी.वी. बंद करते हुए इस्माइल ने भद्दी सी गाली दी। पता नहीं किसको, मुझे या मिस्टर नकवी को। शाम की चाय सिप करते हुए उसके दिमाग में नकवी की बात कौंध रही थी—'मौलाना

साद जैसे तत्त्व मुसलमानों को शर्मसार करते हैं।' वह जितना ही मौलाना साद और जमात के बारे में सोचता, उसके मस्तिष्क में उथल-पुथल मच जाती। उसे लगता कि जमात की स्थिति बदल सकती है। मौलाना साद के विरोधी सक्रिय होंगे। इसका लाभ उठाकर कहीं पाकिस्तान जमात का मुख्यालय दिल्ली से बदलवाकर अपने यहाँ करा ले। आखिर मौलाना साद हैं कहाँ? उनके वीडियो आ रहे हैं। सरकार और स्वास्थ्य टीम से सहयोग की अपील कर रहे हैं तो पुलिस उन्हें क्यों खोज रही है? उसका दिमाग भन्ना उठा। वह कमरे में टहलने लगा।

□

मौलाना साद कंधालवी!

भारत में कोरोना वायरस के विस्तार का विलन! मीडिया की कवरेज ऐसा ही दिखा और बता रही थी। आज दिल्ली की क्राइम ब्रांच ने उसके बेटे सईद से दो घंटे तक पूछताछ की। क्राइम ब्रांच ने सईद से उन बीस लोगों की डिटेल्स माँगी है, जो मरकज में आने-जानेवाले लोगों और वहाँ की पूरी व्यवस्था का जिम्मा सँभालते हैं। इस्माइल को यह समाचार जितना खराब लगा, उतना ही चिंताजनक। उसने खुद से कहा, 'अच्छा! क्राइम ब्रांच मौलाना साद को गिरफ्तार करने की हिम्मत तो जुटा नहीं पा रही तो परिवार को परेशान कर रही है। सईद उसका अच्छा दोस्त है। वैसे साद के दोनों भाई भी उसके लिए अच्छे हैं। मरकज का काम सबसे अधिक सईद ही देखता है। कौन सा सच जानना चाहते हैं, ये लोग सईद से। चार नोटिस तो भेज चुके हैं। पाँचवीं भी भेज दें।'

'मियाँ! बीस लोगों में तुम्हारा नाम भी जा सकता है।' उसके अंतर्मन ने कहा। क्षण भर को उसकी सोच बाधित हुई। फिर उसने कहा, 'जो होगा, देखा जाएगा।' उसने बताया था। सामने 'जदीद मरकज' का ताजा अंक पड़ा था इसमें संपादक नाजमीन के साथ उसकी बातचीत छपी थी। पिता मौलाना साद के वालिद मौलाना मुहम्मद हारून कंधालवी के खिदमतगार थे। उनके अंतकाल के बाद वे मौलाना साद के वफादार हो गए। उसकी माँ पहले ही चल बसी थीं। पालन-पोषण बाप ने ही किया। 1990 में जब वह केवल दस वर्ष का था, बाप का साया भी उठ गया। मौलाना साद ने उसे अंग्रेजी स्कूल में भेज दिया। उर्दू तो उसने बचपन से ही पढ़ी, आगे की आधुनिक शिक्षा भी उसे मौलाना साद की कृपा से प्राप्त हुई। मौलाना साद का खानदान दुनियाबी नहीं, रूहानी है। आदि-आदि···

'जदीद मरकज' ने प्रो. इस्माइल से नाजमीन बेगम की इस बेबाक बात को जस-का-तस प्रकाशित किया था। आगे की स्टोरी नाजमीन द्वारा मुझसे की गई बातचीत के आधार पर थी जो मौलाना साद और इस्माइल के लिए निगेटिव थी। अस्तु…।

अखबार पढ़कर इस्माइल ने उसे एक ओर फेंक दिया। उसके मुँह से निकला—'साबिया…! कुछ सोचना पड़ेगा।' वह खिड़की के सामने खड़ा हो गया। यह साबिया…!

खिड़की के बाहर बेमौसम की बारिश हो रही थी। सामने के टीले से पानी की तेज धार नाले में गिर रही थी। नाला भर रहा था। पानी बह रहा था। लहर-लहर। एक लहर आती थी, एक लहर जाती थी। दोनों में कोई साम्य नहीं। हवा तेज थी। पेड़ों की डालियों को हिलाती, झकझोरती। बहाव हवा का हो या पानी का एक जैसा कहाँ होता है? क्षण-प्रतिक्षण बदलता रहता है। नया होता है…नया…नया…नया…। साबिया मेरे हृदय में सिक्किम के प्रकृति सी चित्रित है, किंतु बर्फ सी निरंतर पिघलती जा रही है। पर मैं कीर्केगार्द नहीं हूँ, जो एक लड़की से बेहद प्यार करता है, लेकिन चुपचाप उससे अलग हो जाता है। जिंदगी भर अकेला रहता है। बिना कुछ जाने। बिना कहे-सुने। मैं साबिया से प्यार करता हूँ। इसका इजहार मैंने यामथुंग की रोज वैली में कर दिया है। उसे अपना वह वाक्य याद आया—'हुजूर की शान में बंदे की जर्रानवाजी कुबूल हो।'

उसने खिड़की बंद कर दी और बेकार्डी की बोतल लेकर बैठ गया।

अकेले में दारू पीनेवाले कई पेग पी जाते हैं। सुरूर आस्ते-आस्ते चढ़ता है। इस्माइल के हाथ में चौथा पेग था। उसके दिमाग में न्यूज पढ़ती हुई मैं साकार हो उठी थी, आवाज कानों में गूँजने लगी—

दिल्ली पुलिस मौलाना साद से पूछताछ के लिए सी.आर.पी.सी. की धारा 160 के तहत नोटिस जारी करने का मन बना रही है। पुलिस ने उसका डोजियर जारी किया है। इस डोजियर में परिवार, रिश्तेदार, उसके बेटे और उनके करीबियों के नाम दर्ज हैं।

जाँच एजेंसी का मानना है कि विदेशी फंडिंग के जरिए से ही मौलाना साद ने दो हजार करोड़ की निजी संपत्ति बनाई है।

क्राइम ब्रांच के राडार पर मौलाना साद के ग्यारह रिश्तेदारों और करीबियों के मोबाइल नंबर भी हैं, जिन पर नजर है। इसके अलावा, परिवार और मरकज

से जुड़े ग्यारह बैंक अकाउंट भी टारगेट पर हैं। इन खातों में करोड़ों रुपए का ट्रांजेक्शन हुआ है।

यह वही मौलाना साद है, जिसने मरकज पर कब्जा करने के लिए अपने विरोधी गुट के लोगों को मेवात से बुलाए गए गुंडों द्वारा पिटवाकर 4 जून, 2016 को रक्तरंजित कर दिया। इसकी सूचना पुलिस को भी दी गई, लेकिन साद का कद इतना बड़ा था कि पुलिस को मरकज में जाने की अनुमति नहीं थी। यह उसका रसूख था कि जिले का डी.सी.पी. भी उससे मिलने के लिए घंटों इंतजार करता था। मौलाना इसके बाद भी मिलने से इनकार कर देता। उसी मौलाना साद का रसूख अब खत्म हो चुका है। उसके ऊपर महामारी फैलाने और गैर-इरादतन हत्या के आरोप हैं। पुलिस अपना काम कर रही है।

इस्माइल पर नशा पूरी तरह अपने रौब पर था। मैं उसके दिमाग पर डरावनी सी उभर रही थी। कानों में मेरी आवाज की गूँज जैसे उस पर आरोप लगा रही थी या थ्रेट कर रही थी। मौलाना साद के करीबियों में तुम्हारे पर भी नजर है, इस्माइल! गिरफ्तारी की तलवार तुम्हारे ऊपर भी लटक रही है। उसे लगा कि मैं एंकर नहीं, पुलिस इंस्पेक्टर हूँ। गोया मेरे हाथों में हथकड़ी है। वह उठा, किंतु लड़खड़ा गया।

रात 12 बजे इस्माइल को बेचैनी महसूस होने लगी। उठने की कोशिश में वह लड़खड़ा जाता। कमजोरी लग रही थी। उसने डॉ. शौकत को फोन किया। पहली बार मोबाइल नहीं उठा। शायद वे गहरी नींद में थे। दुबारा रीट्राई किया।

“हैलो।” शौकत की निंदियाई आवाज आई।

“डॉक्टर मुझे बेचैनी महसूस हो रही है। साँस लेने में दिक्कत महसूस हो रही है।”

“बुखार भी है क्या?” डॉक्टर शौकत ने पूछा।

“हाँ! उठने में लड़खड़ा रहा हूँ। वैसे आज मैंने बेकार्डी ले ली थी।” इस्माइल ने कहा।

“आप मेरे यहाँ तो आ नहीं पाएँगे। खैर···मैं एंबुलेंस के लिए फोन करता हूँ।”

“तो क्या मुझे कोरोना है?” इस्माइल ने पूछा।

“यह तो जाँच के बाद ही तय होगा।” शौकत ने बताया।

डॉ. शौकत कुछ और कहना चाह रहे थे कि दरवाजे की कॉलबेल बजने

लगी। किसी तरह वह उठा। इतनी जल्दी एंबुलेंस आ गई। लगता है, आसपास ही थी। सोचते हुए किसी तरह साँकल खोली। सन्न रह गया वह। सामने पुलिस खड़ी थी। मास्क, हैंडग्लव्स और लॉन्ग बूट में। उसे मास्क पहनने को कहा गया। हाथ सैनिटाइज कराए गए और गाड़ी में पीछे बैठा दिया गया। उसने पूछा, "यह क्या है?"

"आपको गिरफ्तार किया गया है।"

"क्यों?"

"आप पर उत्तर प्रदेश पुलिस का आरोप है और दिल्ली पुलिस का भी। दिल्ली पुलिस के लिए आप वांछित हैं, क्योंकि आप निजामुद्दीन मरकज से संबंधित हैं। जमातियों को देश के अन्य हिस्सों में भेजने का काम किए हैं। आपका नाम मुहम्मद सईद ने बताया है।

"उत्तर प्रदेश पुलिस आपकी गिरफ्तारी के लिए आई है, क्योंकि इलाहाबाद केंद्रीय विश्वविद्यालय में राजनीति के प्रो. शाहिद निजामुद्दीन मरकज की जमात में आए थे। पुलिस के पूछने पर उन्होंने इस तथ्य को न केवल छिपाया, बल्कि इनकार भी कर दिया। इतना ही नहीं, 10 मार्च तक वे जमातियों के साथ मरकज में हिस्सेदारी निभाते रहे। इसके बाद विश्वविद्यालय की परीक्षा में ड्यूटी भी किए। इसमें 250 परीक्षार्थियों ने हिस्सा लिया था। कर्मचारी और कई अन्य विभागों के प्रोफेसर और अतिथि प्रवक्ता भी संपर्क में आए थे। उनके बड़े भाई भी विश्वविद्यालय के कॉमर्स फैकल्टी में प्रोफेसर हैं। वह और उनका परिवार भी शाहिद के संपर्क में आया था। उन्हें गिरफ्तार कर लिया गया है। उनके साथ दस-बारह जमाती भी गिरफ्तार हुए हैं। सब कोरोना पॉजिटिव हैं। उनमें से चार जमातियों ने बताया है कि उन्हें आपने मुहम्मद शाहिद के पास भेजा है, इसलिए महामारी एक्ट में आपको यूपी पुलिस ने भी गिरफ्तार किया है।"

दिल्ली पुलिस प्रो. इस्माइल को लेकर राममनोहर लोहिया अस्पताल पहुँची। जाँच के बाद कोरोना का लक्षण पाया गया। इन्हें चौदह दिन के लिए क्वारंटाइन कर उपचार शुरू हुआ। सुबह मीडिया की सुर्खियों में था—'दिल्ली में तबलीगी जमातियों ने बिगाड़े हालात। मौलाना आजाद कॉलेज का प्रोफेसर गिरफ्तार'। इस समाचार की एंकरिंग भी मुझे ही करनी पड़ी। समाचार टेलीकास्ट करते हुए मुझे धक्का लगा। कोरोना संक्रमित होने के कारण दुःख भी।

थोड़ा उद्विग्न हुई। जामिया मिल्लिया के दिन याद आने लगे। इस्माइल तेज और दिलेर स्टूडेंट था। इतिहास और राजनीति के साथ इसलाम में भी उसकी गहरी

रुचि थी। इतिहास की बहुत सी बातें वह मुझे भी बताता। हम अकसर कैंटीन या लाइब्रेरी में मिलते। उसकी बातचीत में ज्ञान के साथ रस होता। अपनी बातों को काफी आक्रामक अंदाज में रखता। मेरे आसपास प्राय: बना रहता। कहीं-न-कहीं उसके भीतर सॉफ्ट कॉर्नर उसी समय से मेरे प्रति है। सिक्किम का जीरो प्वाइंट याद आया। बर्फ और केवल बर्फ के प्रदेश में बेलौस चलना। शूटिंग। याक का दृश्य कैमरे में कैद करने के लिए पीली बर्फ की ओर मुड़ना। इस्माइल का धक्का देना। उसकी बाँहों में सँभलने की कोशिश। दोनों का लड़खड़ाकर गिर जाना। इस्माइल की बाँहों में जकड़ जाना। सोचते हुए मुझे रोमांच हो आया।

सेल फोन बजने लगा। मम्मी थीं। विचार भंग हो गया।

"जी मम्मा।"

"तुम्हें कब छुट्टी है?" डॉ. रूबिया ने पूछा।

"आज रात मेरा ऑफ है। शाम पाँच बजे तक घर आ जाऊँगी।"

"ओके! रात मेरा भी ऑफ है। पाँच बजे हम साथ ही चाय पिएँगे।"

"यस मम्मा! वेरी नाइस।" फोन रखते हुए मैंने कैंटीन को कनेक्ट किया। कॉफी मँगाई और सिप करने लगी।

मम्मी को इस्माइल की गिरफ्तारी का समाचार अच्छा न लगा। वह उसे रैडिकल मुसलमान तो मानती थीं, लेकिन वह इक्स्ट्रीमिस्ट भी है। इसका आभास उन्हें आज हुआ।

उसके प्रति उनके मन में हलका सा आत्मीय भाव था। साबिया का स्टूडेंट मित्र होने के नाते वह उन्हें बुरा नहीं लगता था। शुरुआती दिनों में या यूँ कहें कि जब साबिया जामिया मिल्लिया में पढ़ती थी, उसे पारिवारिक सदस्य जैसा मानने में उन्हें कोई आपत्ति नहीं थी। शाहीन बाग की घटना के बाद पहली बार उसके प्रति विश्वास के सामने प्रश्नचिह्न लगा था। आज की घटना ने तो उन्हें परेशान कर दिया। उनके पति और मेरे पिता डॉ. लियाकत एक दुर्घटना में चल बसे थे। मैं उनकी जिम्मेदारी थी। कभी-कभी इस जिम्मेदारी का भविष्य उन्हें इस्माइल में दिखाई पड़ जाता था। किंतु…।

डॉ. रित केबिन में आ गए। आउटडोर और आई.सी.यू. वार्ड से फुरसत मिल गई थी।

"हैलो डॉक्टर साहिबा!" कहकर रित ने रूबिया का अभिवादन किया। डॉ. रूबिया उनसे बड़ी थीं।

"यस डॉ. रित! इसके बाद ओ.टी. जाएँगे आप?" रूबिया ने पूछा

"नो! आज ओ.टी. नहीं है। आई एम फ्री।"

"नाइस! आई एम फ्री आलसो।" तो डॉक्टर शाम की चाय मेरे साथ, घर पर।

डॉ. रित ने हिचकिचाहट जताई तो रूबिया बोलीं, "डोंट वरी! दो गज की दूरी। जान भी रहे, जहान भी।" कहकर वह हँसने लगीं। फिर बोलीं, "चलो डॉ. रित! आपसे जरूरी बात करनी है।"

"ओके मैम!" रित जानता था कि कभी उनके अंदर कुछ होता है तो शेयर करती हैं। सलाह लेती हैं। डॉ. रूबिया उसे अपना शुभचिंतक और हितैषी मानती हैं।

मैं ठीक पाँच बजे घर पहुँची तो डॉ. रित मम्मा के साथ बैठे थे।

मास्क चेहरे पर कसा था और छह फीट का फासला भी। मम्मा बाथरूम से फ्रेश होकर वहीं आ गईं।

"मास्क में आप और हैंडसम लग रहे हैं डॉक्टर!"

"थैंक्स मिस साबिया!"

मास्क और ग्लव्स पहने फरहत चाय लेकर आ गई। चाय मैंने सबको सर्व की।

"उस दिन जो प्रोफेसर यहाँ मिला था···"

"इस्माइल।" मम्मी ने डॉ. रित को अटकते हुए देखकर वाक्य पूरा किया।

"हाँ-हाँ! वह गिरफ्तार हो गया··· ?" रित ने मेरी ओर देखा।

"हाँ जी! वह जमाती है।" मैंने कहा।

"वह मौलाना साद का नजदीकी और कार्यकर्ता है, ऐसी चर्चा सुनी जा रही है। वह कोविड-19 पॉजिटिव भी है।" रित ने कहा।

"हाँ! पता नहीं संक्रमण किस स्टेज पर है···।" मेरी आवाज में चिंता थी।

"भाड़ में जाए। आजकल मुसलिम नौजवानों को मजहब, कौम, अल्लाह के नाम पर बरगलाकर वर्चस्व कायम करने का सिलसिला चल पड़ा है।" मम्मी ने तुनककर कहा।

"मम्मी! सेकंड वर्ल्ड वॉर फासिस्टों ने कराया, अब कम्युनिस्टों ने वर्ल्ड हेल्थ वॉर करा दिया। चीन में कम्युनिस्टों की तानाशाही ही तो है, जिसने वुहान वायरस पर परदा डालकर दुनिया को विश्व महामारी युद्ध में झोंक दिया। इससे

साफ होता है कि तानाशाही सारे संसार का बेड़ा गर्क कर सकती है··· ?"

"इसी तरह ये मजहबी उन्मादी भी हैं। तबलीगी जमात और इस्माइल जैसे इसके अनेक कार्यकर्ता इस महामारी के वॉरियर्स हैं। यह देवबंद के समर्थकों कट्टर सुन्नी मुसलमानों की मुहिम है। दुनिया भर में इस्माइल जैसे आठ करोड़ लोग कई देशों में हालात खराब किए हैं। इस्माइल तो इसे गैर-राजनीतिक संगठन बताता होगा, पर इन सबका एक ही मकसद है, वैश्विक जेहाद।" मम्मी उत्तेजित हो गईं।

"बट इट्स वंडरफुल! सरकार, समाज या प्रगतिशील वामपंथी पार्टियाँ इनके सहयोगियों की आतंकी गतिविधियाँ जानते हुए भी तबलीगी जमात को आतंकी संगठन नहीं कहते।" रित ने कहा।

साबिया का फोन बजा। डॉ. शौकत अली थे।

"हैलो!"

"शौकत बोल रहा हूँ, मिस साबिया! आप घर पर हों तो मिल लूँ।"

"आपके लिए संदेश है। यदि आपको ऑब्जेक्शन न हो।"

"इस कोरोना काल में आपको ऑब्जेक्शन नहीं है, तो आ जाइए। मैं ड्राइंग रूम में बैठी हूँ।" कहकर मैंने कनेक्शन काट दिया। बोली, "मम्मा! डॉ. शौकत अली आ रहे हैं। इधर से गुजर रहे थे।"

"डॉ. शौकत, जो अच्छे रईस हैं, धार्मिक, सामाजिक कामों के लिए चंदा देने में किसी को निराश नहीं करते···वही···।"

"हाँ मम्मा! आप जानती हैं?"

"ये सब वैचारिक मुलम्मेवाले हैं। ये अपने इसी तरह के कृत्यों से वैचारिक मुलम्मा चढ़ाते हैं। कम पढ़े-लिखे युवाओं को लुभाते हैं। इन्हीं लोगों के सहयोग से पहले इस्माइल पैदा होते हैं, फिर आतंकी संगठनों के रंगरूट। जामा मसजिद, अबुबकार मसजिद से लेकर बँगलेवाली मसजिद से इसके ताल्लुकात हैं। सबको चंदा देता है। इसको अच्छी तरह मालूम है, तबलीगी जमात ने लंबे समय तक अलकायदा से लेकर तालिबान जैसे संगठनों के लिए नई भर्तियों में अहम भूमिका निभाई हैं।" मम्मी का स्वर काफी कटु था।

डॉ. शौकत आ गए थे। फरहत उसे ड्राइंगरूम तक छोड़ गई। मैं उठकर खड़ी हो गई। सोफे पर छह फीट दूर बैठने का संकेत किया।

शौकत बैठ गया, फिर मम्मी की ओर मुखातिब होकर बोला, "मुआफ करें,

डॉ. रूबिया! आपकी बात मैंने यहाँ पहुँचते-पहुँचते सुनी। बात सार्वजनिक है, इसलिए हस्तक्षेप कर रहा हूँ। गुस्ताखी माफ हो। तबलीगी जमात न तो आतंकी संगठन है और न अलकायदा और तालिबान से उसका कोई संबंध है।"

"मुझे लगता है, आप डॉक्टर और रईस सामाजिक कार्यकर्ता हैं, लेकिन आप तार्किक और रैडिकल भी हैं। अच्छा है, माफी चाहूँगी। हरकत उल जिहाद-ए-इसलामी और हरकत उल मुजाहिदीन किसके संगठन हैं?"

"इन संगठनों के लिए क्या जमात से लोग नहीं गए?" मैंने मम्मी से बात की कमान अपने हाथ में ले ली।

"यह मीडिया का आरोप है। आने-जाने को कोई कहीं से किसी संगठन में आ या जा सकता है। कुछ लोग यदि जमात से उन संगठनों में गए होंगे तो इंडिया के बाहर। इसमें जमात क्या करेगी?" शौकत ने कहा।

"जमात वैश्विक संगठन है, डॉ. शौकत! निजामुद्दीन मरकज उसका केंद्र और तीर्थ है। इतना भोला संगठन तो यह नहीं है। आप अच्छी तरह जानते हैं कि पाकिस्तान में तबलीगी जमात के प्रमुख नेता मुफ्ती तकी उस्मानी ने राष्ट्रीय टेलीविजन पर दावा किया कि पैगंबर मुहम्मद ने जमात के एक कार्यकर्ता को सपने में आकर बताया कि कोरोना का उपचार कुरान की कुछ आयतों को पढ़ने से हो जाएगा। दुनिया के कई देशों में इस जमात के इज्तिमा बदस्तूर जारी रहे। बावजूद इसके कि सऊदी अरब के उमरा और ईरान के पाक शिया स्थलों को बंद करा दिया गया।" मैंने शौकत पर तीखी निगाह डाली।

शौकत सहमकर बोला, "मिस साबिया, मैं केवल भारत की बात कह रहा हूँ और तबलीगी जमात को आतंकी संगठन नहीं मानता।"

"डॉक्टर! भारत का आम मुसलमान न आतंकी है, न जेहादी। मुट्ठी भर मुसलमानों को तो बरगलाया जा सकता है। मैंने पहले ही कहा कि जमात वैश्विक संगठन है, अतः बात भी ग्लोबल होगी। रही बात भारत की··तो मौलाना साद ने मरकज की ताकत के नाम पर मासूम तबलीगियों को बरगलाकर उन्हें महामारी के मुख में झोंक दिया। साद का यह कहना कि 'अल्लाह हम सभी की हिफाजत करेगा। ईरान के शिया धर्मगुरुओं की गलती दुहराने जैसा ही है। जिन्होंने अपने पाक शहर की कौम को कोरोना वायरस का केंद्र बना दिया। तबलीगी जमात के इज्तिमाओं ने दक्षिण-पूर्व एशिया से लेकर पश्चिमी अफ्रीका तक सुन्नी मुसलमानोंवाले देश की दहलीज तक इस बीमारी को पहुँचा दिया। कुआलालमपुर की पेटलिंग मसजिद में

27 फरवरी से 1 मार्च के बीच 16,000 जमातियों के जमावड़े ने कोरोना संक्रमण के बीज छह दक्षिण-पूर्व एशियाई देशों में बोए। इनमें ब्रूनेई, कंबोडिया, मलेशिया, सिंगापुर, थाईलैंड और वियतनाम शामिल हैं। कुआलालमपुर के बाद तबलीगी जमात का एक और जलसा पाकिस्तान के रायबिंड में 11-12 मार्च को हुआ। रायबिंड लाहौर का उपनगरीय इलाका है। यहीं जमात का मुख्यालय है। इसमें ढाई लाख लोग जुटे थे। पाक प्रशासन के हरकत में आने से पहले सैकड़ों लोग बीमारी के संक्रमण में आ चुके थे। इन लोगों ने पाकिस्तान में ही नहीं, किर्गिस्तान और नाइजीरिया तक संक्रमण फैला दिया। डॉक्टर आप इंडिया-इंडिया खेल रहे हैं। रायविंड के बाद अगला पड़ाव तो नई दिल्ली ही था…"

"तो सरकार ने आयोजन क्यों होने दिया? प्रशासन क्या कर रहा था? सारी रिपोर्ट तो थाने से जाती है। थाना निजामुद्दीन तो बगल में ही है।" शौकत ने तंज कसा।

"भाई! सरकार ने तो कोरोना के मद्देनजर किसी भी खेल, जलसे, आयोजन पर पाबंदी लगा दी थी। यहाँ तक कि पहले पचास आदमियों, फिर बीस आदमियों के एक जगह इकट्ठे होने पर पाबंदी लगा दी थी। बावजूद इसके निजामुद्दीन में जलसा हुआ। जिसके लिए न अनुमति ली गई थी, न दी गई थी, उसे रोकने की क्या बात?" मैंने कहा।

"आप बड़ी पत्रकार हैं, मिस साबिया! आपको मालूम होगा कि इंडोनेशिया ने अंतिम क्षणों में अपने यहाँ इज्तिमा पर प्रतिबंध लगा दिया। वहाँ यह 18 मार्च को प्रस्तावित था, जिसमें 8,800 जमाती शिरकत करनेवाले थे। हमारी एजेंसियों ने नई दिल्ली में इज्तिमा होने दिया।"

"महाराष्ट्र में बसई में इसी तरह के कार्यक्रम को मंजूरी दी गई थी। अंतिम समय में रद्द कर दी गई।" शौकत ने कहा।

"अच्छा तर्क है। टूरिस्ट वीजा पर आप भारत में पहले से आए हैं। धार्मिक प्रचार-प्रसार कर रहे हैं। बिना अनुमति जलसा कर रहे हैं, सोलह हजार लोग इकट्ठा हो जा रहे हैं। आठ मंजिला इमारत और चहारदीवारी के भीतर मैदान में सबकुछ कर रहे हैं और कह रहे हैं कि रोका क्यों नहीं? नहीं मान रहे थे तो लाठी-गोली क्यों नहीं चलाई?" मैंने रुककर दो घूँट पानी पिया, फिर बोली—

"नई दिल्ली का जमावड़ा तो एक अप्रैल को तब तक रहा, जब तक कि 2,346 जमातियों को वहाँ से निकाला नहीं गया। यह आयोजन भारत के लिए बहुत

भारी साबित हुआ, डॉक्टर शौकत! इसने 23 मार्च से जारी राष्ट्रव्यापी लॉकडाउन की साधना में भी विघ्न डाला। इसमें जुटे तमाम विदेशी नागरिकों द्वारा अपने टूरिस्ट वीजा का बेजा इस्तेमाल किया गया। मुझे दु:ख है डॉक्टर कि आप और इस्माइल जिस जमात से जुड़े हैं, वह संगठन इस महामारी के गुजरते-गुजरते इस बात के लिए कुख्यात हो जाएगा कि इसके इज्तिमा के चलते किस तरह कोरोना संक्रमण फैला, जो तमाम लोगों की मौत का कारण बना।" मैं चुप हो गई।

डॉ. रित अपने स्वभाव के अनुसार शांत सुन रहे थे। उन्होंने कहा, "मुझे लगता है कि महामारी के दौरान सुर्खियों में आने के चलते और अपनी संदिग्ध भूमिका के कारण तबलीगी जमात में आंतरिक वर्चस्व की लड़ाई और तेज होगी। इनकी कलह और हिंसक रूप ले सकती है।"

"यस डॉ. रित! बांग्लादेश, पाकिस्तान और ब्रिटेन में जमात के कट्टर होते धड़े मौलाना साद की सदारत को चुनौती दे रहे हैं। पाकिस्तान में सेना-मुल्ला गठजोड़ काफी पुराना है। इससे सेना को भारत और अफगानिस्तान के खिलाफ आतंकी मोहरे तैयार करने में मदद मिलती है। ऐसे में तबलीगी जमात का मुख्यालय दिल्ली में होना पाकिस्तान की आँखों में खटकता है, क्योंकि इसलामिस्ट और आतंकी समूहों पर पूर्ण नियंत्रण ही जनरलों की घरेलू सत्ता और उनकी क्षेत्रीय राजनीति का अहम हिस्सा है। इसलिए इस पर हैरानी नहीं कि ये जनरल पाकिस्तान में तबलीगी जमात को नई दिल्ली समूह से इतर स्वतंत्र रूप से संचालन को उकसाते रहे हैं। वहाँ जमात और फौज के बड़े गहरे संबंध हैं। इनकी दुरभिसंधि से ही आतंकी विषबेलि फलती-फूलती है। जमात के सबसे बेहतरीन शागिर्दों को फौज द्वारा चुना जाता है। उनका चयन भी अमूमन जमात के रायविंड स्थित मुख्यालय से होता है। यहाँ से चुने गए अव्वल लड़ाकों को चार महीने की स्पेशल ट्रेनिंग के लिए भेजा जाता है। यह स्थिति भारत के लिए अच्छी नहीं होगी। अत: हमें जमात और मौलाना साद को कलंकित करने के बजाय जमात को पाकिस्तान के चंगुल में जाने से बचाना चाहिए।" डॉ. शौकत ने कहा।

"नहीं-नहीं। पाकिस्तान की बुनियाद और चरित्र में ही भारत-विरोध और प्रायोजित आतंकवाद है। हमें भारत में किसी प्रतिगामी विचारधारा को न शह देना है, न समर्थन। हमें भारत में तबलीगी जमात की प्रतिगामी विचारधारा के खतरे को पहचानना होगा। यह न केवल सेक्युलरिज्म और डेमोक्रेसी, बल्कि धार्मिक सहिष्णुता के भी खिलाफ है। जमात तो राष्ट्रीय सीमाओं को भी नहीं मानती,

इसलिए यह राष्ट्र और राज्य तंत्र को भी चुनौती देती है। जमात ने जिस उन्माद के साथ कोरोना वायरस का वॉरियर बनकर उसे फैलाने की करतूत की, साफ है कि यह समूह राष्ट्रीय और अंतरराष्ट्रीय सुरक्षा के लिए खतरा है।" मैंने दोटूक कहा।

डॉ. रूबिया इस वार्त्तालाप से ऊबने लगी थीं। उन्होंने अपनी रिस्ट वॉच देखी और बोलीं, "समय काफी हो गया।" डॉ. शौकत उठ खड़े हुए। मैंने उन्हें टोका, "आप कुछ कहने के लिए आए थे। शायद कोई संदेश···।"

"जी! फिर कभी या फोन से···। अब इजाजत दें।" मेरी दोटूक बातें डॉ. शौकत को कुछ कहने का साहस ही नहीं होने दीं। वैसे मैं समझ गई थी, वे इस्माइल के विषय में बात करने आए थे।

डॉ. रित जब चलने को हुए तो मम्मी ने कहा, "डॉक्टर, मुझे बहुत जरूरी बात करनी है, लेकिन अब न समय है और न मूड···लेकिन बातें होंगी जरूर।" मैं उन्हें कार तक छोड़ने गई। लौटकर आई तो मम्मी अपने कमरे में चली गई थीं। मुझे आश्चर्य था कि मम्मा बार-बार इस्माइल का नाम क्यों ले रही थीं? उनका मूड इतना उखड़ा-उखड़ा क्यों है?

डायनिंग टेबल पर मैं मम्मी के सामने बैठी थी। मम्मा पूरी तरह खामोश, लौकी का सूप चम्मच से उठाने लगीं। साबिया ने सेलेड के टुकड़े में काँटा चुभाते हुए पूछा, "मम्मा! तुम्हारा मूड उखड़ा-उखड़ा क्यों है? इस टेंशन की कोई खास वजह··· ?"

मम्मी ने खामोशी से मेरे चेहरे पर गहरी दृष्टि डाली और चम्मच का सूप गले से नीचे उतार लिया।

"मम्मा! आज तुम्हारी बातचीत के केंद्र में बार-बार इस्माइल क्यों आ रहा था? इतनी तल्खी तो तुममें पहले कभी दिखाई नहीं पड़ी?"

"तो तुम्हें इस्माइल से सहानुभूति है न! दोस्त है तुम्हारा वह।"

"सहानुभूति होना स्वाभाविक है, जब कोई दोस्त कोरोना पॉजिटिव हो।"

"तो अल्लाह से दुआ करो, रहम माँगो, नहीं पत्रकार हो, बड़े-बड़े लोगों से तुम्हारी जान-पहचान है, क्राइम से बचाने के लिए पैरवी करो।" मम्मी हर क्षण तल्ख होती जा रही थीं।

मैं खिलखिलाकर हँस पड़ी। फिर शांत हो ध्यान से मम्मा का मुख देखने लगी। मम्मा के अंदर कोई आलोड़न था। मैं गंभीरता से बोली, "मम्मा! तुम क्या सोच रही हो, खुलकर बोलो। मैं तुम्हारी हर बात को दिल से स्वीकार करती हूँ।

जाने-अनजाने कोई गुस्ताखी हो गई हो तो प्लीज! मुझे बताओ।"

मेरी बात ने जादू-सा असर किया। मम्मा का चेहरा तलैया के थिर पानी-सा शांत हो गया। उन्होंने पानी का गिलास उठाते हुए प्यार से पूछा, "इस्माइल से तुम्हारा क्या संबंध है, साबिया? मुझसे साफ-साफ कहो।"

"मम्मा! इस्माइल से मेरा क्या संबंध है, मैं आज तक नहीं समझ पाई। उसके प्रति मेरे मन में न राग है, न विराग, न ईर्ष्या, न द्वेष। कभी वह दोस्त लगता है, कभी नहीं। उसके किसी काम से मेरे भीतर पीड़ा, छटपटाहट या गौरव का बोध नहीं होता। हाँ, उसे मैं टूटे खिलौने की तरह फेंक नहीं पाती।"

"टूटे खिलौने की तरह···खिलौना बच्चों के लिए आकर्षक, लुभावना और मनोरम। यथार्थ में टूट जाने के बाद भी उपचेतन में स्थित।" मम्मा ने कहा।

"चेतन और उपचेतन की बात तो डॉक्टर लोग जानें, लेकिन टूटी चीज का एक रूप तो स्मृति में होता है, मम्मा! भले वह आहिस्ता-आहिस्ता धुँधला होकर मिट जाए।" मैंने संयत स्वर में कहा।

"प्रेम करती हो उससे?" मम्मा ने सीधा और सपाट प्रश्न किया।

"व्हाट?" असावधानीवश काँटा सलाद के बजाय अचार में चुभ गया। मैं जोर से हँसी। "मम्मा! तुम भी···। मैं केवल और केवल एक व्यक्ति से प्यार करती हूँ···तुम आज तक ताड़ नहीं पाई?"

"सॉरी! वो खुशनसीब कौन है, बेटी?"

"वह तुम हो, मम्मा! केवल तुम। तुम्हारी जगह बिना तुम्हारी सहमति के कोई नहीं ले सकता।"

मम्मी ने उठकर मुझको सीने से चिपका लिया छोटी बच्ची की तरह। मुझे सहलाकर दुलारते हुए बोलीं, "दरअसल हमने ही कुछ ज्यादा सोच लिया था, इस्माइल के लिए।"

उनके दुलार का ज्वार उतरने पर मैं मम्मा का मुँह ताकती रह गई।

□

25 मई, 2020।

दो महीने दस दिन हो गए भारत-यात्रा बीच में छोड़कर माइकेला को वापस न्यूयॉर्क आए।

रात के दो बज रहे थे। वह दो घंटे पहले केबिन में ही फर्श पर एक चादर

बिछाकर सोई थी। नींद लग गई थी। नर्स उसे जोर-जोर से झिंझोड़ रही थी। हड़बड़ाकर उठ गई। नर्स के पीछे एक बुजुर्ग खड़ा था।

"मैम! आई.सी.यू. वाली नं. 4 लेडी बहुत सीरियस हो गई है।" नर्स ने संजीदगी से कहा। उसके पीछे खड़े बुजुर्ग ने माइकेला के सामने हाथ जोड़ा।

"यस।" माइकेला ने जल्दी से पी.पी.ई. पहनी और आई.सी.यू. 4 के लिए भागी। महिला की साँस उखड़ रही थी। अंदर रक्त का थक्का जम गया था। आखिरी स्टेज थी। माइकेला ने क्षण भर की देर किए बिना निर्णय लिया। नर्स को टी.पी.ए. का इंजेक्शन देने को कहा। नर्स माइकेला का मुख देखने लगी।

"इमिडिएट। हरि अप!" डॉ. माइकेला फिर बोलीं।

नर्स ने महिला को तुरंत इंजेक्शन लगाया। उसकी साँस चलने लगी, लेकिन थोड़ी देर बाद उसकी हालत फिर बिगड़ने लगी। अबकी बार डॉ. माइकेला ने नर्स को चौबीस घंटे का ड्रिप लगाने को कहा और दवा का डोज कम करवा दिया। उनका अनुमान था कि इससे पुराने थक्के खत्म होंगे और नए थक्कों को बनने से रोका जा सकेगा। महिला पर यह प्रयोग कारगर साबित हुआ, किंतु एक सप्ताह बाद उसकी मृत्यु हो गई।

'न्यूयॉर्क टाइम्स' ने इस न्यूज को प्रमुखता से प्रकाशित किया। अखबार ने लिखा—भारतीय मूल की ब्रेथ स्पेशलिस्ट डॉक्टर माइकेला ने प्रेस्बिटेरियन हॉस्पिटल में कोरोना संक्रमित मरीज पर ऐसा प्रयोग किया कि उसकी जान चली गई। मरीज पर डॉक्टर ने सीने में जलन होने पर लेनेवाली दवा का इस्तेमाल कोरोना वायरस के लिए किया। कहा जाता है कि इस दवा का इस्तेमाल चीन में भी हुआ था। चीन में बुजुर्गों के इलाज में यह दवा कारगर मानी गई। इस दवा का प्रयोग न्यूयॉर्क में डॉक्टर ट्रायल के तौर पर कर रहे हैं। इस दवा को 'फेमोटिडीन' नाम से जाना जाता है। अमेरिका और ब्रिटेन में यह 'पेप्सिड' के नाम से बेची जाती है। बिना पूरी तरह से शोध और कोरोना के लिए मान्य हुए, इस दवा का मनमाना प्रयोग संक्रमित महिला की मृत्यु का कारण बन गया। वैसे भी 'न्यूयॉर्क टाइम्स' भारत व भारतीय के विरोध की कोई गुंजाइश नहीं छोड़ता। यह समाचार हॉस्पिटल की साख के लिए अच्छा न मानते हुए, डॉ. माइकेला को नोटिस दे दी गई।

हॉस्पिटल प्रशासन के इस अविवेकी रवैए के विरुद्ध कोलंबिया विश्वविद्यालय के मेडिकल अध्यापकों और अमेरिकन एसोसिएशन ऑफ फिजिशियंस ऑफ इंडियन ओरिजिन (ए.ए.पी.आई.) ने इसका जबरदस्त विरोध किया। अस्पताल

प्रशासन के रवैए की निंदा करते हुए इस संगठन ने नोटिस को तत्काल वापस लेने की माँग की। यह समाचार मीडिया की सुर्खियों में आ गया। भारतीय मीडिया में भी इस समाचार की चर्चा रही।

डॉ. रित इस समाचार से हैरानी और आक्रोश से भर गए। अरसे से माइकेला से बात केवल बात के लिए हो पाती। साधारण हालचाल। स्वास्थ्य, अस्पताल और मरीज। फोन चाहे माइकेला करे या रित, एकाध मिनट के आगे बात होना संभव न हो पाता। माइकेला तो जैसे मरीजों के हाहाकार की गुलाम हो गई थी। उन्होंने तत्काल उसे कॉल किया, "हैलो रित! हाउ आर यू?"

"आई एम फाइन माइकेला। तुम कैसी हो?"

"मैं!" हँसी वह फिर बोली···

"हॉस्पिटल की···नहीं दिशाओं की दीवारें हैं। मेडिकल उपकरणों की सलाखें हैं। चीख-चीत्कारवाली बस्ती है, मैं इसी में अभिशप्त बंदिनी हूँ।" माइकेला का स्वर आर्द्र था।

"माइकेला! हम डॉक्टर हैं। हाँ! अभिशप्त हैं मानवता की सेवा के लिए। प्रतिबद्ध हैं शारीरिक यातना झेल रहे लोगों को निजात दिलाने के लिए। जान को जोखिम में डालकर भी।"

"यह कैसा जोखिम-सिद्धांत है, रित! जिसमें जीवन बचाने का संकल्प, मारक होने का कलंक बन जाए?"

"डोंट वरी माइकेला! तुमने दुनिया के वायरोलॉजिक स्कॉलर के सामने एक प्रस्ताव रखा है। नए शोध शुरू होंगे। मीडिया में तुम ही तुम हो। नए-नए विचार आएँगे।"

"और मैं नोटिस का दंश झेलूँ।" माइकेला ने दु:खी होकर कहा।

"नोटिस तो तुम्हारे रिप्लाई के पहले वापस हो जाएगी।"

"जैसे न्यूयॉर्क के गवर्नर ने तुम्हें फोन कर बताया है।" माइकेला ने तंज कसा।

"हाँ! गवर्नर एंड्रयू कुओमो ने तो फोन नहीं किया, पर नॉर्थ वेल रिसर्च की इंचार्ज डॉ. केविन ट्रेसी ने बताया है।"

"अच्छा! मैं तो अपने को ही समझती थी। ये केविन ट्रेसी कब से आ गईं!" माइकेला ने हलका सा ठहाका लगाया।

"तुम्हें हँसता देख, अच्छा लगा। वैसे डॉ. केविन ट्रेसी तुम्हारी मम्मी की दोस्त हैं।" रित ने भी ठहाका लगाया।

"अच्छा जी! तो तुमने स्पाय लगा रखा है?"

"हाँ जी! इमोशनल अत्याचारवालों को कॉन्ट्रैक्ट दिया है।"

"कोई फायदा नहीं, लॉकडाउन में सब लॉक है, जी···!" मैम-मैम की आवाज···सीरियस···। फोन कट गया, बिना किसी औपचारिकता के।

माइकेला हमेशा की तरह अपने काम में लग गई होगी। डॉ. रित सोचने लगे।

वे चिंतित हुए। माइकेला की बातचीत का स्वर डिप्रेशन का संकेत देनेवाला था। उन्हें उसके प्रेस्बिटेरियन हॉस्पिटल के इमरजेंसी विभाग की डायरेक्टर डॉ. लोर्ना ब्रीन की याद आ गई।

डॉ. लोर्ना ब्रीन!

अपनी ड्यूटी के प्रति निष्ठा से प्रतिबद्ध। इमरजेंसी के मरीजों की चिकित्सा करते-करते एक दिन उन्होंने आत्महत्या कर ली। उनचास वर्षीया डॉ. ब्रीन वर्जीनिया के शार्लोट्स विले में अपने परिवार के साथ रहती थीं। आत्महत्या के दिन वे वहीं पर थीं। उन्होंने अपने शरीर और आत्मा को इतनी चोट पहुँचाई कि उन चोटों की पीड़ा से वे मर गईं। ब्रीन के पिता डॉ. फिलिप ब्रीन ने बताया कि उन्हें कोई मानसिक बीमारी नहीं थी। उनका काम बहुत थकानेवाला और मरीजों को हो रहे आघातों से निपटनेवाला था। वे एक पेशेंट के द्वारा इस घातक वायरस के संपर्क में आ गई थीं। इस महायुद्ध में लड़ते-लड़ते वे घायल हो गईं। यद्यपि वे दस दिनों के बाद ही अपने काम पर हॉस्पिटल चली गईं। जरा सा ठीक होने पर उनके कानों में मरीजों का क्रंदन गूँजता। उन्हें लगता कि वहाँ उपस्थित न रहकर वे कोई अपराध कर रही हैं।

चिकित्सा जगत् के लिए डॉ. ब्रीन की मृत्यु कोरोना त्रासदी की दुःखद स्मृति बन हमेशा सालती रहेगी। त्रासदी की यह काली यात्रा जारी है। जाने कितने हेल्थ केयर वर्कर्स उसके आगोश में खामोश हो जाएँगे। डॉ. ब्रीन प्रेस्बिटेरियन हॉस्पिटल में नायक की तरह प्रतिष्ठित हैं। माइकेला उन जैसी ही कर्तव्यनिष्ठ है···। उनचास वर्षीय डॉ. ब्रीन और तीस वर्षीय माइकेला। दोनों एक-दूसरे की इज्जत करते थे, सहयोग करते थे, मित्रवत् व्यवहार करते थे। डॉ. ब्रीन होतीं तो माइकेला को नोटिस न मिलती। डॉ. रित ने तय किया, वे डॉ. केविन ट्रेसी को फोन करेंगे।

माइकेला आई.सी.यू. वार्ड से लौट रही थी। कॉरिडोर के दाएँ-वाली केबिन

के सामने उसके पाँव ठिठक गए, आदतन। यह केबिन डॉ. लोर्ना ब्रीन का था। यहाँ अनेक बार रिपोर्ट और मशविरे के लिए वह आती रही। डॉ. ब्रीन को वह अपना आदर्श मानती। उनकी अपने में बाँध लेनेवाली मुसकान और आँखों की गंभीरता साकार होने लगी। एकबारगी कानों में गूँज उठा, 'हैलो मिस माइकेला···।' आगे बढ़ते हुए एक तेज बदबू उसके नथुनों में फैल गई। जैसे इस बदबू ने नाक पर उसके मास्क में छेद कर दिया हो। नीचे मॉर्चरी थी। लाशें ट्रकों में लादी जा रही थीं। कवर और सैनिटाइजर के बाद भी हवा दुर्गंध को आकर्षित कर रही थी। वह भागकर अपनी केबिन में आ गई। वार्ड का दृश्य आँखों के सामने घूम गया। जैसे बूचड़खाने में बँधी हुई भेड़-बकरियाँ। उठती हुईं मिमियाती आवाजें। सब ओर बिखरी सी ठठरियाँ। उलटे होकर पड़े अबोध मेमने, मरे-अधमरे। खुली खिड़की से उसने झाँका। नीचे दूर तक ऊँचे-ऊँचे खंभे, खंभों पर बीम, इन्हीं बीमों पर प्रेस्बिटेरियन की बहुमंजिली इमारत। इस इमारत से दिखती हुई लँगड़ी सड़कें, अंधी गलियाँ और ऊपर बित्ते भर का भूरा आकाश। आकाश में उड़ती हुई मरी-सी मछलियाँ।

ये लाशें रोज की रोज निकल नहीं पा रही हैं। शहर की मॉर्चरीज में जगह नहीं है। कब्रगाहें पहले जेल के कैदी खोद रहे थे, अब ठेके पर खुदवाई जा रही हैं। मौत का आँकड़ा प्रतिदिन दो हजार के ऊपर जा रहा है। पिछले दिनों आइलैंड की तसवीर आई थी, जहाँ खाई जैसे गड्ढों में ताबूत रखे जा रहे थे। यह वही न्यूयॉर्क है, जो कभी सोता नहीं था। मातम पसरा हुआ है। हम लोग और हमारी नर्सें यह जानते हुए मोर्चा सँभाले हैं कि जरा सी असावधानी जानलेवा साबित होगी। स्टाफ के लिए पी.पी.ई. किट और मास्क तक की कमी है। दुनिया के साधनसंपन्न बड़े अस्पतालों में एक, बीस हजार कर्मचारियोंवाला, दो हजार छह सौ अठहत्तर बेड वाला प्रेस्बिटेरियन हॉस्पिटल। आज गलियारों में जगह नहीं है। वार्ड में जाने के लिए रास्ता ढूँढ़ना पड़ता है।

आई.सी.यू. की नर्स क्रिश्चियन केल्डरन केबिन में आई। उसकी सोच थम गई।

"यस केल्डरन··· ?" उसने प्रश्नसूचक आँखें नर्स के सामने उठाईं।

"नो मैम! आपको पता है, इंडियन ओरिजिन के डॉक्टर अजय लोढ़ा संक्रमित हो गए। उन्हें आई.सी.यू. में लाया गया है।"

"क्या ?" डॉ. माइकेला उठ गई।

"डोंट वरी मैम! डॉ. डेविड इज लुकिंग हिम।"

माइकेला बैठ गई। उसकी आँखों में इंडियन ओरिजिन की डॉ. माधवी की मौत घूमने लगी।

डॉ. माधवी अया न्यूयॉर्क के ब्रुकलिन में वुडहल हॉस्पिटल में थीं। आई.सी.यू. में ही ड्यूटी थी। वह उन्हें बहुत रिगॉर्ड करती थी। डॉ. माधवी उससे दूने उम्र की थीं। एक गार्जियन जैसा बरताव करती थीं वह। उन्होंने माइकेला को बताया था कि अस्पताल से उन्हें केवल एक सर्जिकल मास्क दिया गया था। यह मास्क हवा के जरिए फैलनेवाले वायरस के संक्रमण से बचाव में पूरी तरह सक्षम नहीं हो पाता था। मरीजों को कोरोना से बचाते-बचाते वे स्वयं कोरोना के जबड़े का ग्रास बन गईं।

कितना अद्भुत, कितना अकल्पनीय है यह समय। मौत के समय और अंतिम संस्कार के लिए भी पति और बेटी को उनका दीदार न हो सका। बेटी मिन्नोली घर पर उनका इंतजार कर रही थी। तीन दिन पहले ही तो उन्होंने एक मैसेज से वादा किया था, घर आने का। पति और बेटी इंतजार करते रह गए। आखिरी समय में संपर्क मोबाइल से हो जाते थे। उस दिन अठारह वर्षीय मिन्नोली ने मोबाइल कनेक्ट किया तो वह ट्रिंग''ट्रिंग करके शांत हो गया।

अनायास ही माइकेला की आँखें भर आईं। उसने रुमाल से उन्हें पोंछा। केल्डरन चली गई थी। खिड़की के बाहर पानी के रंगों से धुली, नीले-पीले धब्बों वाली शाम चली गई थी। बरस गए बादलों-सी काली रात प्रेस्बिटेरियन की गगनचुंबी बहुमंजिली इमारत पर नवेली-सी उतर आई थी। चाँद कुहरे के कैदखाने से किसी-किसी क्षण हलकी सी झलक दिखा देता। मुक्ति के लिए छटपटाते हुए चाँद को देख माइकेला को लगा प्रेस्बिटेरियन की यह केबिन एक अँधेरी जनम कैद की कोठरी है, अकारण ही, जिसमें वह ढकेल दी गई है। हवा में उसे ताजगी की जगह सर्द सीलन का अहसास हुआ। उसे लगा जिंदगी की सतह ऊपर इतनी ऊपर है कि हाथ वहाँ तक नहीं पहुँच सकते।

यह एक अंतहीन मुख्तसर सफर है, जो दो कदम इधर और दो कदम उधर चलता है, पर खत्म नहीं होता। माइकेला ऐसे ही सफर के संक्रमण को निष्ठा और लगन से सबकुछ भूलकर जी रही थी। संक्रमण से डॉ. लोढ़ा उसकी जेहन में आए। वह उठी और आई.सी.यू. की ओर चल दी।

डॉ. रित ने सेल फोन उठाया डॉ. केविन ट्रेसी से बात करने के लिए,

लेकिन 'न्यूयॉर्क टाइम्स' का ऐप खुल गया। फ्रंट पेज पर अमेरिका में कोरोना से मरनेवालों की पूरी लिस्ट छपी थी। अंदर कोने में डॉ. केविन ट्रेसी का बयान छपा था; जिसे उन्होंने 'साइंस' मैगजीन को एक साक्षात्कार में दिया था। डॉ. ट्रेसी ने बताया कि 1174 मरीजों पर 'फेमोटिडीन' नामक दवा का इस्तेमाल किया गया, इनमें से 187 मरीजों की हालत गंभीर थी। 391 मरीजों पर दवा के इस्तेमाल के नतीजे रिसर्च के आधार पर सामने जल्द आ जाएँगे। चीन के डॉक्टर्स ने इस पर रिसर्च किया था। लगभग 6212 मामलों में रिव्यू के बाद पता चला, सिर्फ 14 प्रतिशत बुजुर्गों की मृत्यु हुई। एफ.डी.ए. ने इस दवा के ट्रायल की अनुमति दे दी है। न्यूयॉर्क के तेरह अस्पतालों में इस दवा का प्रयोग बुजुर्गों पर किया गया है। प्रेस्बिटेरियन हॉस्पिटल में डॉ. माइकेला लिंडर्सन ने इसका सबसे पहले प्रयोग एक बुजुर्ग महिला पर किया था। मरणासन्न महिला को एक सप्ताह की जिंदगी प्राप्त हुई थी। इसके बाद उस महिला की मृत्यु हो गई। डॉ. माइकेला विवादों में आ गई थीं। अस्पताल प्रशासन ने उन्हें नोटिस इश्यू कर दिया था, किंतु अब उसे वापस ले लिया गया है। अस्पताल प्रशासन ने इसके लिए डॉ. माइकेला से लिखित खेद प्रकट किया है। समाचार पढ़कर रित मुसकरा उठा। उसने अपने सेल को माइकेला के सेल से कनेक्ट किया। माइकेला का फोन स्विच ऑफ था।

डॉ. अजय लोढ़ा बेड पर छटपटा रहे थे। वेंटिलेटर लगा था, किंतु साँस लेने में बेहद तकलीफ हो रही थी। डॉ. माइकेला ब्रेथ स्पेशलिस्ट हैं। उन्हें लगता है कि वेंटिलेटर ऐसे मरीजों को दिया जाता है, जिनके फेफड़े काम करना बंद कर देते हैं। ऐसे में मरीज के गले में ट्यूब डाली जाती है। उसके द्वारा ऑक्सीजन पहुँचाई जाती है। इससे फेफड़े के पार्टिकुलर स्थान पर ऑक्सीजन का दबाव बहुत उच्च हो जाता है। इस दबाव से पहले चोट खाए फेफड़े और आहत हो जाते हैं। उन्होंने डॉ. डेविड से कहा, "सर! आप चाहें तो वेंटिलेटर हटवा दें। इनके फेफड़े और हंट हो रहे हैं।"

"पर ऑक्सीजन··· ।"

"सर! एच.एफ.एन.पी. कैसा रहेगा?" डॉ. माइकेला ने बीच में ही कहा।

"ओके! यू कैन ट्राई।" डॉ. डेविड ने कहते हुए नर्स केल्डरन को वेंटिलेटर हटाने का इशारा किया। एच.एफ.एन.पी. सिस्टम डॉ. माइकेला के निर्देशन में शुरू हुआ। माइकेला पेशेंट डॉ. अजय लोढ़ा को झुककर देख रही थी। शांत, गंभीर टैलेंट की गुरुता से गंभीर डॉ. लोढ़ा का चेहरा निष्प्रभ होकर पीला पड़ गया था।

बंद पुतलियाँ सूज गई थीं। त्रिशूल धँसे हुए साँप की तरह उनका दुबला-पतला शरीर ऐंठ रहा था। दर्द, छटपटाहट और शरीर की जद्दोजहद में चेहरे का मास्क लोहे के बेड के किसी खाँचे में फँसकर फट गया। केल्डरन मास्क लाने को दौड़ी। अजय को खाँसी का लंबा दौरा पड़ा। बलगम छिटक गया। छींटे माइकेला के शरीर और मास्क पर भी पड़े। वह तुरंत वॉशरूम को भागी। केल्डरन मास्क लेकर मैम···मैम करते हुए आई। मास्क लगाने को वह झुकी। डॉ. अजय लोढ़ा निश्चल, निश्चेष्ट, शांत पड़े थे। नर्स केल्डरन ने सफेद चादर से उन्हें ढक दिया। डॉ. डेविड को रिपोर्ट कर मॉर्चरी को भी सूचना भेजवा दी।

माइकेला वॉशरूम से सीधे अपने केबिन में आई। सोफा कम बेड खींचकर फैला दिया। निढाल उस पर गिर पड़ी। भोर के चार बज रहे थे। नींद कहाँ आनेवाली? उसका कलेजा मुँह को आ गया। एक साथी चला गया। चिकित्सा जगत् की संभावनाओं का कोष चला गया। खिड़की का पल्ला खोलकर बाहर देखने की कोशिश की। चीख उठी वह। पल्ले में उँगली दब गई। उसे लगा कि जीवन इसी तरह पल्ले में दबी हुई उँगली की तरह है। न झटके से निकाल सकते हैं, न छोड़ सकते हैं। बाहर रात बीत रही थी या अनुत्तरित प्रश्न ओझल हो रहा था। दिन आने की तैयारी कर रहा था या अपनी परीक्षा का प्रश्न-पत्र खोज रहा था। डॉ. अजय लोढ़ा, डॉ. माधवी अया, डॉ. लोर्ना ब्रीन एक साथ उसके सामने खड़े हो गए। वे कहने लगे, हर दुःख जीने का दुःख है माइकेला! और हर सुख मरण की प्रतीक्षा···।

मरण···मरण···मरण···बेइंतहाँ मरण! दुनिया में केवल मृत्यु का खेल चल रहा है। उद्योग-व्यापार बंद। हाट-बाजार बंद। रेल, बस, जहाज बंद। विधान के भवन बंद। सारे न्यायालय बंद। सारे काम-धाम बंद। खुला है तो केवल मौतालय। सड़क, बाँध, पुल बनाना बंद। खुली है कब्रगाह! जारी है, सामूहिक कब्र की खुदाई का काम।

सेल की घंटी बजी। ध्यान भंग हुआ। मम्मा का फोन था।

"यस मम्मा! आज आ रही हूँ। दो दिन का ऑफ है।" माइकेला बोली।

"ओके! कब तक?" मिसेज सॉनिटो ने पूछा।

"ऑन एट ए एम, मम्मा!"

"ओके।" फोन कट गया।

डॉ. माइकेला डॉ. डेविड की प्रतीक्षा करने लगीं। कम बेड को उन्होंने फिर

सोफा बना दिया। अपनी चेयर पर बैठ पीठ को पीछे की। चेयर का बैक रेस्ट इजी होकर पीछे हो गया। उन्होंने सिर और गरदन टिका, आँखें बंद कर लीं। कब हलकी सी झपकी आ गई। पता ही नहीं चला।

मिसेज सॉनिटो लिंडर्सन की देख-रेख में माइकेला का फ्लैट सैनिटाइज हो गया था। वह ठीक नौ बजे अपने फ्लैट पर पहुँच गई। मम्मा ने उसे दो महीने बाद देखा तो देखती रह गईं। दहकता पलाश मुरझाकर भूरा हो गया था। मिसेज सॉनिटो की आँखों से पानी की मोटी रेखा निकलकर गालों पर आ गई। माइकेला अनदेखी करते हुए लाउंड्री में चली गई। कपड़े निकाले, धुलने को मशीन में डाल दिया। बाथरूम से बाहर निकली। फ्रेश महसूस कर रही थी। मम्मी अभी भी खड़ी थीं। मास्क चेहरे पर कसा था। मिसेज सॉनिटो, माइकेला और उसकी मेड की पोशाक में समाहित हो गया था मास्क। तीनों को देख माइकेला के मन में उभरा मास्क शरीर से वैसे ही चिपक गया है, जैसे अंडरगारमेंट। क्षण भर के लिए अंडरगारमेंट के बिना चल जाएगा, मास्क के बिना नहीं।

"डोंट वरी मम्मा! बैठ तो जाओ।" दोनों माँ-बेटी ड्राइंगरूम में डेढ़ मीटर की दूरी पर बैठ गईं। मेड कॉफी रखकर थोड़ी दूरी पर खड़ी हो गई। कॉफी सिप करते हुए मिसेज सॉनिटो ने कहा, "खाने के लिए बता दो। वह इंतजार कर रही है।"

"मम्मा! खाना तुम्हारी पसंद से···।" माइकेला बच्चे की तरह मुसकाई।

"ओके। वेज पुलाव एंड गोल्डेन ग्रैम पुडिंग।" सॉनिटो जानती हैं कि बचपन से वह इसे माइकेला को खिलाती रही हैं।

"वाह!" प्रसन्न हो गई माइकेला। और समय होता तो वह मम्मी से लिपट जाती। किंतु···! मन मसोसकर रह गई।

"और कहो मम्मा! समय कैसे कटता है?"

"इम्युनिटी पासपोर्ट की तैयारी करते। योग, प्राणायाम और आसन करती हूँ। कपालभाती, अनुलोम-विलोम, भ्रामरी···। सुनती हूँ, इम्युनिटी मजबूत होने पर ही बाहर जाने का मौका मिलेगा।" मिसेज सॉनिटो ने एक साथ कह डाला।

"बहुत अच्छे! यही मैं सोच रही हूँ, 62 साल की मम्मी बयालीस साल की कैसे लग रही हैं। अब समझ में आया, यह योग माया है।"

"मेरी छोड़ो, अपनी बताओ। जैसे 'ब्लीडिंग हर्ट का फूल' अप्रैल-जून में ही अगस्त में चला गया हो।" मिसेज सॉनिटो कातर हो उठीं।

"तुम्हारी बेटी केवल तीन महीनेवाला ब्लीडिंग हर्ट का फूल नहीं, वह हिमालय का बुराँश है, मम्मा! बारहमासी। कभी-कभार मौसम का असर पड़ जाता है।"

"ऐसा ही हो, बेटी! तुम जानती हो 'ब्लीडिंग हर्ट का फूल' दिल के आकार का होता है, रक्तवर्णी और सुकुमार। तुम्हारे भीतर इसी फूल सा दिल धड़कता है। यह दिल भावना और कर्तव्य के लिए तुम्हें उत्प्रेरित करता है।

"मैं नहीं जानती कि वह तुम्हें तुम्हारी सुरक्षा के प्रति कितना सतर्क करता है?" मिसेज सॉनिटो ने कहा।

"मम्मा! आज मैं और मेरे जैसे अनेक लोग एक अदृश्य युद्ध के रणक्षेत्र में हैं। हम कर्मयोद्धा हैं। सुरक्षित रहने का प्रयास करते हुए हम युद्ध लड़ रहे हैं। हमें जीत का विश्वास है, यदि···।"

सॉनिटो बीच में बोल उठीं, "निश्चय ही जीवन एक संग्राम है। दुनिया ही इस संग्राम की रणभूमि। इस रणभूमि पर विजय उसी योद्धा की होती है, जो बहादुरी से आगे बढ़ता है, लेकिन अवसर के अनुकूल उतनी ही चतुराई से पीछे भी हट जाता है। मेरा मतलब है कि तुम कुछ दिनों की लीव माँग लो।"

मम्मी की बात सुनकर माइकेला हँस पड़ी। जैसे पनघट पर किसी पनिहारिन ने कलश भरने को डुबोया हो।

"दुनिया की खबरें बड़ी खराब हैं, बेटी! मैं अंदर से बहुत डर गई हूँ। यह वायरस अब अपने संक्रमण का शिकार डॉक्टर्स और अन्य मेडिकल स्टाफ को बनाने लगा है। संसार के हजारों डॉक्टर्स और उनके स्टाफ संक्रमित हैं। अनेक ने दम तोड़ दिए। अकेले अमेरिका में अब तक पचासों डॉक्टर्स और नर्सेज इस वायरस से मारे जा चुके हैं।"

"मम्मा! मौत शाश्वत सत्य है, तुम्हीं कहती हो न! जब आनी होगी, आ जाएगी। राजा परीक्षित और फूल में सँपोले की कहानी तुम्हीं सुनाती हो···।" कहते-कहते माइकेला की पलकें झपकने लगीं। उसने जबरदस्ती आँख खोलकर जँभाई ली। शायद उसे इसकी आदत पड़ चुकी थी।

"तुम जाओ अपने रूम में और सो जाओ।" उसकी थकान को समझकर मिसेज सॉनिटो ने कहा।

माइकेला उठी और अपने बेडरूम में चली गई।

आज दूसरा दिन था। माइकेला का अपने घर में। ज्यादा समय सब अपने-

अपने कमरों में रहे। खाना भी अपने-अपने कमरे में ही खाया गया। आज रात में खाने के बाद मिसेज सॉनिटो मास्क लगाकर ड्राइंगरूम में बैठी थीं। माइकेला भी वहीं आ गई।

"इंडिया में बनारस का क्या हाल है?" मिसेज सॉनिटो ने माइकेला को एकटक देखते हुए पूछा।

"जो दुनिया का हाल है, बनारस उससे अछूता नहीं है। वहाँ भी अब तक चार सौ संक्रमित हैं। पाँच लोगों की मौत हो गई। चार थाना क्षेत्र रेड जोन में और कई ऑरेंज जोन में हैं, लेकिन तुम्हारा अस्सी ग्रीन जोन में है, मम्मा!" माइकेला अनायास मुसकरा उठी।

"और रित!" मिसेज सॉनिटो ने गंभीरता से पूछा।

"वह भी दुनिया के अन्य डॉक्टर्स जैसा व्यस्त है। फोन करता रहता है। मैं ही पूरी तरह से बात नहीं कर पाती हूँ। वह मेरी विवशता समझता है।" माइकेला ने बताया।

मिसेज सॉनिटो चुप हो गईं। माथे पर चिंता की लकीरें खिंच उठीं। उन्होंने एक दृष्टि माइकेला पर डाली फिर नीचे झुका लीं। क्षण भर बाद माइकेला ही बोली, "घबराओ नहीं, मम्मा! लॉकडाउन से निजात मिलते ही तुम्हें काशी ले चलूँगी।"

"तुम जाओ, सो जाओ।" मिसेज सॉनिटो ने उसी गंभीरता से कहा। माइकेला मम्मी का मुँह देखने लगी।

"हाँ माइकेला! कल तुम्हें वापस ड्यूटी ज्वाइन करनी है। जाओ और आराम करो।" मिसेज सॉनिटो की गंभीरता जरा भी कम न हुई।

माइकेला अपने बेडरूम में आ गई। मम्मी ने रित का नाम लेकर मेरे भीतर के निष्कंप तारों को छेड़ दिया। मेरे पिता मि. जॉन लिंडर्सन अच्छे दर्शनशास्त्री थे। स्वाभिमानी, रईस और विशिष्ट। मम्मी ने अपने भारतीय संस्कारों का विशिष्टता-बोध मेरे जीवन पर डाला ही था। मैं उन अमेरिकी औरतों जैसी नहीं थी, जिनके ब्वायफ्रेंड अवश्य होते, चाहे वे युवा हों या अधेड़। मेरी सहेलियाँ भी एक-दो रहीं। मेडिकल की मेधावी स्टूडेंट। डेटिंग के लिए तो समय निकालने का सवाल ही कहाँ था। क्लास, अस्पताल, प्रयोगशाला, थियरी, चीड़-फाड़। कभी कुछ-कुछ हुआ तो इगो आड़े आ गई। मैं किसी को फ्रेंडशिप क्यों प्रपोज करूँ, जिसे जरूरत हो, वह प्रपोज करे। क्लासमेट मुझे लेसिबन कहने लगे। मेरी दोनों सहेलियों से मुझे

जोड़ने लगे। वे दोनों भी क्या खूब थीं। तेज-तर्रार, स्वतंत्र, अक्खड़ मिस डेमेल्लो और मिस जिलोटा बोगार्डस। व्हेम्पशायर में दोनों बड़ी डॉक्टर हैं। आज भी सिंगल।

यहाँ तो ग्रेजुएशन में आते-आते हर लड़की का कोई ब्वायफ्रेंड हो जाता है। अमेरिकी, ब्रितानी, साउथ कोरियाई या इंडियन। बस गाँठ मजबूत होनी चाहिए। समुद्र के किनारे या मोटल या क्लब और नाचघर ले जाए। ऐसे में ही तो शरीर को शरीर का अहसास होता है। एक आलिंगन, एक सरस छुअन, एक मीठी चुभन। उसे मॉंटियस, सैम्सन और अरबियन शेख जहीर याद आए। हर ऑफर को उसने ठुकरा दिया, लेकिन रित¨ ? उसकी याद आते ही एक आदिमगंधा प्यास जाग उठती है। अंत: से एक माँग उठती है। शरीर द्वारा शरीर की नहीं, भावना में भावना को आत्मसात् करने की। भावनाओं का ज्वार उठते-उठते शांत होने लगा। उनींदी पलकें आहिस्ता-आहिस्ता बंद हो गईं।

□

त्रासदी

17 मई, 2020

मेरी कार दिल्ली से उत्तर प्रदेश को जोड़नेवाले यमुना एक्सप्रेस-वे पर भाग रही थी। दिल्ली से यू.पी. के सैलानियों और मालवाहक गाड़ियों की जीवन-रेखा। चतुर्भुज प्रसारवाली सड़क। पैदल चलते मजदूर। इनका परिवार और शहर में अर्जित गृहस्थी। सिर पर, रिक्शे पर, ठेले पर या साइकिल पर। आँखों में अपने गाँव के टूटे घरों का अक्स। कार के विंडो से मैं देख रही थी, इस राष्ट्रीय राजमार्ग का उपयोग मजदूरों के लिए सराय की तरह। सड़क के किनारे बने स्टील के बस शेल्टर। इनमें थककर सोई हुईं, आपस में गुँथी मानव छायाएँ। किसी ऐंठी हुई डोरी सी, जिनके दोनों छोरों पर आग लगी हो। एक छोर शहर, तो दूसरा गाँव। चिलचिलाती धूप। सर्विस रोड पर गड्ढों में जमा पानी। इसी पानी से पाँवों के छालों का ताप बुझाते। पाकड़ के पत्तों से मुरझाई पुतलियों पर धूप का चश्मा चढ़ाते। शहर से गाँव भागनेवाले बेबस मजदूर। पूरे रास्ते ऐसा ही मंजर देखते, मैं इटावा और कानपुर के बीच औरैया पहुँच गई।

औरैया में दर्दनाक हादसा हुआ था। इस हादसे में 26 मजदूर मारे गए। 42 लोग घायल हो गए। इजी टी.वी. के स्टूडियो से लाइव प्रसारण हो रहा था।

हादसे की जगह से मैंने दु:ख से कातर, बढ़ी दाढ़ी और मैले कपड़ेवाले एक नौजवान को प्रस्तुत किया। इस हादसे की दास्तान प्रस्तुत करता इस नौजवान की अपनी कहानी भी झिंझोड़ देनेवाली है। हादसे का आँखों-देखा हाल इनसे जानिए।

"आपका नाम?" मैंने माइक सामने किया।

"नीलू प्रसाद।"

मैंने कैमरामैन से नीलू प्रसाद पर फोकस करने के लिए कहा। स्क्रीन पर

नीलू के साथ बेहाल होकर रोती युवती दिखाई पड़ी। उसकी चीख और दहाड़ से पूरा वातावरण स्तब्ध हो गया। कैमरे का फोकस मेरी तरफ हुआ। मैं बोलने लगी, "इस दर्दनाक हादसे से निकली एक अद्‌भुत और बेमिसाल कहानी, जो जीवन की निश्चितता को बदलकर रख देती है। नीलू प्रसाद और इस लड़की की कहानी किसी त्रासदी का सूत्रपात करती है।" मैंने कैमरामैन से कहा, "फोकस ऑन लेडी।" लड़की का झुका, रोता-बिलखता चेहरा उभरा।

"आपका नाम?"

"रौनक।" हिचकियों को रोकने का असफल प्रयास करते हुए उसने बताया।

"आप कहाँ की रहनेवाली हैं?"

"...।" बेरोक हिचकियाँ। गालों पर गिरते आँसू।

"आप यहाँ कैसे आईं?"

"...।" उसने अपनी आँसुओं से भरी बड़ी-बड़ी आँखें एक बार मुझ पर डालीं, फिर खड्डे में गिरी गाड़ियों को देखने लगी।

कैमरे का फोकस नीलू प्रसाद पर गया। मैंने कहा, "पूरा वाकया हम इस कहानी के किरदार से जानने की कोशिश करते हैं।" मैंने माइक नीलू की ओर कर दिया। नीलू ने बताया—मैं और मेरा दोस्त दिल्ली के लक्ष्मी नगर में किराए के कमरे में रहते थे। मेरा दोस्त हसनैन टैंपो चलाता था। हमने मिलकर फिनाइल बनाने और थोक में बेचने का काम शुरू किया था। काम अच्छा चल रहा था। हसनैन माल लेकर अलवर गया था। लॉकडाउन में सीमाएँ सील हो गईं। राजस्थान में पुलिस की सख्ती के कारण निकल पाना संभव नहीं हुआ। हसनैन किसी तरह इस ट्राला से निकला था। उसने मुझे फोन कर कहा, 'रौनक को आगरा पहुँचा दो तो हम पटना चले जाएँगे, फिर बाद में काम शुरू किया जाएगा।' मकान मालिक किराए का दबाव बना रहा था। हमने भी सोचा कि रौनक को हसनैन के पास पहुँचाकर घर चले जाएँगे। इस प्रयास में मैंने मक्खनपुर के भरत को फोन किया। उसने बताया कि रात में डी.सी.एम. लेकर सागर के लिए निकल रहा है। वह हमें आगरा छोड़ देगा। उसे निकलने में थोड़ी देर हुई। हसनैन का ट्राला आगरा से कुछ पहले निकल गया। भरत ने कहा, 'कोई बात नहीं चलो, औरैया आते-आते मैं उससे आगे निकल जाऊँगा।' मैंने हसनैन को बता दिया, 'घबराना मत, हम औरैया में मिलते हैं।' औरैया में हम उससे पहले पहुँच गए। हसनैन ने बताया था, 'ड्राइवर बोल रहा है ट्राला शिव ढाबे पर रुकेगा।' भरत ने भी वहीं डी.सी.एम. रोकी, हम तीनों चाय पीने

लगे। भरत चाय पीकर डी.सी.एम. पर बैठा। हम हसनैन के ट्राले का इंतजार करने लगे। और¨! बीच में रौनक जोर से चीख उठी। नीलू उसे सँभालने को मुड़ा। मैं बोली, 'हम इस हृदय विदारक दृश्य को यहीं समाप्त करते हैं। फिर कभी इस सच को विस्तार के साथ कैमरे पर लाने का प्रयास करेंगे।' सुबह का समय था। डॉ. रूबिया नाश्ते के साथ समाचार देख रही थीं। टी.वी. स्क्रीन पर यह दृश्य देख वे विचलित हो उठीं। चम्मच उनके हाथ से छूटकर नीचे गिर गया। उन्होंने फरहत को आवाज दी। फरहत स्पून स्टैंड से दूसरा चम्मच निकालने लगी। मम्मी ने मना करते हुए कहा, 'प्लेट ले जाओ।' वे उठ गईं। सामने दीवार पर टँगी राजा रवि वर्मा की पेंटिंग देखने लगीं। नई-नवेली दुलहन, इंतजार करती हुई। रेगिस्तान के विस्तार में ऊँट से आता हुआ पुरुष और पीली आँधी।'

जिला प्रशासन। सस्पेंड हुए पुलिस इंस्पेक्टर। पाँच लाख की राहत। राष्ट्रपति, प्रधानमंत्री की शोक संवेदना और ढाबे से लेकर सड़क तक बिखरे सामान। झोला, गट्ठर, एयर बैग, जूते-चप्पल। रौनक की सूनी जिंदगी और नीलू का बरबाद धंधा। इन सारे कवरेज के साथ मन और मस्तिष्क को आलोड़ित कर देनेवाली संवेदना लेकर लौट रही थी मैं। वही यमुना एक्सप्रेस-वे। वही राष्ट्रीय राजपथ और वही मंजर। केवल इसी राजमार्ग पर क्यों प्रायः सभी राजमार्गों पर पैदल पथ नापते अनवरत चल रहे हैं लाखों मजदूर? भारत में जब गरम दिन और गरम हवा अपने चरम पर है, 47 डिग्री सेल्सियस के तापमान में चलते रहना। शाम 7 बजे से सुबह सात बजे तक, पुलिस की निगाहों से बचकर। अभी कुल नौ दिन पहले ही तो महाराष्ट्र के औरंगाबाद में मध्य प्रदेश के प्रवासी श्रमिकों के साथ भीषण हादसा हुआ था। पुलिस की सख्ती से छिपकर चलनेवाले ये मजदूर जालना की एक फैक्टरी में काम करनेवाले थे। रेल पटरी के रास्ते चलते हुए थके-हारे बेचारे मजदूर! ट्रैक पर ही सो गए। सुबह सवा पाँच बजे इसी ट्रैक पर आनेवाली मालगाड़ी की चपेट में आकर कट गए। मेरी आँखों के सामने वह दृश्य घूम गया। ट्रैक पर कटे अंगों के साथ उनका बिखरा सामान। कपड़े, पर्स, जूते-चप्पल और सूखी रोटियाँ। एक और दृश्य, मध्य प्रदेश में सड़क दुर्घटना और गाजीपुर के मजदूरों की मौत।

महीने भर पहले, तेलंगाना में मिर्च के खेतों में काम कर रही बारह साल की आदिवासी लड़की जमालो लॉकडाउन में काम और आमदनी बंद हो जाने के कारण अपने घर के लिए छत्तीसगढ़ चल पड़ी। इस बच्ची ने तीन दिनों में 140 कि.मी. की दूरी तय की। थकान और भूख-प्यास के कारण मांसपेशियों में तनाव

उत्पन्न हुआ। रास्ते में मूर्च्छित होकर मुँह के बल गिर पड़ी और मर गई। ऐसी कितनी जमालो और हसनैन इस महामारी से बचाव की युक्ति के शिकार हो गए। कितनी रौनकों की राहें कुहासे में गुम हो गईं। रौनक एकदम से चलचित्र की तरह सामने घूम गई। उसकी चीखें, उसका दारुण स्यापा मेरे कानों में गूँजने लगा। मैंने आँखें बंद कर लीं और सीट पर आराम से पीछे की ओर गरदन टिका ली। तय किया कि वह नीलू प्रसाद से पूरी स्टोरी माँगेगी और इसे किस्तों में प्रस्तुत करेगी।

गाड़ी पोर्टिको में रुकी तो मेरी तंद्रा भंग हुई। रात के ग्यारह बज रहे थे। दस मिनट के लिए स्टूडियो के अंदर गई। वापस आकर अपनी गाड़ी में बैठ गई और घर को चल दी। कॉलबेल बजते ही फरहत ने दरवाजा खोल दिया। बारह बज रहे थे। ड्राइंगरूम में टी.वी. चल रहा था। शायद फरहत देख रही थी। मम्मी के बाथरूम में नल से पानी गिरने की आवाज आ रही थी। मैंने पूछा, "मम्मी सो गईं?"

"नहीं! वे नहा रही हैं।" फरहत ने बताया।

"मम्मी भी अभी आई हैं?"

"जी! बीवीजी।"

"ओह!" मेरे मुँह से निकला। मैं बाथरूम में घुस गई।

साढ़े बारह बजे हम माँ-बेटी ड्राइंगरूम में मिलीं। दूध और बिस्कुट पर।

साधारण बातचीत के बाद हम दोनों अपने बेडरूम में चली गईं। थकान-वश दोनों को नींद ने तुरंत अपने आगोश में ले लिया।

सुबह के सात बज गए। मम्मी चाय पर मेरा इंतजार कर रही थीं। मैं सो रही थी। मम्मी के कहने पर फरहत ने मुझे जगाया। तंद्रिल आँखों को खोलते हुए मैं बोली, "क्या है?"

"मैडम सुबह की चाय पर बुला रही हैं।"

"मम्मी उठ गईं क्या?" कहते हुए मैंने घड़ी की ओर देखा और कमरे से बाहर आ गई।

डायनिंग हॉल में मम्मी के ठीक सामने छह फीट की दूरी पर खड़ी होकर मैं कुछ मुसकाई और बोली, "गुड मॉर्निंग मम्मी।"

"मॉर्निंग बेटी! लगता है कि मेरी बेटी कल काफी थक गई थी। आज नींद ही नहीं खुल रही…।"

"हाँ मम्मा! एक सपना देख रही थी। फरहत ने तुड़वा दिया।"

"अच्छा! तो बिटिया सपने देखने लगी। मुझे तो खुशी हुई। सपने देखो और

हकीकत में बदलो। वैसे कौन है, जिसके सपने मेरी बेटी देख रही है ?" मम्मी के होंठों पर मुसकान और आँखों में हसरत थी।

"ओह मम्मा! जो तुम सोच रही हो, वैसा कुछ नहीं है। मैं मजदूरों के सपने देख रही थी।"

"तुम्हारा काम अब सपना बन गया है। वैसे कल...।"

"हाँ मम्मी! मैंने देखा कि मैं शहरों में रिपोर्टिंग के लिए भाग रही हूँ। दिल्ली, मुंबई, सूरत... इमारतों की मुँडेरों और रियल स्टेट की बन रही बिल्डिंग के चबूतरों पर झूलते, धमा-चौकड़ी करते गँदले से बच्चों का कहीं अता-पता नहीं। एक विराट् सूनापन। फैक्टरियों में बोझ ढोनेवाले। जगह-जगह वॉचमैन का ड्रेस पहने बूढ़े-नौजवान। फुटपाथों पर घरों में पानी का नल या बेसिन का चोक ठीक करनेवाले प्लंबर। घरों या गद्दियों पर काम करनेवाले। फल और सब्जियों के विक्रेता कहीं दिखाई नहीं पड़ते। मम्मी लोक-जीवन के ये छोटे-छोटे आदमी भारत की जी.डी.पी. में दस प्रतिशत का योगदान देते हैं।"

"मम्मी! सड़कों पर जो कुछ हमने देखा है, वह चित्र की तरह सपने में घूम रहा था। एक माँ अपना सूटकेस घसीटते हुए चली जा रही है। सूटकेस पर उसका थका-माँदा बच्चा सो रहा है। सूरत से यू.पी. अपने घर के लिए निकला वह नौजवान मेरे सपने में घूम रहा था, जो अपने सहयात्री दोस्त की लाश को गोदी में रखकर सिसक रहा था। मम्मी! वह पंद्रह साल की लड़की साइकिल पर अपने बीमार बाप को बैठाकर 1,200 कि.मी. की यात्रा पूरी कर अपने घर पहुँचने की जद्दोजहद कर रही थी...।"

"तुमने तो इन तसवीरों को टी.वी. पर दिखाया था। मुझे याद है, डॉ. रित काफी प्रशंसा कर रहे थे। वे तुम्हारे बड़े फैन हैं सब्बो।" कहते हुए मम्मी की आँखों में हलकी सी शरारत खेल गई, जिसे मैंने लक्ष्य किया। अनायास ही मेरी आँखों से कटाक्ष उतर आया। मैं बोली, "वाह! लोग फैन बेटी के होते हैं और असर मम्मी पर डालते हैं।"

"हाँ! लोग जानते हैं कि मम्मी की मर्जी के बिना पत्ता तो हिलेगा नहीं।" दोनों ने जोरदार ठहाका लगाया। चाय समाप्त करते हुए मम्मी ने पूछा, "ईद का ऑफ तो होगा सब्बो ?"

"हाँ मम्मी! मैं दो दिन फ्री रहूँगी और तुम ?"

"मी टू।" कहते हुए मम्मी उठने को हुईं।

मेरा सेल बजने लगा। डॉ. शौकत अली का फोन था।

"हैलो!"

"मैं शौकत मिस साबिया। नमस्कार!"

"जी! नमस्कार।"

"आप कैसी हैं?" शौकत ने पूछा।

"मैं ठीक हूँ। बताएँ।"

"प्रो. इस्माइल को उत्तर प्रदेश की जेल में रखा गया है। उन्होंने आपको ईद की अग्रिम मुबारकबाद दी है। वे चाहते हैं कि आप उन पर एक स्टोरी अपने चैनल पर दिखाएँ। वैसे भी उनका कोई क्रिमिनल रिकॉर्ड नहीं है। वे केवल मौलाना साद के नजदीकी हैं…।"

"माफ करें, मैं इस प्रसंग में कुछ न कर सकूँगी। इस समय मीडिया केवल प्रवासी प्रसंग पर ही बात कर रही है। जमात का मुद्दा आउट ऑफ ट्रैक हो गया है। जमातियों पर चार्जशीट दाखिल हो चुकी है। यह बेवक्त की शहनाई होगी।" मैंने बीच में ही शौकत की बात काटकर कहा।

"उन्होंने आपके लिए एक शेर इनायत किया है। ईद के लिए खास अर्ज है। आप अपने मैसेज बॉक्स में देख लें।"

मैंने मैसेज बॉक्स खोला। पोस्ट थी—

देखा ईद का चाँद तो माँगी यह दुआ रब से,
दे दे तेरा साथ ईद का तोहफा समझ के।

मैसेज पढ़कर मेरी त्योरियाँ चढ़ गईं। मम्मी ने महसूस किया कि मेरा चेहरा सुर्ख कनेर की मानिंद हो गया है। उन्होंने पूछा, "क्या हुआ सब्बो?"

"नथिंग।" कहते हुए मैंने शौकत को फोन मिलाया।

"हलो मिस सा…!"

"सॉरी डॉक्टर! मैं एक पत्रकार हूँ। किसी से मेरे प्रोफेशनल संबंध हो सकते हैं। इससे अधिक कुछ नहीं। डोंट मेक अ मैसेंजर टु योर सेल्फ। थैंक यू।" मैंने कनेक्शन काट दिया।

मम्मी की आँखों में तैरता प्रश्न मेरा मुँह निहारने लगा। मैंने सेल फोन मम्मी के हाथों में थमा दिया। मोबाइल स्क्रीन पर शौकत के नंबर से आई इस्माइल के पोस्ट की इबारत उन्होंने पढ़ी। हठात् उनके मुँह से निकला, "लफंगा!" फिर उन्होंने मेरे चेहरे की ओर देखा, उसका रंग धीरे-धीरे सामान्य हो रहा था।

"पहली बार मैंने देखा, अपनी सब्बो के गुस्से को। खूबसूरत से खूबसूरती के द्वंद्व को। मुझे लगा कि इस सुर्ख कनेर के एक कण से डाइगाक्सीन ड्रग के सौ टैबलेट निकल आएँगे। एक ही टैबलेट जान लेने को काफी है। अच्छा हुआ कनेर की सुर्खी उड़ गई।" मम्मी ने हँसकर कहा।

"मम्मी! ड्रग्स की बात डॉक्टर जाने। रही बात कनेर की उसमें तो जड़ से फूल-फल तक जहर होता है···तो मैं जहर हूँ?"

"जहर सुंदर होता है। वह खुद को कहाँ मारता है। वह तो उसे मारता है, जो उसे निगलने की गुस्ताखी करता है।" मैं जोर से हँसी। दोनों अपने-अपने कमरे में आ गए।

कमरे में मैंने नीलू प्रसाद को फोन लगाया। सोचा कि रौनक की स्टोरी मँगा लूँ।

"हलो मैम! नमस्कार!"

"नमस्कार! कैसे हो, नीलू?" मैंने पूछा।

"क्या कहूँ, मैम?" नीलू की आवाज भर्रा गई। "अभी शव नहीं मिला है। आज मिल जाएगा तो यहीं दफन कर देंगे। लेकिन यहाँ कहाँ और कैसे करेंगे मैम?"

"तुम्हें शव मिल जाए तो वहाँ के लोगों से बात करना, कोई दिक्कत हो तो मुझे फोन करना।" मैंने कहा और फोन काट दिया।

औरैया का जिला अस्पताल। नीलू और रौनक पोस्टमार्टम हाउस के सामने खड़े थे। भूखी-प्यासी रौनक निरंतर शून्य में ताक रही थी। नीलू के कान हसनैन का शव पाने के बुलावेवाली आवाज पर लगे थे। घायलों और रौनक जैसे पीड़ितों की चीख-पुकार के बीच स्थानीय लोग खाना और पानी बाँटकर मदद में जुटे थे। रौनक से एक अधेड़ ने खाने का सामान पकड़ने का आग्रह किया। लगातार रोती रौनक की चीखें और तेज हो गईं। वह अधेड़ वहीं रुककर समझाने लगा। नीलू ने उसके हाथ जोड़े और कहा, "मुसीबत और बदनसीबी ने हमें कहीं का नहीं छोड़ा है।" संक्षेप में उसने आपबीती सुनाई और बोला, "आप हमारी इतनी मदद कर दें कि हम यहीं हसनैन के शव को दफना सकें। आपकी बड़ी कृपा होगी।"

राहत सामग्री औरैया शहर के दक्षिण में स्थित देवकली मंदिर की ओर से बाँटी जा रही थी। उस व्यक्ति ने शायद मंदिर के महंत को फोन लगाया और पूरा वाकया बताया। फोन कटने के बाद उसने कहा, "कोई बात नहीं। हम इस शव

को दफनाने की पूरी व्यवस्था करा देंगे।" नीलू ने उन सज्जन के पैर पकड़ लिये। शाम सात बजे के आसपास रौनक को शव लेने के लिए बुलाया गया। रौनक के साथ देवकली मंदिर के आदमी ने भी शव ले जाने के लिए एंबुलेंस की रिक्वेस्ट की। अस्पताल ने एंबुलेंस की व्यवस्था करा दी। शव उसमें रख दिया गया। एंबुलेंस देवकली मंदिर की ओर मुगल रोड पर स्थित शहर के दाएँ एक सर्पाकार सड़क पर चल पड़ी।

एंबुलेंस देवकली मंदिर के मैदान में लाई गई। एक मौलवी की देख-रेख में हसनैन का शव उतरवाया गया। आवश्यक क्रियाओं के बाद पूरे सम्मान के साथ उसे ताबूत में रखा गया। सात-आठ लोगों ने उस ताबूत को कंधे पर उठाया। मंदिर के महंत और मौलवी जनाजे में शामिल हुए। जनाजा यमुना तट के पास देवकली मंदिर की जमीन पर पहुँचा। महंतजी ने विशाल गड्ढा यहाँ खुदवा दिया था। रौनक को लगा कि यह गड्ढा उसके दिल पर खुद गया है। हृदय में गहरी हूक उठी। एक चीख निकलने को हुई। उसने अपनी चुन्नी का छोर मुँह में ठूँस लिया। ताबूत को उसी गड्ढे में डाला गया। मौलवी ने फातिहा और पुजारी ने मंत्र पढ़ा। हसनैन अली का शव कब्र के हवाले कर दिया गया। लोगों ने मिट्टी डालकर कब्रगाह को भर दिया। लौटते हुए रौनक ने कब्र पर एक निगाह डाली। कब्र तो भर गई थी, किंतु रौनक के दिल का गड्ढा गहरा और गहरा हो गया था। उसने यमुना की ओर देखा, दूर तक सूनी कछार। किनारे पर उगा चाँदनी का पेड़, जिस पर अभी-अभी फूल आया था। रात ने अपने काले लबादे से झाड़-पोंछ दिया। बरबस ही रौनक का काला बुरका उसके गोरे चेहरे पर उतर आया।

□

चाँद उगा। लोगों ने दीदार किया। देवबंद से फतवा हुआ। ईद कल मनाई जाएगी। बाजारों में पिछली बार की तरह धकमपेल नहीं हुई। कुछ अपवादस्वरूप शहरों को छोड़कर। उड़ते हुए सफेद सारसों के झुंड से मुसलिम समुदाय के लोग सड़कों, मसजिदों और पार्कों में दिखाई न पड़े। अजान भी हुई, अल्लाह-हू-अकबर भी हुआ। नमाज भी अदा की गई, जश्न भी हुआ। अपने-अपने घरों में परिवार के साथ। आकाश में चाँद अनलॉक था तो धरती पर घरों की बालकनी, खिड़कियों के पीछे और छतों पर परिवार अनलॉक थे।

मम्मी परिवार के साथ करीने से ईद को सेलिब्रेट करने की तैयारी में थीं।

खास रेसिपी तैयार की गई थी। मीठे पकवानों में सेवइयाँ, शीरखुर्मा, गुलाबजामुन। नमकीन पकवानों में वेज बिरयानी, वेज कोरमा आदि के साथ फालूदा शरबत। यह परिवार कुल तीन लोगों का था। माँ–बेटी और नौकरानी फरहत। मम्मी डॉ. रित के प्रति विशेष लाड़–भाव रखती थीं। वह उनका कुलिंग डॉक्टर तो था ही, उसे वे अपना शुभचिंतक, युवा साथी और पारिवारिक सदस्य मानतीं। इसलिए उन्होंने रित को इस अवसर पर विशेष रूप से बुलाया था। ड्राइंगरूम में वे उसका इंतजार कर रही थीं। यू शेप में रखे सोफे, बीच में सेंट्रल टेबल। फर्श पर क्रीम कलर का कॉरपेट। सोफे के पीछे खाली दीवार पर बड़ी सी पेंटिंग और दोनों ओर इंडोर प्लांट्स, सोफे के अगल–बगल साइड टेबल पर वीनस की प्रतिमा और सिंहासन बत्तीसी की पुतलिकाएँ।

रित को लिविंग रूम का यह परिदृश्य अच्छा लगा। उसने थोड़ा झुककर और हाथ जोड़कर मम्मी को सलाम किया। मम्मी ने भी उसे स्नेह से विश की। बिंज कलर के लाइट शेडवाले शूट में मम्मा अपने व्यक्तित्व के अनुकूल गरिमामंडित थीं। सामने आकर मैंने कहा, "हैलो डॉ. रित! नाइस टु मीट यू।"

"हैलो! मिस साबिया, यू आर अ स्मार्ट जर्नलिस्ट।" ब्राइट ब्लू और गोल्डेन कलर कॉम्बिनेशन का शूट। मेरी गोरी पतली देह पर। कानों में लटकता ओवर साइज हूप ईयररिंग लंबी और पतली गरदन को छू रहा था। रित की आँखों में दीपिका पादुकोण का वह लुक घूम गया, जब वह कान्स फिल्म फेस्टिवल में ऐसा ही रिंग पहनकर उपस्थित हुई थीं।

"ईद मुबारक! मिस साबिया।" रित ने मेरे सौंदर्य को निरखते हुए गिफ्ट का पैकेट बढ़ाया।

"आपको भी ईद मंगलमय हो, डॉ. रित।" मैंने सलोनी मुसकान के साथ गिफ्ट का पैकेट थाम लिया।

"प्लीज…।" मैंने रित को सोफे पर बैठने का इशारा किया। रित बैठ गया। मम्मी और मैंने भी उचित दूरी के साथ सोफे पर स्थान ले लिया। रित के ठीक सामने दीवाल पर लगी बड़ी–सी पेंटिंग उसका ध्यान आकृष्ट करने लगी। पेंटिंग में केरल शैली के दीवान पर बैठी नायर तरुणी। बाँहें सिर तक उठाकर उँगलियों के सहारे चमेली के गजरे से अपने बाल सँवार रही है। इस लोकनायिका की जाँघों पर प्लेट में चमेली के गुँथे हुए फूल रखे हैं। क्षीण कटि से लिपटा परिधान उन्नत उरोजों को किसी तरह ढक पाया है। सजग उँगलियों से बालों में लिपटने को उद्यत गजरे का

एक छोर स्तन पर लटका है। गले में नेकलेस और चेन आभामान हो रही हैं। रित ने पेंटिंग को देखते हुए, मेरे ऊपर एक दृष्टि डाली। गोया वह समझने की कोशिश कर रहा हो, पेंटिंग किसकी है।

फरहत फालूदा शरबत लेकर आई। काले रंग के अनारकली शूट में वह किसी सौम्य और सुष्ठ घर की परिचारिका लग रही थी। रित ने उसे भी ईद की मुबारकवाद दी। मैंने रित और मम्मी को सर्व किया। अपना गिलास लेकर मैं रित के सामने बैठ गई। शरबत का घूँट निगलते हुए, दोनों की आँखें टकराईं और झुक गईं।

"आपकी मजदूरोंवाली स्टोरी बहुत बारीकी से प्रस्तुत की गई थी।" रित ने कमरे में व्याप्त मौन को तोड़ा।

"थैंक्स!"

"नीलू और रौनक बेबसी की त्रासदी के प्रतीक हैं। इनका भविष्य मजदूरों की बेबसी का भविष्य होगा। इस स्टोरी को आगे बढ़ाना चाहिए।" रित ने राय दी।

"आप जितने अच्छे डॉक्टर हैं, उतने ही अच्छे पत्रकार···।" मैंने रित की ओर देखा। सौम्य, सरल, गंभीर और क्षिप्र मस्तिष्क। ऊँचा ललाट, करीने से सँवरे बाल, भरे हुए कंधे, चौड़ी छाती। सुदर्शन युवक।

"जी नहीं। पत्रकार तो आप हैं। मुझे डॉक्टर ही रहने दें। इतनी क्षमता, इतना टैलेंट, इतनी आकर्षक आवाज और इतनी भाग-दौड़ की त्वरा ईश्वर ने मुझे कहाँ दी है। सरस्वती माँ जब बहुत कृपालु होती हैं, तब एक साबिया पैदा होती है।"

"रहने दें, नहीं तो बेहोश होकर मैं गिर जाऊँगी···।" आगे वह कुछ और कहती कि सेल फोन बजने लगा। क्रिं···क्रिं···।

"हैलो! सर!"

"ईद मुबारक हो, मिस साबिया!" आवाज इजी टी.वी. के चीफ एडिटर की थी।

"थैंक यू सर!" साबिया ने कहा।

"एक एक्सक्लूसिव न्यूज है। मौलाना साद बीस लोगों के साथ जाकिर नगर की एक मसजिद में नमाज अदा करने गया था। फोटो आपको भेज रहा हूँ। दिल्ली पुलिस ने दंगाइयों की जाँच भी पूरी कर ली। रिपोर्ट सबमिट हो गई। कॉपी आपको भेज रहा हूँ।"

"राइट सर! करना क्या होगा?" मैंने पूछा।

"कल के बाद क्या करना होगा, सोचा जाएगा। तब तक आप सोचिए। प्रस्तुत तो आप ही कर सकेंगी।"

"ओके सर! गुडबाय।" साबिया ने सेल रख दिया। उसका अस्फुट स्वर निकला।

मम्मी ने फरहत को आवाज दी। उसने वेज हलीम की डिश टेबल पर रख दी।

"आप कुछ कह रही थीं, मिस साबिया!" रित ने बात का क्रम उठाया।

"यह है पत्रकारिता। यहाँ मरने की भी फुरसत नहीं होती।" मैं झुँझला उठी।

"पत्रकार और डॉक्टर का निजी जीवन नहीं होता सब्बो! वैसे हुआ क्या, जो लाडो का मूड उखड़ गया।" मम्मी ने प्यार से पूछा।

"नथिंग मम्मा! वह दिल्ली दंगा की जाँच रिपोर्ट सबमिट हो गई है। आज मौलाना साद जाकिर नगर की मसजिद में देखा गया। चीफ एडिटर का फोन था। कह रहे थे, परसों प्रेजेंट करना होगा। सोचो कैसे किया जाए।" साबिया ने बताया।

"वेरी नाइस! एक अच्छी, एक्सक्लूसिव जानकारी मिलेगी। सच तो यह है मिस साबिया कि लोग 'इजी न्यूज' स्टोरी, रिपोर्टिंग या न्यूज से अधिक आपकी प्रस्तुतीकरण के अंदाज वश देखते हैं।" रित ने उल्लास से कहा।

"...।" साबिया की आँखें अनायास ही रित के चेहरे पर टिक गईं। वह कोरे कागज पर शिशु के चित्र-सा लगा। इस मासूमियत पर प्यार से मेरे पतले होंठों पर मुसकान की मधु रेखा खिंच गई।

मम्मी ने वेज हलीम के हॉट पॉट से कवर हटाया। मैं चैतन्य हो गई। मम्मा को मना करते हुए ढक्कन खोली। काँच की छोटी-छोटी पारदर्शी डिश में हलीम परसा। रित के हाथों में थमाया, फिर मम्मी को दिया। गेहूँ की दलिया, उड़द की दाल, दही, घी और काजू के सम्मिलित स्वाद से एक-एक चीज के स्वाद को अलगाकर महसूस करते हुए, रित ने फरहत की प्रशंसा की। मेरे लिए वाटरमेलन का जूस लाती हुई फरहत प्रसन्न हो गई।

"डॉ. रित! डॉक्टरी के व्यस्त प्रोफेशन में टी.वी. देखने का मौका आप निकाल लेते हैं?" मैंने एक घूँट जूस निगलते हुए पूछा।

"प्राय: समय मिलता तो नहीं है, मैनेज करना पड़ता है। इस समय तो अस्पताल, पेशेंट और संक्रमण के अतिरिक्त तो अपने लिए भी समय नहीं होता, किंतु कुछ विशेष घटना है तो आपकी स्टोरी देखने का बहाना तलाश लेता हूँ।"

"अच्छा जनाब! डॉक्टर पेशेंट देखने की जगह टी.वी. देखने के बहाने तलाशने लगे हैं।" साबिया ने शोखी से कहा।

"हाँ जी! जो रुचिकर होता है, वह प्रिय भी। प्रिय के लिए श्रेष्ठ को ओवरलुक

करना पड़ता है। ओवरलुक के लिए बहाना तो चाहिए।" रित ने सरलता से कहा।

मैं इस हाजिर-जवाबी की कायल हुई। जूस में रखे पाइप को होंठों से दबाई कि सेल बजने लगा। स्क्रीन पर दिल्ली पुलिस क्राइम ब्रांच के डी.सी.पी. का नाम उभरा, "हैलो!"

"ईद मुबारक हो, मिस साबिया!"

"थैंक्स! आपको भी।"

"मैम! दिल्ली दंगों की जाँच रिपोर्ट आपने देखी?"

"जी नहीं! आज मैं स्टूडियो में नहीं हूँ।"

"मैम! जब भी आप इस स्टोरी को टेलीकास्ट करें या डिबेट कराएँ, मेरा रिक्वेस्ट है कि दिल्ली पुलिस का पक्ष भी रखवाएँ।"

"आप कल शाम फाइव टू सिक्स बात करेंगे? आज मैं दंगों पर या किसी ऐसे विषय पर बात नहीं करना चाहती, जो अप्रिय हों।"

फरहत ने मम्मी को बताया कि डॉ. शौकत अली आए हैं।

"क्या?" फोन रखते-रखते मैं अन्यमनस्क हो उठी। मैंने वाटरमेलन के जूस की ओर देखा। ग्रीन पारदर्शी काँच में वह करेले का लग रहा था।

"बुलाओ।" मम्मी ने फरहत से कहा।

"आदाब डॉ. रूबिया मैम! आप सबको ईद मुबारक हो।" शौकत ने लिविंग रूम में प्रवेश किया और गिफ्ट का एक पैकेट मेरी ओर बढ़ाया। मुझसे पहले ही मम्मी ने गिफ्ट थामकर फरहत को पकड़ा दिया।

"आदाब! डॉ. शौकत! इस लॉकडाउन में आपका आना ऐसा लगा, जैसे अकाल में सारस भटक गया हो।" रूबिया ने उनके सफेद कुरते-पाजामे को लक्ष्य किया।

"जी! सारस को भटकना ही है, क्योंकि तालों पर राजा का पहरा है।"

"...।" मम्मी ने कोई प्रतिवाद नहीं किया। सब चुप रहे। फरहत ने फालूदा शरबत शौकत के सामने पेश किया। उसने गिलास ट्रे से उठाकर होंठों से लगा लिया।

"सुना है दिल्ली पुलिस ने दंगे की जाँच रिपोर्ट प्रस्तुत कर दी है, मिस साबिया!" शौकत ने लिविंग रूम में पसरे मौन को तोड़ा।

मैंने हरे काँच के गिलास में बचे वाटरमेलन के नहीं, करेले के जूस को एक साँस में गटक लिया। अंदर तक कड़वाहट भर गई। बोली, "जी! ताहिर अली को

सिपहसालार बनाकर दंगा उमर खालिद और यूनाइटेड अगेंस्ट हेट के नेता खालिद सैफी के षड्यंत्र द्वारा कराया गया। इन दोनों ने ताहिर को तैयार किया और कहा कि इसमें पिंजड़ा तोड़ समूह, पी.एफ.आई. आदि संगठन मदद करेंगे।"

"ऐसा आप कैसे कह सकती हैं?" शौकत ने हस्तक्षेप किया।

"अच्छा! तो यह एक करोड़ तीस लाख रुपए ताहिर के खाते में कहाँ से आए? फिर सारा पैसा निकालकर डिस्पर्स कर दिया गया। कहाँ? वह पैसा अलग-अलग लोगों तक पहुँचाया गया।" मैंने कहा।

"मैम! इस दंगे में हमारा नरसंहार हुआ। यह पुलिस दूध की धुली है क्या? यह एकतरफा काररवाई है मैम!" शौकत ने असंतोष से कहा।

"मैं आज किसी अप्रिय प्रसंग पर चर्चा नहीं करना चाहती थी, डॉक्टर! लेकिन आपने छेड़ दिया है तो बात कर ही लेती हूँ। जी! दिल्ली दंगों में बेशक मुसलमान भी मारे गए। बेशक उनके घर जले और उपासना स्थलों पर हमले भी हुए। तो आप यह भी जानते होंगे कि दंगों के लिए कुल 2,650 गिरफ्तारियाँ हुईं। इनमें 550 हिंदू भी हैं। एक आरोप-पत्र में 20 हिंदुओं को आरोपी बनाया गया है।"

"यहाँ विचार के केंद्र में मूल बात दंगों की योजना और उसे अंजाम तक पहुँचाने की है। आपने तो साजिश रची। कुछ विशेष प्रकार की घटनाओं को अंजाम देने की। पर आवश्यक नहीं कि सबकुछ वैसा ही संपन्न हो जाए, जैसा आपने चाहा। क्रिया की प्रतिक्रिया भी तो होती है। दूसरा पक्ष भी तो सामने आता है। दिल्ली दंगों में यही हुआ। शाहीन बाग के लोगों ने तो आपसे भी चंदा लिया था…।"

"मैं तो सबको चंदा देता हूँ, चाहे हिंदू हो या मुसलमान। मेरी प्रतिबद्धता सामाजिक कार्यों के प्रति है मिस!" शौकत ने बात काटकर कहा।

"जी! शाहीन बाग के जिस सामाजिक काम के प्रति आपकी प्रतिबद्धता रही। साजिशकर्ताओं ने पहले दंगे को उसी क्षेत्र में अंजाम देने पर विमर्श किया, किंतु वहाँ की आबादी का ध्यान आड़े आ गया। योजना बदल दी गई और नॉर्थ-ईस्ट दिल्ली की उन्नीस जगहें तय की गईं…।" मेरी बात अधूरी रह गई कि शौकत बीच में बोल पड़ा।

"मैम! ये बातें ब्रेकिंग न्यूज हो सकती हैं, पर हकीकत नहीं।"

"हकीकत तो जाँच रिपोर्ट में सामने आ गई है, डॉ. शौकत! दंगा भड़काने के लिए दो खास समूह बनाए गए थे। एक समूह का काम था दुष्प्रचार के द्वारा लोगों को उकसाना। दूसरा समूह जगह-जगह धरना-प्रदर्शन आयोजित कर सड़क जाम

की जिम्मेदारी सँभाल रहा था। षड्यंत्र के तहत एक्टिविस्टों द्वारा जगह-जगह भाषण कराके सैद्धांतिक मुलम्मा चढ़ाने और माहौल को दहनशील बनाया गया। व्हाट्सएप चैट पर संदेश भेजे गए—'हमारा काम हर कीमत पर शांति भंग करना है। हर हाल में इसे हिंदू बनाम मुसलमान करना है। पिंजड़ातोड़ गैंग की लड़कियाँ व्हाट्सएप पर मैसेज भेज रही थीं। औरतें घरों में तेजाब की बोतलें, गरम पानी, गरम तेल, छतों पर ईंट-पत्थर रखें। लोहे के दरवाजों में बिजली का करेंट छोड़ दें। आरोप-पत्रों में ये बातें हैं। साइबर क्राइम सेल ने इसके प्रमाण जुटाए हैं। कितनी क्रूर और गहरी साजिश थी, डॉ. शौकत! और सिपहसालार था ताहिर अली···।"

"देखिए मिस साबिया! इस पूरे घटनाक्रम का दोष किसी व्यक्ति विशेष को नहीं दिया जा सकता। नागरिकता संशोधन कानून के विरुद्ध यह स्वत:स्फूर्त गुस्सा था, जो आंदोलन बन गया। लंबा खिंचने और सरकार द्वारा अनदेखा किए जाने से यह हिंसक अंजाम तक पहुँच गया। ऐसे कितने ताहिरों के मन का यह गुस्सा आग बन गया। ताहिर का तो कहना है कि उसके घर पर भीड़ ने कब्जा कर लिया था···।" शौकत ने साबिया को रोककर कहा।

मम्मी ने इशारा किया। फरहत कॉफी लाई। मैंने एक घूँट सिप किया और बोली, "सामाजिक जिम्मेदारी निभानेवाले व्यक्ति को ऐसी बात शोभा नहीं देती, डॉक्टर! ताहिर जामिया के नागरिकता संशोधन कानून विरोधी प्रदर्शन से भी जुड़ा रहा और जे.एन.यू. के प्रदर्शन से भी। अत: यह कहना कि नागरिकता संशोधन कानून विरोधी प्रदर्शन स्वत:स्फूर्त था, सफेद झूठ है। दंगों के मूलत: दो किरदार हैं। ताहिर और राजधानी पब्लिक स्कूल का मालिक फैजल फारूकी। ताहिर ने दंगों के पहले थाने से अपनी पिस्तौल ली। इस पिस्तौल की पचीस गोलियाँ गायब पाई गईं। कहाँ गईं ये गोलियाँ? इसका हिसाब वह नहीं दे सका। उसकी छत से 270 चक्र गोलियाँ चलने का रिकॉर्ड मिला। वह जिस गुफरान के घर में छिपा था, उसके पास से 54 कारतूस गायब मिले हैं। इसे कोई प्रेतात्मा तो नहीं खा गई। इस व्यक्ति ने योजना बनाकर नेतृत्व किया। आई.बी. के अंकित शर्मा की हत्या में सक्रिय भूमिका निभाई।" एक घूँट कॉफी और सिप कर मैंने कहा, "और वह फैजल फारूकी! उसने अपने स्कूल को दंगा के केंद्र में बदल दिया। फारूकी का स्कूल तबलीगी जमात की गतिविधियों का अड्डा रहा। उसने मौलाना साद के नजदीकी अब्दुल अलीम से मुलाकात की।"

"दोनों के कॉल रिकॉर्ड और मोबाइल लोकेशन से ज्ञात हुआ कि दंगों के

दौरान इनके बीच संपर्क बना हुआ था। फैजल दंगों के पहले देवबंद गया। वहाँ से लोगों को लेकर आया, जिन्होंने हिंसा में भूमिका निभाई।"

मम्मी, जो आज चुप और केवल चुप थीं, उन्होंने हस्तक्षेप किया, बोलीं, "इस विमर्श को समाप्त किया जाए।"

मैंने कहा, "मैं भी यही सोच रही हूँ। अब यह बताने की जरूरत नहीं है डॉ. शौकत कि दिल्ली दंगा या इसके पहले जाफराबाद से लेकर चाँद बाग तक सड़क जाम करना या पुलिसवालों पर जानलेवा हमला अचानक नहीं हुआ। चाँद बाग में कॉन्स्टेबल रतन लाल की हत्या या डी.सी.पी. अमित शर्मा पर जानलेवा हमला, जाफराबाद में शाहरुख द्वारा कॉन्स्टेबल पर पिस्तौल तानना यह सब दंगों की योजना का हिस्सा था।" मैं चुप हो गई।

"साजिशकर्ताओं ने यह कारस्तानी ट्रंप की यात्रा के समय की, ताकि अंतरराष्ट्रीय मीडिया के द्वारा संदेश प्रसारित हो कि भारत सरकार मुसलिम विरोधी है।" अब तक चुपचाप सुन रहे डॉ. रित ने कहा। मैंने और शौकत दोनों ने रित की ओर देखा। मैंने हुलास से और शौकत ने उपेक्षा से।

"आरोप-पत्र जमा कर देने से कोई दोषी नहीं होता, मैम! मेरी निगाह में यह नरसंहार था और है। पुलिस को मैं भी जानता हूँ, आप भी जानती हैं।" शौकत ने झुँझलाकर कहा।

"जी! सच है, आरोपों को न्यायालय की कसौटी पर खरा उतरने के लिए एड़ी-चोटी का पसीना एक करना होगा। पुलिस भी इसे जानती है। उसने एक-एक बिंदु की तहकीकात की है। उसने जाँच के लिए चालीस टीमें बनाईं। दंगा क्षेत्र में सारे ड्राइविंग लाइसेंस, आधार कार्ड आदि को डाउनलोड कर गवाहों से उनकी पहचान कराई। उसने 1130 सीसीटीवी फुटेज इकट्ठे किए। इसके बाद अपराधियों को चिह्नित किया। ग्यारह सौ अपराधियों की पहचान हो चुकी है। दंगों के किरदार और संगठन एक्सपोज हो चुके हैं। ये कॉल रिकॉर्ड, मोबाइल लोकेशन, सीसीटीवी फुटेज, दूसरे फोरेंसिक सबूत और गवाहों के बयान, आरोपियों को सजा भी दिला सकेंगे डॉ. शौकत!"

शौकत कुछ कहने को उद्यत हुआ, किंतु मम्मी ने हाथ उठाकर कहा, "बस। यह प्रसंग समाप्त किया जाता है। मेरे खयाल से हमें स्वीट लेना चाहिए।" उन्होंने फरहत को आवाज दी। शौकत उठ गया। बोला, "क्षमा करें। मैं तो अमानत पहुँचाने आया था, पर मिस साबिया के टैलेंट में उलझ गया। अब चलूँगा। घर लोग इंतजार

कर रहे होंगे।" उसने सबको हाथ जोड़े और बाहर निकल गया।

"साढ़े आठ बज गए। हमें डायनिंग टेबल पर चलना चाहिए। प्रस्ताव सबको अच्छा लगा।" मैंने रित से चलने का आग्रह किया। वह सोफे से उठकर खड़ा हो गया। मम्मा ने फरहत को चैतन्य किया। तीनों डायनिंग टेबल पर बैठ गए। फरहत ने डिशेज लगाईं। काँटा-चम्मच, नैपकीन करीने से रखा। मैंने कोरमा सर्व किया।

"आप रिपोर्टिंग के लिए प्राय: बाहर जाती हैं?" रित ने चम्मच से कोरमा उठाते हुए पूछा।

"हाँ, ऑफकोर्स!"

"कभी किसी सैलानी की स्टोरी, दृश्य और सांस्कृतिक उपादेयता दिखाएँ।" रित ने कहा।

"अब जब आप यात्रा का कार्यक्रम बनाएँ तो मुझे बता दें। यात्रा-वृत्तांत बना दूँगी। लाइव।" मैंने रित पर भरपूर निगाह डाली।

"ओह! कहाँ चलना है। स्थान आप तय करिए।" रित ने सेवइयों की डिश उठाते हुए सहजता से कहा।

"प्रॉमिस!" साबिया ने चम्मच में उठाया शीरखुर्मा वापस रखते हुए हाथ बढ़ाया।

"प्रॉमिस!" रित ने भी हाथ बढ़ाया। दोनों के हाथ एक-दूसरे के हाथों में आ गए। हाथ छूटे तो दोनों ने स्पून उठाए। रित ने सेवइयों का, मैंने शीरखुर्मा का।

"चलो लॉस एंजेल्स या लॉस वेगास।" मैंने शोखी से कहा।

चौंक गया रित। मेरी ओर उसने आँखें उठाईं। हाथ काँप गए। मुँह में जाती हुई सेवइयों का शीरा छाती पर गिर पड़ा। कपड़ा मैला हो गया। वह उठा। मैं भी उठ गई। बोली, "कम ऑन।" रित मेरे साथ हो लिया। वॉशरूम का रास्ता दिखाने को चल पड़ी। लिनेन की शर्ट पर गुलाबी सेवइयों का भरपूर चम्मच गिर पड़ा था। सफेद शर्ट बदनुमा हो गई। मैंने उँगली से महीन पेस्ट को शर्ट से अलग किया, फिर नैपकिन भिगोकर शीरे का दाग रब करने लगी। बेसिन के शीशे में रित का सुगठित शरीर प्रतिबिंबित था। चौड़ी छाती के ऊपर शर्ट पर गुलाबी दाग। मैंने मग में थोड़ी सी अमोनिया घोली। इस घोल को चम्मच से हथेली में लेकर दागवाली जगह पर डाला और हलके-हलके रब करने लगी। उँगलियाँ सावधानी से छाती पर शर्ट को रगड़ने लगीं। रित के शरीर में नीचे से ऊपर तक झुरझुरी-सी उठी। आँखें बंद होने लगीं। उसने मेरी हथेली दबाव के साथ पकड़ ली।

"बस। रहने दें।" वह आहिस्ता से बोला।

मेरी बड़ी-बड़ी आँखें उठीं। शर्ट पर गिरी सेवइयों का सारा गुलाब उनमें तैर रहा था। धीरे से बोली, "जी।" उसके कदम पीछे को मुड़े। दोनों बाहर आ गए।

डॉ. रूबिया डायनिंग टेबल पर बैठी थीं। खाना पूरा तो हुआ नहीं, अत: इंतजार कर रही थीं। आते ही उन्होंने कहा, "बैठो डॉ. रित! आपने तो कुछ खाया ही नहीं।" मैंने चेयर की ओर इशारा करते हुए आग्रह किया, "प्लीज¨।" रित बैठ गया। तीनों ने एक-दूसरे को आग्रह करके खिलाया। सारे आइटम रित को पसंद आए। आखिर में फरहत आइसक्रीम लाई। मैंने पुन: आग्रह किया। केसर-पिस्ता उसका पसंदीदा आइटम था। सबने उसका भी लुत्फ लिया। खाना समाप्त हुआ। सब लिविंग रूम में आ गए। मैं कार्डमॉन बॉक्स खोलकर रित के सामने रखते हुए मुसकराकर बोली, "मुखशुद्धि।" रित ने कृतज्ञता से उठाकर मुख में डाल लिया और मम्मी की ओर मुखातिब होकर बोला, "मुझे आज्ञा दें प्लीज!"

"ओके डॉ. रित! आज की ईद खुशियों का पैगाम लाए। आपने हमारे साथ इस पर्व पर शिरकत की, मुझे बहुत खुशी मिली। धन्यवाद!"

"आपकी कृपा है, जो आप मुझे इतना लाड़ और मान देती हैं। मैं आप सब का आभारी हूँ।" कहकर रित ने मम्मी को हाथ जोड़ा और बाहर हो गया। मैं साथ में छोड़ने के लिए आई। रित ने ड्राइविंग सीट पर बैठकर विंडो ओपन किया। गाड़ी स्टार्ट हुई। मैंने मुसकराकर हाथ हिलाते हुए कहा, "बाय! सी यू!" रित के भी हाथ हिले। कार चल दी। मैं लिविंग रूम में आ गई। मुझे लगा कि कमरा कुछ खाली हो गया है।

मम्मी काफी प्रसन्न लग रही थीं। उन्होंने रित का गिफ्ट खोला। रोजी गोल्ड पर डायमंड ईयररिंग चमक उठा। डिजाइनदार लंबा। चमकते हीरों के टुकड़े। इस मोहक और पसंदीदा गिफ्ट को पाकर मुझे अपार प्रसन्नता हुई। मम्मी ने शौकत के माध्यम से आए गिफ्ट पैक को उठाया। ऊपर ही लिखा था—'ईद मुबारक! प्रो. इस्माइल।'

मैं लिविंग रूम से उठ गई। रित का गिफ्ट लेकर अपने बेडरूम में आ गई।

ड्रेसिंग टेबल के सामने खड़ी हुई। आदमकद शीशे में खुद को देखा, फिर रित के ईयररिंग को। कानों में पहना पुराना ईयररिंग उतारकर रित का दिया ईयररिंग पहन लिया। बार-बार शीशे में इस ईयररिंग को पहने हुए अपने को निहारा। फिर खिड़की के पास आ गई। खिड़की खोल दी। असीम सन्नाटा। दूर सड़क के दोनों

ओर कतारों में घने वृक्ष। इनके शीश पर उगा चाँद किसी पर्वत की गुफा में स्वप्न चित्र उरेहता हुआ। अपनी किरणें बार-बार खिड़की के रास्ते भेजकर मेरे कानों से छुआछुअन और सिहरन के खेल खेलने लगा। मैंने मुसकराकर चाँद की ओर फ्लाइंग किस किया और हाथ हिलाकर बोली—ईद मुबारक!

□

दोपहर ढल गई। सूर्य का ताप वातावरण को 47-48 डिग्री सेल्सियस तक पहुँचाए था। देवकली मंदिर के कमरे में पंखे की हवा लू की तरह लग रही थी। रौनक ने पंखा बंद कर दिया, लेकिन पसीने से भीग गई। उसने खिड़की खोली। दूर यमुना का विशाल कछार। ऊँची-नीची ढूहोंवाली पठारी जमीन। गहरे-छिछले नाले। कुश, काँटे, बबूल, थूहर के पेड़। इन्हीं के बीच हसनैन की कब्र। कब्र से थोड़ी दूर यमुना के तट पर पीपल का विशाल अकेला पेड़। रौनक उठी। दरवाजा खोली। उसके पाँव अनायास ही यमुना-कछार की ओर बढ़ चले। बढ़ते गए निर्बाध। पाँव रुके तो सामने हसनैन की कब्र। खड़ी होकर वह उस कब्र को निहारने लगी। निहारती रही एकटक। सूनी आँखें ज्यों पूछ रही हों कि अब? अब इस जीवन का क्या होगा? गरमी की तपिश और अंत: में खड़ा प्रश्न उसे एक साथ पिघलाने लगा। आँखें ही नहीं, पूरी देह गीली हो गई। सामने कोई छाया न थी। थोड़ी दूर पर यमुना के तट पर वही पीपल का पेड़। वह उधर ही बढ़ चली। पीपल की छाँव में ठिठकी, फिर नीचे यमुना की ओर उतर गई। गरमी और पसीने से लिसड़े हाथ-मुँह और पैरों को धोया। वापस ऊपर पीपल की ओर चलने लगी। पाँव में ठोकर लगी। गोल-चिकना बड़ा-सा पत्थर पाँवों से टकरा गया। पत्थर को उठा लिया। ऊपर आकर वह पीपल के नीचे पड़े ऊँचे से पत्थर पर बैठ गई।

इसी प्रवाह के पत्थर सा ही तो उसका जीवन है। नदी के प्रवाह में पड़ा पत्थर। लहर का हर वेग उसे ठेलता रहता है। किसी एक जगह पर उसे स्थिर नहीं होने देता। कहाँ-से-कहाँ ला देता है! एक किनारे से अनेक किनारों तक पहुँचा देता है। अनायास स्मृति में उसका अपना जीवन उभर आया।

पाकिस्तान का दक्षिणी सिंध प्रांत। सिंधु नदी के किनारे जकोबाबाद। यहीं उसका छोटा सा घर। जकोबाबाद शायद दुनिया की सबसे गरम जगह है। पारा यहाँ तिरपन डिग्री सेल्सियस पर होता है। अच्छा लगता है, सिंधु नदी में नहाना और माँ जगन्मोहिनी की पूजा। बचपन में वह बाबा के साथ सिंधु के किनारे जाया करती।

बाबा सिंधु में स्नान कर माँ जगन्मोहिनी के मंदिर में जल, अक्षत, पुष्प चढ़ाते। इस क्रम में कभी व्यवधान न होता। बाबा के साथ मैं भी बचपन से मंदिर में जल चढ़ाती। यह आदत आठ साल की उम्र से बनी रही।

8 मई, 2018। मेरा जन्म-दिवस। मैं सोलह साल की हो गई। माँ जगन्मोहिनी का आशीर्वाद लेने आई थी। पूजा चल रही थी, तभी पाँच-सात लोग आ गए। उनके हाथों में घन, गैंता, खंती, सबरी और रंभा थे। वे माँ जगन्मोहिनी की मूर्ति तोड़ने लगे। मैं सिहरकर बाहर निकलने लगी कि किन्हीं बलिष्ठ भुजाओं ने मुझे जकड़ लिया। पूरी शिद्दत के साथ मैंने अपने को छुड़ाने की कोशिश की। हाथ-पाँव मारा। दाँतों से कसकर काटी। छूटकर भागी, किंतु एक-दूसरे ने सामने से पकड़ लिया। मैंने पहचाना, यह नासिर था। मेरे मोहल्ले का रहनेवाला। मैंने कड़ककर कहा, "मुझे क्यों पकड़े हो नासिर भाई! मुझे जाने दो।"

"अरे! ऐसे कैसे जाने दूँ, पूरे मोहल्ले की रौनक बीवी! मंदिर में आई हो, तो थोड़ा मसजिद भी हो लो जानम!" कहते हुए वह मुझे स्कॉर्पियो में डाल दिया। मेरी बगल में वह खुद बैठा और आगे-पीछे तीन असलहाधारी। नासिर और ड्राइवर को लेकर कुल पाँच लोगों के बीच मैं घिरी थी। नासिर लगातार मुझे बाँहों में जकड़े था। स्कॉर्पियो स्टार्ट हो गई। दूर तक कानों में मंदिर पर होनेवाले प्रहार की आवाज गूँजती रही।

नासिर जकोबाबाद के एक मौलवी का बेटा। प्रायः बाबा को धमकियाँ देता। इसलाम कुबूल करने के लिए दबाव बनाता। मुझे उठा ले जाने की खुलेआम धमकी देता। बाबा मिन्नतें करते। वह कहता इसलाम कुबूल कर मुझे दामाद बना लो। ऐश करोगे, नहीं तो… । बाबा उसका मुँह देखते। वह कहता, "नहीं तो जिंदा जला दिए जाओगे।" आखिर आज उसने अपना कहा कर दिया। मुझे उठा लिया। आगे क्या होगा…

"कहाँ ले जा रहे हो मुझे?" विवश और रुआँसी मैंने पूछा।

"नूर-ए-हयात को काफिर तो नहीं देखा जा सकता, इसलिए मसजिद में चल रहा हूँ। तुम्हें काफिर के दोजख से निकालकर नूर-ए-चश्म बनाऊँगा जानम।" उसने मेरे गाल पर चुटकी काटी। मेरा माथा भन्ना उठा। वह मुझे मांसभक्षी भेड़िए की निगाह से देख रहा था। मैं अपने में सिमटी गठरी-सी बँधी स्कॉर्पियो की स्पीड के संग चली जा रही थी। घंटों के सफर के बाद स्कॉर्पियो रुकी। सामने लिखा था—अली जहाँ मसजिद, पतनोर।

मुझे मसजिद के एक कमरे में बंद कर दिया गया। कमरे के फर्नीचर से लगा इसका उपयोग बेडरूम के लिए होता है। डबल बेड। अलमारी। दो कुरसियाँ, सेंट्रल टेबल। दीवार पर बड़ा सा शीशा और ड्रेसिंग टेबल। अटैच्ड वॉशरूम। मुझे बाबा की चिंता हो रही थी। माँ जगन्मोहिनी की मूर्ति तोड़ने की खबर जंगल में आग की तरह फैल गई होगी। बाबा का पूरा शरीर सुन्न हो गया होगा। वह मुझे खोजने मंदिर की ओर भागे होंगे। कुछ और अड़ोसी-पड़ोसी भी शायद! वैसे इनके आतंक से कोई साथ देनेवाला कहाँ होता है। और यह नासिर··· ! बाप रे! खूँखार दरिंदा। भय से शरीर की रोमावलियाँ खड़ी हो गईं। मैं सिहर उठी।

दोपहर दो बजे एक औरत खाना लेकर आई। टेबल पर डोंगा और प्लेट रखते हुए बोली, "मुबारक हो बीवी जान! अल्लाह की रहमत, आप नासिर मियाँ की बेगम बनने का एहतराम और खुशनसीबी गवारा करेंगी। बलैया लेती हूँ।" उसने अपने हाथों को मेरे सिर पर घुमाकर चूम लिया। छलछलाई आँखों से मैं उसका मुँह निहारने लगी।

"ना! ना! रोते नहीं दुख्तर-ए-पाकीजा। निकाह तो खुशी की शय है। अब तेरी जिंदगी की सारी तकलीफें रुखसत हो जाएँगी। ये लो, खुशी-खुशी खाना खा।" कहते हुए उसने प्लेट में चिकन बिरियानी डाली।

"नहीं मौसी, मैं मांसाहारी नहीं हूँ। मुझे छुड़वा दीजिए। मैं निकाह करना नहीं चाहती। मैं हिंदू हूँ।"

"बेवकूफी की बात मत कर। निकाह तो किसी-न-किसी से करोगी ही, तो नासिर क्या बुरा है? ठीक-ठाक गबरू जवान है। शहर के बड़े मौलवी का बेटा है। जमींदार और पैसेवाला। राज करेगी, राज।"

"माफ करें मौसी! मैं हिंदू हूँ।"

"तो मुसलमान हो जा। तुम्हें काफिर नहीं रहने दिया जाएगा। काफिर के सिर पड़ी शैतान की छाया अब तुमसे रुसवा करेगी। तुम इसलाम कुबूल कर लो।"

"न मौसी, मैं अपने धर्म से अलग नहीं हो सकती।"

"वह तो तुम्हें होना होगा। अल्लाह की यही मर्जी है। किस्मत है तेरी, जो तेरी सरपरस्ती नासिर करेगा। तू उसकी सरपरस्ती में रसूल की इबादत कर और सुखी रह। इसी में तेरी भलाई है, अन्यथा कुत्ते की तरह बोटी-बोटी नोच डाली जाएगी।" वह उठ गई। जाते-जाते एक छोटी टोकरी की ओर इशारा कर बोली, "उसमें फल रखे हैं। काबुली सेब। खा लेना। बिरियानी मैं ले जाती हूँ।" उसने बिरियानी उठाई

और बाहर होकर दरवाजा लॉक कर दिया।

मैं बेड पर औंधे मुँह गिर गई। हिचकियाँ बँध गईं। मेरा छोटा-सा घर। मेरे बाबा, मेरी माँ और छोटा भाई रिषु। क्या हाल होगा उनका? माँ तो रोते-रोते बेहोश हो गई होगी। बाबा हताश, बेबस दौड़ रहे होंगे। गिड़गिड़ा रहे होंगे। मुल्ला से लेकर थाना-पुलिस तक।

बाबा! श्री किशोर खेतवानी। जकोबाबाद में अच्छी-खासी कपड़े की दुकान। बढ़िया ढंग से चलती। हिंदू-मुसलमान, बूढ़े, युवक, औरतें, लड़कियाँ सारे कस्टमर। बाबा की व्यवहारकुशलता के सब कायल। सारे रस्मो-रिवाज, तीज-त्योहार में परस्पर शिरकत। अचानक सबको किसी की बुरी नजर लग गई। बाबा बताते हैं कि पिछले बीस-पचीस बरस से हिंदुओं का उत्पीड़न, अपहरण, फिरौती, लूटपाट, हिंदू औरतों से बलात्कार, लड़कियों का अपहरण, धर्म-परिवर्तन और निकाह आम बात हो गई है। नौजवान मुसलिम अवाम भेड़िए की तरह घात लगाए रहती है। उसके जेहन में घूम गई। चाचरो गाँव की घटना, जहाँ उसकी सहेली को माँ भटियानी देवी के मंदिर से अगवा कर लिया गया। वहाँ भी आज की तरह ही माँ भटियानी की मूर्ति को तोड़ डाला गया। धर्मग्रंथ जला दिए गए। कोट गुलाम मुहम्मद की अजात कुमारी उसका धर्म-परिवर्तन कराकर निकाह करा दिया गया।

पुलिस में दौड़ लगा रहे होंगे बाबा। क्या करेगी पुलिस... ? बाबा ने ही तो बताया था कि कराची प्रांत के मटियारी जिले में भारती बाई तो बाकायदा अपने दूल्हे के साथ शादी के मंडप में बैठी थीं। चंद हमलावरों ने गन प्वाइंट पर उनका अपहरण कर लिया। भारती को जबरदस्ती इसलाम कुबूल करवाया गया और एक मुसलमान के साथ निकाह करा दिया गया। पुलिस में शिकायत हुई। पुलिस पीड़ितों की बजाय अपहर्ताओं की मदद करने लगी। थक-हारकर बैठ गए उसके घरवाले। मेरे बाबा भी लगे होंगे...पर क्या मैं...। दरवाजे पर खटका हुआ। वह खुल गया। नासिर दो लोगों के साथ अंदर आया। नासिर ने बेड पर और उसके दोनों साथी कुरसियों पर बैठ गए। वे दोनों कुरसियों पर से लगातार मुझे घूर रहे थे। थोड़ी देर बाद उनमें से एक बोला, "नासिर भाई! इसे चीन भेज दो। डायमंड जुबली हो जाएगी। डॉलर बरसेंगे भाई डॉलर!" उसने आँख मारी।

दूसरा उठकर मेरी ठुड्डी पकड़ने को उद्यत हुआ। नासिर ने आँख तरेरकर कहा, "बैठ जाओ। तुम्हारी होनेवाली भाभी है। दुबारा गुस्ताखी की जुर्रत मत करना।"

"भाभीजी नमस्ते!" दोनों ने हाथ जोड़कर कहा।

एक-एक शब्द नाग के दंश-सा चुभ रहा था। ढलते हुए आँसुओं को पोंछकर बोली, "मुझे छोड़ दो नासिर भाई! मेरे बाबा परेशान होंगे। मुझे घर जाने दो।"

"ऐसे कैसे घर जाओगी जानम? पहले इसलाम कुबूल करो, फिर निकाह। नासिर मियाँ की बेगम बनकर घर जाओ।" क्रूर हँसी हँसा नासिर। उसके साथियों ने उसका साथ दिया।

"और हाँ! तुम्हारे बाबा पुलिस-पुलिस खेल रहे हैं। देखता हूँ कि कब तक खेलते हैं या पुलिस उन्हें खेलाती है। तुम्हें सुबह इसलाम कुबूल करना होगा। जितनी जल्दी समझ जाओ, तुम्हारे लिए अच्छा।" कहते हुए नासिर अपने साथियों के साथ चला गया। दरवाजा बाहर से फिर लॉक हो गया।

भय, संकोच, अपमान और असंतोष की अनेक बर्छियाँ मेरे भीतर चुभने लगीं। विवश निढाल हो गई। कितना खूँखार, घिनौना और शातिर है यह नासिर। हिंदू लड़कियों का अपहरण कर चीन में बेच देता है···तो क्या मुझे भी चीन में बेच देगा। पहले इसलाम कुबूल कराएगा। निकाह कर अपनी बीवी बनाएगा। फिर···।

इसके आगे वह सोच न सकी। मन से बार-बार एक ही आवाज निकलती, 'रौनक! तू इसलाम कबूल नहीं कर सकती। तू हिंदू है हिंदू!' किशोर खेतवानी की बेटी। पुराने लोग आज भी उनकी इज्जत करते हैं। मुसलमान भी शायद···। खिड़की के पास खड़ी हुई। वह बाहर से लॉक थी। रोशनदान की ओर देखी, शीशे की चमक मद्धिम पड़ रही थी। शीशा साफ था, लेकिन मटमैला दिखाई पड़ रहा था। शायद सूरज ढल रहा था। उसका पीला प्रकाश रोशनदान के शीशे को मटमैला बना रहा था।

रात नौ बजे नासिर कमरे में आया। उसके पीछे वही औरत थी, जो दोपहर में खाना लेकर आई थी। अब भी उसके हाथ में डोंगा और प्लेटें थीं। उसने उसे सेंट्रल टेबल पर रख दिया और बाहर चली गई। थोड़ी देर में वापस आई तो उसके हाथ में व्हिस्की की बोतल और सोडा था। उसे भी सेंट्रल टेबल पर रखकर वह वापस जाने लगी। चेयर पर बैठे नासिर ने रोका और बोला, "बनाओ।" वह उसका मुँह देखने लगी, मानो पूछ रही हो, एक या दो।

"मेरे लिए।" नासिर उसका आशय समझकर बोला।

"जी।" वह गिलास में व्हिस्की के साथ सोडा मिलाने लगी। पेग बनाकर उसने नासिर को थमाया।

"कुछ और नहीं लाई क्या?" नासिर ने पूछा।

"हुजूर शाहजादे! कबाब टिक्का लगाऊँ?"

"नहीं।"

"काजू की नमकीन और पिस्ते लाओ।"

वह औरत भागकर गई और काजू-पिस्ते की प्लेटों के साथ हाजिर हुई।

"रख दो और जाओ।" नासिर ने आदेश दिया। वह चली गई।

नासिर ने जाम उठाया, मेरे होंठों के पास लाकर बोला, "एक घूँट का शौक फरमाएँगी रौनक बीवी।" मुझे उबकाई-सी आने लगी। मैंने घृणा से मुँह फेर लिया। वह हो-हो कर हँसने लगा, फिर बोला, "मैं तो मजाक कर रहा था।" फिर वह जाम अपने होंठों से लगा लिया। एक पेग वह चुपचाप पी गया। इस बीच उसकी निगाहें मेरे चेहरे और शरीर पर लगी रहीं। उसने दूसरा पेग बनाया। इसे होंठों से लगा, एक घूँट हलक में उतारने के बाद वह बोला, "कुछ खाया या वैसी ही रह गई।"

"…।" मैं चुप रही।

"नहीं खाया तो मैं लगाता हूँ। खा लो।" नासिर दूसरा लंबा घूँट पी गया।

"…।"

"गूँगी मत बनो, रौनक! खाना खा लो और जैसा कहा जाए, वैसा करो।" नासिर की आवाज थोड़ी तल्ख थी। वह बाकी की शराब एक बार में पी गया और सेंट्रल टेबल पर खाना लगाने लगा। दो प्लेटों में खाना लग गया। रुमाली रोटी। मशरूम की सब्जी। स्टार्टर में वेज क्रिस्पी।

"लो खाओ। शुद्ध शाकाहारी है।" नासिर ने तीसरा पेग ढालते हुए कहा।

"…।" चुपचाप मैंने मुँह फेर लिया।

नासिर गिलास की करीब आधी दारू एक साथ गटककर कुरसी से उठा और मेरा हाथ पकड़कर बोला, "खाना खा लो, रौनक।"

मैंने क्रोध से हाथ झटककर छुड़ा लिये। बची हुई दारू गटककर वह चीखा "रौनक!" उसकी आँखें रक्त कनेर के बीज की तरह थोड़ा बाहर आ गईं। मैं अंदर तक हिल गई। उसने गिलास में चौथा पेग खाँटी दारू का डाला। भर मुँह गटककर बोला, "रौनक बीवी! तुम्हें सुबह मौलवी के सामने पेश किया जाएगा, जहाँ तुम्हें इसलाम के इल्म बताए जाएँगे। इसके पहले तुम इसलाम के लिए कबूलनामा स्वीकार करोगी।"

"मैं मर जाऊँगी, इसलाम कुबूल नहीं करूँगी।" मैंने पूरी शिद्दत के साथ चीखकर कहा।

"अच्छा! तू इसलाम भी कुबूल करेगी और मुझसे निकाह भी करेगी।"

वह मेरे नजदीक आ गया। मेरा हाथ पकड़कर बोला, "देख रौनक! मेरी हसरत तुझसे निकाह करने की है। बिना इसलाम कुबूल किए वह मुमकिन नहीं। यही तुम्हारे और तुम्हारे खानदान के लिए मुफीद है। तुम इसलाम के मजहबी मुल्क की रियाया हो। दो परसेंट की आबादी और उनकी रवायतों के साथ अपमान और बेइज्जती की जिंदगी से बढ़िया है कि इसलाम में सुकून की जिंदगी जिओ। पाकिस्तान किसी गैर-मुसलिम को अब बरदाश्त नहीं करेगा। यह मुल्क काफिरों के लिए नहीं है रौनक! मेरी बेगम बनकर अपने वालिदों को समझाओ। अपने खानदान को दोजख में जाने से बचाओ।" नासिर की आँखों में लाल डोरे उतर आए थे।

"माफ करें नासिर भैया! मैं आपकी बात कुबूल नहीं कर सकती।"

"क्या··· ?" नासिर ने बची हुई सारी दारू अपने भीतर उतार दी।

"काफिर की औलाद!" कहते हुए उसने अलमारी खोली। बड़ा सा चमचमाता चाकू निकाला। 'हरामजादी, बदजात' जैसी गाली देते हुए मेरी ओर बढ़ा। मैं भय से कमरे के एक कोने में आँख मूँदकर दुबक गई। उसने चाकू वेग से मेरी गरदन की ओर बढ़ाया।

मौत के जबड़े में खिंचते हुए चेतना शून्य होने लगती है। मेरी स्थिति भी वैसी ही हो गई। उसके चाकू ने एक ही झटके में गरदन से नीचे तक मेरे शूट को फाड़ दिया। सामने से मैं नंगी हो गई। मेरे दोनों वर्तुल उरोज उघड़ गए। मेरे मुँह से निकला।

"मारो। मार डालो।"

"नहीं! तुझे मारूँगा नहीं। तेरी ये दोनों मीनारें नींव से काट डालूँगा। फिर तेरी देह सड़ेगी। तू कैंसर से मरेगी।" वह धार के उलट चाकू मेरे चूचुकों पर घर्षित करने लगा। उसका क्रूर अट्टहास गूँज उठा।

"तो ले काट डाल।" मेरी छाती स्वाभिमान से पुलककर फूल गई।

"ठीक है···।" उसकी आँखों से चिनगारियाँ झड़ने लगीं। वह चाकू तानकर आगे बढ़ा। मेरी आँखें अपने आप मुँद गईं। उसका चाकू मेरे पेट के नीचे घुसा। पैंटी सहित सलवार फटकर नीचे गिर गई। मैंने फटी सलवार उठाने की कोशिश की। उसने उसे पैर से दबा लिया। भागकर मैंने बेड कवर से अपनी लाज छुपाने की कोशिश की। दरिंदे ने उसे भी छीनकर वॉशरूम में फेंक दिया और मुझे बेड पर पटककर दबोच लिया। मैं बर्छी से बिंधे साँप की तरह ऐंठकर रह गई।

एक घंटे बाद। उसने मुझसे कहा, "मेरी हसरत अब भी तुझे बीवी बनाने की है। तेरे सामने दो ही रास्ते हैं। तू इसलाम कुबूल कर मुझसे निकाह कर ले या जो वे दोनों आए थे, तुम्हें चीन भेज देंगे। तुम्हें दो में एक कुबूल करना है, मैं या चीन।" वह उठा। अलमारी खोलकर सलवार और शरारा निकालकर दिया और मेरे फटे कपड़े उसी में रख दिए। चलते-चलते बोला, "इसे पहन लो। नए कपड़े लेकर वह औरत सुबह आएगी। कपड़े कुबूल करोगी तो कल मौलवी लोग तुम्हें इसलाम का खिदमतगार कुबूल करेंगे। मैं समझ लूँगा कि तू इसलाम अपनाने को तैयार है। नहीं तो तुम्हें चीन भेजने की व्यवस्था कल ही कर दी जाएगी।" वह बाहर निकल गया। दरवाजा लॉक हो गया।

मैंने आँखें खोलकर कमरे की निस्तब्धता से साक्षात्कार किया। दृष्टि दीवार पर जड़े शीशे से टकराई। उफ! लाज, अपमान और असहाय-बोध से तड़प उठी। शीशे में मेरी नंगी देह प्रतिबिंबित हो रही थी। दौड़कर वॉशरूम में गई। काश! शावर से पानी नहीं तेजाब गिरता। वापस आकर सलवार और शरारा पहन लिया। छत की ओर देखा, पंखा अपने वेग पर चल रहा था। उसकी सरसराहट कानों में फुसफुसा रही थी—'तुम्हें दो में एक कुबूल करना है, मैं या चीन।' नहीं··· मैं किसी को कुबूल नहीं करूँगी। आत्महत्या कर लूँगी, पर कैसे? उसी चाकू से कलाई की नस काट लूँगी। फुर्ती के साथ उठी, अलमारी का पल्ला खोलने लगी। वह लॉक थी। हारकर बैठ गई। आत्महत्या के और रास्ते भी हो सकते हैं।

सलवार की डोर··हाँ! हाँ!! सलवार का नाड़ा सूत की रस्सी का है। फाँसी के लिए ठीक होगा। हलके से झटके ने नाड़ा खोल दिया। सलवार उतारकर दाँत से नाड़ा काटने लगी। शरीर पर नासिर के दाँतों के निशान जलन पहुँचाने लगे···। मुझे आत्महत्या करनी ही होगी। नासिर का क्रूर चेहरा आँखों के सामने घूमने लगा। कानों में आवाज गूँजने लगी। 'तुम्हारे वालिद पुलिस-पुलिस खेल रहे हैं···।' तो क्या बाबा पुलिस में गए हैं? एफ.आई.आर. हुई है? बाबा समर्पण नहीं, संघर्ष कर रहे हैं? आँखों के सामने से नासिर का चेहरा हट गया। बाबा की मूर्ति साकार हो गई। पुलिस, हिंदू संगठन, सिंध के संभ्रांत लोगों के बीच गुहार लगाते···। मेरी अंतरात्मा ने पूछा, 'क्या आत्महत्या बाबा के संघर्ष को कमजोर करना नहीं होगी? क्या कर्म और पुरुषार्थ करनेवाले बाबा को झटक देने जैसा यह नहीं होगा? क्या मुझे बाबा का सहयोग नहीं करना चाहिए? मरना है तो संघर्ष करते-करते मरूँ। अपने लोगों के बीच, उनके साथ मरूँ। नहीं··! मैं आत्महत्या नहीं करूँगी। मैं जिऊँगी। इसलाम

कुबूल करूँगी। नासिर से निकाह करूँगी और लड़ूँगी।'

हथेलियों ने आँसू पोंछ दिए। दाँत आपस में भिंच गए। मैंने कमर पर सलवार का नाड़ा बाँध लिया। जैसे गिरह में संकल्प की गाँठ बाँधी जाती है।

सुबह। मसजिद के मुख्य हॉल में मुझे लाया गया। तीन मौलवी मौजूद थे। इनमें से एक नासिर का वालिद था। नासिर और उसके दोस्त भी बैठे थे। मुझसे इसलाम कुबूल करने की रजामंदी के बारे में पूछा गया। मैंने हाँ में सिर हिलाया। फिर मुझे इसलाम के पाँच सिद्धांत बताए गए—शहादा, सलात या नमाज, सौम या रोजा, जकात और हज। इनके बारे में विस्तार से समझाया गया। फिर इनमें से एक मौलवी, जो ऊँचे आसन पर बैठा था, बोला, "अब तुम मेरे साथ पाठ करो।" उसने कलमा पढ़ा और मुझे दुहराने को कहा, "ला इलाहा इल्लल्लाह मुहम्मदुर्रसूलुअल्लाह।" मैंने इस कलमे को दुहराया। उसने कहा, "तुमने मुहम्मद रसूल के लिए शहादा कर दिया। अब तुम काफिर नहीं, गुलाम रसूल की खिदमतगार हो। पाँच वक्त की नमाज जरूर अदा करना।" मैंने मौलाओं को आदाब किया। वह औरत मुझे कमरे में ले गई। दो घंटे बाद नासिर से मेरा निकाह करा दिया गया। आज का दिन उनकी जीत और उत्सव का दिन था। वे पकवान उड़ाने और हिंदुओं पर व्यंग्य करने में मशगूल थे। मैं चार-पाँच औरतों के बीच नजरें झुकाए बैठी थी। शर्म, हार और गुलामी के बोझ से।

मेरे सामने किसी भटके बनतीतर सी मटियाली शाम आ रही थी। आकाश में सूरज का रक्तमुख गोला लाल जंगली बिल्ले जैसा उसके पीछे पड़ा था। मसजिद के लाउडस्पीकर से आवाज गूँजी, लोग शाम की नमाज और अजान के लिए खड़े हो गए। बुर्ज पर सब्ज, सफेद, चितकबरे कबूतर डरे-सहमे डैने फड़फड़ाते इधर-उधर उड़ने लगे। मैं थी तो नमाज की पंक्ति में, लेकिन दिल की गहराइयों में यह दृश्य उतर रहा था।

रात आई। नासिर ने दारू चढ़ाई और हर कोण से मुझे नोचा-खसोटा। सुबह हुई। वह बाहर गया। घंटे भर बाद वापस आया तो बेतहाशा गालियाँ देने लगा। हरामी, बदजात, सूअर की औलाद तुझे और तेरे वालिद को जिंदा जला दूँगा।

मैं उसका मुँह देखने लगी। वह 'डॉन' और 'जंग' अखबार मुझे थमाते हुए बोला, "पढ़ इसे।" मैंने अखबार देखा। हेडिंग थी—

'सिंध के जकोबाबाद में नाबालिग हिंदू लड़की का अपहरण : जबरन बनाया गया मुसलमान।'

जकोबाबाद। पिछले शनिवार को शहर के कपड़ा व्यवसायी किशोर खेतवानी की नाबालिग बेटी रौनक का अपहरण शहर के ही मौलवी के बेटे नासिर ने कर लिया। यह अपहरण तब हुआ, जब वह वहाँ के माँ जगन्मोहिनी मंदिर में दर्शन और पूजन कर रही थी। अपहर्ताओं के साथ कई नौजवानों ने मंदिर में तोड़-फोड़ की और माँ जगन्मोहिनी की मूर्ति को क्षति पहुँचाई। यह मंदिर खेतवानी के पूर्वजों द्वारा बनाया गया है।

नाबालिग रौनक को अपहरण के बाद अमरोत शरीफ के अली जहाँ मसजिद में रखा गया है, जहाँ नासिर के वालिद मौलवी हैं, यहीं उससे जबरन इसलाम कुबूल करवाया गया। बाद में उसका निकाह नासिर से करा दिया गया। नाबालिग रौनक के वालिद किशोर खेतवानी ने जकोबाबाद पुलिस में रिपोर्ट दर्ज कराई। पहले तो पुलिस ने रिपोर्ट दर्ज करने में आनाकानी की। सोशल मीडिया पर जब सिंधी स्टूडेंट्स तथा हिंदू संगठनों ने खबर वायरल कर दबाव बनाया, तब भी जकोबाबाद पुलिस तहकीकात के नाम पर नाटक करती रही। किशोर खेतवानी ने बिना देर किए जकोबाबाद की अदालत में मुकदमा दाखिल कर फरियाद की गुहार की। अदालत ने पुलिस को आरोपियों पर तुरंत मामला दर्ज कर अदालत में चौबीस घंटे के अंदर हाजिर करने का आदेश दिया। रौनक और उसके परिवार को भी कड़ी सुरक्षा देकर अदालत के सामने पेश कराने का हुक्म फरमाया। पुलिस ने आरोपियों के खिलाफ बाल विवाह अधिनियम के तहत मुकदमा कायम कर लिया है। वह गिरफ्तारी के लिए दबिश दे रही है।

मैंने अखबार सेंट्रल टेबल पर रख दिया। संयत होकर बोली, "मैं तो तुम्हारी बीवी हो गई। अब यह सब क्या है?" नासिर के माथे पर खिंची तनाव की लकीरें थोड़ी हलकी हो गईं। मेरे पास बैठकर उसने प्यार से कहा, "मेरी हसरत पूरी हो गई रौनक! यह बात तुम अपने वालिद को समझा। तू मेरी बीवी है, मैं तेरा शौहर। इसी में सबकी भलाई है।"

"मुझे उनसे मिलवाओ तो बात करूँ।"

"तुम सच कह रही हो रौनक!"

"अब तो यही सच हो गया है।" मैंने अपने भीतर की आग दबाकर कहा।

"अच्छा! तुम नहा-धोकर तैयार हो जाओ, मैं सोचता हूँ।" नासिर कमरे के बाहर चला गया।

नासिर के बाहर जाते ही मेरी कल्पना को पंख लग गए। बाबा और मेरा

परिवार कितना हलकान है। कोर्ट तक जाने में बाबा को कितने पापड़ बेलने पड़े होंगे। हमारे हँसते-खेलते सुखी परिवार की छाती पर संघर्ष का यह कँटीला पेड़ कितना त्रासद होगा? कब तक··· ? क्या मैं बाबा से, माँ से, छोटे भाई से फिर मिल सकूँगी?

"आप अभी तक बैठी हो, बीवी जान! तैयार हो जाओ। शहजादे साहब कुछ परेशान हैं।" वही औरत कमरे में आकर बोली, जो पहले दिन से मेरे पास आती रही।

मैं चुपचाप उठ गई। बाहर अँधेरे की लंबी उँगलियों की पहुँच के परे सूरज का फूल खिल उठा था। उसकी एक किरण हाथ में चमचमाता नेजा लिये किसी नवेली दुलहन सी झुक-झुककर कमरे में आ गई थी। मैं वॉशरूम में घुस गई। बाहर निकली तो नासिर मेरे उन कपड़ों को, जिसे उसने चाकू से फाड़ दिया था, उस औरत को सहेजते हुए बोला, "इसे ले जाकर अभी जला दो।" फिर मेरी ओर देखकर बोला, "जल्दी करो, हमें अभी निकलना होगा।" कहकर वह बाहर चला गया। बाहर कुरसी पर वे ही लोग बैठे थे, जो मुझे स्कॉर्पियो में लाते वक्त नासिर के साथ थे।

"भैया, तुरंत निकल चलो। पुलिस किसी भी समय आ सकती है।" नासिर को देखते ही उनमें से एक बोला। "बस निकल रहा हूँ," कहते हुए नासिर ने आवाज दी, "रौनक!" मैंने सुनकर भी अनसुना कर दिया। नासिर मेरे कमरे की ओर बढ़ा कि उसके पाँव ठिठक गए। सामने पुलिस की दो वैन आकर रुकीं। उनमें से एक दर्जन पुलिसकर्मी उतरे। इंस्पेक्टर आगे बढ़ा और कड़ककर बोला, "सब अपनी जगह पर बैठे रहो। तुम भी इधर आ जाओ।" इंस्पेक्टर ने नासिर की ओर मुखातिब होकर इशारे से बुलाया। नासिर उलटे पाँव वापस होकर अपने साथियों के साथ बैठ गया।

"तुममें से नासिर कौन है?" इंस्पेक्टर ने पूछा।

"जी! मैं नासिर हूँ।"

"और तुम लोग?" इंस्पेक्टर नासिर के दोस्तों से मुखातिब था।

"ये मेरे दोस्त और मसजिद के खिदमतगार हैं।" नासिर ने जवाब दिया।

"ओह! और मसजिद के मौलाना कहाँ हैं?"

मौलवी अब तक बाहर आ चुके थे। सफेद कुरते और सफेद दाढ़ीवाले चेहरे पर शातिर आँखें इंस्पेक्टर को घूर रही थीं।

"क्या बात है इंस्पेक्टर! आप लोग यहाँ कैसे?"

"आपकी तारीफ?" इंस्पेक्टर ने पूछा।

"मैं मसजिद का सर्वराकार मौलवी हूँ।"

"जी! वह लड़की रौनक कहाँ है?" अपना नाम सुनकर मैं बाहर आ गई।

"जी सर! मेरा नाम रौनक है।" मैं निस्संकोच इंस्पेक्टर के सामने खड़ी हो गई।

"क्या बात है इंस्पेक्टर! तुम मेरी बहू को क्यों पूछ रहे हो?" मौलवी रौब में आ गया।

"रौनक का अपहरण आप और आपके बेटे ने किया है।"

"क्या बकते हो? रौनक यहाँ अपनी मर्जी से आई है। वह नासिर से शादी करना चाहती थी, इसलिए उसने इसलाम कुबूल किया है।"

"आपको जो कहना है, कोर्ट में कहिएगा। आप लोग गिरफ्तार किए जाते हैं।"

"इंस्पेक्टर तुम होश में तो हो न!" मौलवी की आवाज तल्ख हो गई।

इंस्पेक्टर ने महिला कॉन्स्टेबल को इशारा किया। उसने रौनक का हाथ पकड़कर गाड़ी में बैठा दिया, बाकी पुलिसकर्मियों ने नासिर और उसके साथियों को हथकड़ी डालकर गाड़ी में बैठाया।

"आप भी गाड़ी में बैठ जाएँ प्लीज!" इंस्पेक्टर ने मौलवी से इज्जत के साथ अनुरोध किया।

"तुम मुझे गिरफ्तार करोगे?" मौलवी ने अपनी आँखें इंस्पेक्टर के चेहरे पर गड़ा दीं।

"मजबूरी है। कोर्ट का वारंट है। मुझे आप लोगों को चौबीस घंटे के अंदर कोर्ट में हाजिर कराना है। चलिए।" इंस्पेक्टर ने आगे बढ़कर इशारा किया।

मौलाना भी वैन में बैठ गया। दोनों वैन जकोबाबाद की ओर चल पड़ीं।

तीन दिन बाद मैं आज खुली हवा में साँस ले रही थी। पेड़ों की न खत्म होनेवाली कतार। तिरछी पड़ रही छायाओं का सिलसिला। इनके बीच से न रुकने के लिए चली जा रही थी मैं। बिना जाने, बिना समझे कि इस यात्रा का परिणाम क्या होगा? कैसा होगा? पेड़ों से टूटते पत्ते भटकती रूहों की तरह उड़ते हुए, मेरे आगे गिरते। मैं कभी इन्हें देखती, कभी खुद को।

तीन बजे वैन जकोबाबाद कोर्ट के सामने रुकी। हमें न्यायाधीश गुलाम अली

कंसारो की अदालत में पेश किया गया। नासिर के वकीलों ने पहले ही अपहरण और जबरदस्ती निकाह को गलत ठहराया था। उनका कहना था कि धर्मांतरण और निकाह लड़की की रजामंदी से हुआ है। लड़की नासिर की इसलाम के अनुसार कानूनी और धार्मिक तरीके से बीवी है, इसलिए वह नासिर के साथ रह रही है। उसे रहने दिया जाए। बाबा के वकीलों की दलील और मेरे नाबालिग होने के स्कूली प्रमाण-पत्र को देखकर जज ने कहा, "यह निकाह यदि रजामंदी से हुआ है तो भी 'सिंध बाल विवाह नियंत्रण कानून, 2013' के अनुसार उचित नहीं है।"

जज ने फिर कहा, "रौनक यदि अपने वालिद के साथ रहना चाहे तो रहे, अन्यथा उसे बाल संरक्षण गृह में भेज दिया जाए।"

जज कंसारो ने मुझसे पूछा, "तुम कहाँ रहना चाहोगी?"

"अपने बाबा के साथ।" मैंने कहा और बाबा के बगल में खड़ी हो गई।

नासिर ने मेरी ओर देखकर दाँत पीसा। मैं बाबा की ओर देखने लगी।

"लड़की को पुलिस सुरक्षा में उसके वालिद के साथ घर भेजा जाए और आरोपियों को हिरासत में लिया जाए।" जज साहब कहकर उठ गए। मैं बाबा के साथ घर आ गई। घर पर हिंदू समुदाय के सदस्यों, मानवाधिकार संगठनों, सिंधी राष्ट्रवादी समाज, पाकिस्तान पीपुल्स पार्टी की महिला सदस्यों और सिंध सूफी संगत के लोगों ने मेरा स्वागत किया। बाबा ने बताया कि तुम्हें इंसाफ दिलाने के लिए इन लोगों ने शहर में प्रदर्शन आयोजित कर विरोध जताया था।

···लेकिन आज शहर बंद था। मुसलिम धार्मिक संगठनों ने इस बंद का आह्वान किया था। उनका कहना था कि रौनक ने स्वेच्छा से धर्म परिवर्तन किया है। अब वह मुसलमान है। हम उसे काफिर के घर में नहीं रहने देंगे। उनका विरोध उग्र होता जा रहा था। अत: रातोरात मुझे बुर्के में सेहवन कस्बे के संतलाल शहबाज कलंदर की दरगाह पर पहुँचा दिया गया। बाबा भी किसी तरह वहाँ आ गए। मेरी मुलाकात उनसे एकदम सुबह हुई।

"रौनक!" मेरे सिर पर एक स्नेहिल स्पर्श महसूस हुआ। मैंने देखा बाबा थे। मेरी आँखों से आँसू निकल पड़े।

"ना! रौनक ना!! रोना नहीं। मेरी बात ध्यान से सुनो।" कहते हुए उन्होंने मेरे आँसू पोंछ दिए।

"तुझे याद है रौनक, इस बार हमें माँ वैष्णो देवी की यात्रा पर जाना है न!" बाबा ने कहा।

"बाबा···!" मैं एकटक उनका मुँह देखने लगी, फिर बोली।

"बाबा! ऐसे में हम जम्मू···।"

"कैसे जाएँगे?" उन्होंने बात पूरी कर दी।

"पासपोर्ट और वीजा तो पहले से तैयार है। टिकट मैंने कराची से सतवाड़ी हवाई अड्डा के लिए बुक कर लिया है। हम आज ही कराची चल देंगे। शाम 5 बजे की फ्लाइट है।" बाबा चुप होकर मुझे देखने लगे। मैंने निगाहें झुका लीं। मुझे तैयार होने को कहकर बाबा दरगाह के पीर के आवास की ओर चले गए। दो घंटे बाद पीर बाबा ने दरगाह की गाड़ी से मुझे और बाबा को कराची के जिन्नाह एयरपोर्ट भेजवा दिया। सिक्योरिटी चेकिंग से ओके होने के बाद हम लाउंज में आ गए। अनाउंस हुआ। हम एयर बस पर सवार हुए। फिर प्लेन में। फिर फ्लाई कर गए। मेरे और बाबा के जान में जान आ गई। उनके होंठों पर सफलता की स्नेहिल मुसकान खिल गई।

मैंने प्लेन के विंडो स्क्रीन के पार देखा इंद्रधनुष उग आया था। खंड-खंड टूटता, वह हमारे साथ चल रहा था। मैं सोचने लगी कि हर इंद्रधनुष टूटता है और टूटकर जुड़ता नहीं। हवाएँ उसे उड़ा ले जाती हैं। इसी इंद्रधनुष की भाँति वह उगी थी। माँ-बाबा की गोदी में। अब वह टूट रही है। वक्त की हवा उसे उड़ा रही है।

जम्मू में रहते एक सप्ताह हो गए। हमने तय किया कि हम हिंदुस्तान में शरण लेंगे। यहाँ से दिल्ली चलेंगे।

नई दिल्ली जंक्शन। ऑटो स्टैंड पर हम खड़े थे। बाबा को तेज बुखार था। शरीर तप रहा था। मैं उन्हें सँभाले थी। ऑटो सामने रुक गया। बाबा लपककर उसमें बैठ गए। मैंने उनका अनुसरण किया। स्टैंड के बाहर सड़क पर चालक ने पूछा, "कहाँ चलें?" बाबा को उलटी होने लगी। उनकी उलटी में चालक की आवाज दब गई। उसने ऑटो रोककर उलटी के बाद बाबा को बोतल का पानी देकर मुँह धुलाया। फिर पूछा, "कहाँ चलें?" इस बार वह मेरी ओर मुखातिब हुआ। एक क्षण के लिए उसकी निगाह मुझ पर स्थिर हुई।

"किसी सिंधी धर्मशाला में ले चलो।" बाबा ने लड़खड़ाते स्वर में कहा।

"कहाँ के? जगह तो बताएँ बाबूजी।"

"झंडेवालान। झूलेलाल मंदिर।" बाबा के मुँह से अचानक निकला।

"आप लोग कहीं दूर से आ रहे हैं? काफी थक गए हैं।" उसने ऑटो स्टार्ट करते हुए कहा।

"हाँ।" बाबा ने कहा।

"किस ट्रेन से उतरे हो, बाबूजी?"

"जम्मू मेल से।" कहते हुए बाबा को फिर उलटी होने लगी।

उसने ऑटो रोककर उनका मुँह धुलाया। माथे पर हाथ रखकर बोला—

"बाप रे! बाबूजी को तो बहुत तेज बुखार है।" उसने मुझे नीचे से ऊपर तक घूरा। फिर बोला, "मेरी एक राय मानें बाबूजी! पहले डॉक्टर को दिखा लें, फिर जहाँ जाना हो जाएँ।"

"यहाँ हम किसी डॉक्टर या अस्पताल के बारे में नहीं जानते।" बाबा ने कहा।

"आप निश्चिंत रहें। मेरे साथ चलें। मैं डॉक्टर को दिखा देता हूँ। बाद आपकी जहाँ इच्छा हो, चले जाएँ।" ऑटो चालक ने कहा।

"हम वैसे ही बहुत सी मुसीबतें झेल रहे हैं। क्या हमें आपका साथ निरापद मान लेना चाहिए?" बाबा ने आशंका प्रकट की।

"मैं मयूर विहार में रहता हूँ। वहाँ अपने दोस्त के साथ बहुत छोटी-सी फैक्टरी चलाता हूँ। संघर्ष हम भी कर रहे हैं। यहाँ डॉक्टरों को मैं जानता हूँ। उन्हें आप दिखा लें, फिर जैसा चाहें निश्चय और निर्णय कर लीजिएगा।"

बाबा चुप हो गए। ऑटो मयूर विहार के लिए चल पड़ा। मेरी आँखों के सामने भागती और मोड़ लेती रोशनी की चौड़ी रेखाएँ एक-दूसरे से गुँथ रही थीं। आवाजों और आवाजों के ताने-बाने से आकाश का छोटा दायरा बुन गया था, पर मेरा हृदय निस्तब्ध था।

सहसा यमुना के जल में हिलकोर उठी। सन्नाटा टूट गया। साथ ही टूट गया उसका ध्यान। एक लंबी साँस का आभास हुआ। जल के ऊपर सूँड़स उतराया। फिर अंदर डूब गया। रौनक की सोच भंग हुई। सुनाई पड़ा कोई रौनक···रौनक कहकर पुकार रहा था। आवाज हसनैन के समाधि की ओर से आ रही थी। शाम के झुटपुटे में नीलू उसे पुकारता हुआ, इधर ही आ रहा था।

□

समय चाहे जैसा हो, मानवता मरती नहीं। उसके बीज अमर हैं। जड़ें अत्यंत गहरीं। देवकली मंदिर औरैया के बड़े पुजारीजी और उनके जैसे लोगों ने इसे सिद्ध किया। लॉकडाउन का समय अनेक विडंबनाओं और विद्रूपताओं के लिए याद किया जाएगा तो पुजारीजी जैसे लोगों की सदाशयता के लिए भी। नीलू और रौनक

यही गुनते हुए औरैया से निकल रहे थे। पुजारीजी ने टिकट की व्यवस्था और रास्ते का खर्च देकर उन्हें मंदिर की गाड़ी से इटावा स्टेशन भेजवा दिया। नीलू बनारस जा रहा था। थके-हारे जुआरी की तरह, हाथ झाड़कर। स्पेशल श्रमिक एक्सप्रेस के एक कंपार्टमेंट में, मास्क और सैनिटाइजर की सावधानियों के साथ। रौनक सामने के बर्थ पर। औरैया से निकलते वक्त उसके हृदय में एक हूक सी उठी। उसने बार-बार इस धरती को नमन किया। इस धरती पर हसनैन की कब्रगाह है। यह उसके लिए किसी औलिया पीर की मजार से कम नहीं।

सचमुच हसनैन औलिया था। स्वभाव से फक्कड़! मतीन शख्सियत। दिल्ली में मैं नीलू नाम का प्राणी उसी की बदौलत टिक सका था। उसे वे दिन याद आने लगे, जब वह दिल्ली में काम-धंधे के लिए आया था। उसके भीतर की गहराई में अतीत की लहर उछलने लगी।

वाराणसी की उत्तरी सीमा पर एक गाँव हरिशंकरपुर। मैं यहीं पैदा हुआ। पिता छटंकी प्रसाद छोटे से गरीब किसान। एक बीघा कुल जमीन। इस जमीन की खेती से चार महीने के भोजन का गुजारा भी मुश्किल से होता। पिता छटंकी प्रसादजी हरफन मौला। पंडिताई, ओझाई-सोखाई, लोगों के फटे में टाँग अड़ाना, गाँव के लोगों के झगड़े में एक पक्ष की ओर से मुकदमे की पैरवी, गाँव के बनिया की जी-हुजूरी उनका पेशा था। माँ ने एक भैंस पाल रखी थी। वे उसकी सेवा करतीं। सानी-पानी, गोबर में लगी रहतीं। दूध और कंडे पाथकर बेचतीं। मैंने किसी तरह बगल के कॉलेज से ग्रेजुएशन कर लिया।

पिता जुबान के तेज थे। गाँव में किसी से उनकी पटती नहीं थी। दोस्त न के बराबर। दुश्मन अधिक। घर में भी भाइयों से उनकी कम ही पटती। किसी-न-किसी भाई को साथ में मिलाते तो दूसरे से उठापटक करते। दरवाजे पर एक कुतिया रहती। उसने कई पिल्लों को जन्म दिया था। ये पिल्ले जगह-जगह गंदगी करते। पिताजी के एक भाई गाँव में रहते बाकी तो शहराती थे। गाँववाले भाई यानी चाचा से प्राय: झगड़ा होता। उस दिन कुत्तों की गंदगी को लेकर झगड़ा हुआ। बात फौजदारी तक चली गई। आपस में सिर फुटौवल हुई। थाना पुलिस हुआ। दफा 151 में दोनों पार्टी बंद हुई। ऊपर से दफा 107, 117 में भी मुकदमा चला। नीलू भी जेल गया। जमानत हुई। मुकदमेबाजी में परिवार दाने-दाने को मुहताज हो गया।

मैंने तय किया कि मुझे शहर जाना चाहिए। कुछ काम-धंधा में लगना चाहिए। मेरे एक चाचा नोएडा में रहते थे। किसी कलर की फैक्टरी में सेल्स का काम देखते

थे। पहले तो उनसे भी पिताजी का झगड़ा था, लेकिन इधर काफी घनिष्ठता थी। पिताजी ने उनको फोन किया और मेरा दिल्ली जाना तय हो गया।

मैं नोएडा आ गया। अपने कलरवाले चाचा के यहाँ। चाचा चौड़ा में रहते थे। चौड़ा गाँव था, जिसमें अब बिहारियों की अवैध कॉलोनी बस गई है। गंदी, तंग गलियोंवाली। बरसात में बजबजाती। पानी के निकास के अभाव में बदबूदार। चाचा ने यहीं छोटा-सा फ्लैट बनाया था। नीचे एक कमरा, किचन और प्रवेश द्वार। ऊपर दो कमरे, क्योंकि किचन और प्रवेश द्वार की जरूरत नहीं। चाचा-चाची और उनके तीन बच्चे ऊपर के कमरों में रहते। नीचे मैं सोने-बैठने लगा। चाचा मेरे पिताजी के ही छोटे भाई थे न! सो स्वभाव में तल्खी और उजड्डता विरासत में मिली थी। मेरे सोने, उठने-बैठने, खाने-पीने, हर काम खुद करने की आदत के प्रति सतर्क रहते। चाची के काम में हाथ बँटाने के लिए विशेष चौकसी रखते। यहाँ-वहाँ स्माल स्केल फैक्टरी में इंटरव्यू के लिए भेजते। उनके यहाँ रहना तकुए की धार पर चलना था।

मेरी नौकरी हरिदर्शन अगरबत्ती बनानेवाली फैक्टरी में लग गई। सात हजार रुपए महीना और टूर के समय टी.ए., डी.ए. के साथ। मेरे जिम्मे मार्केटिंग का काम था। पहली पगार मिलते ही चाचा ने मुझे कह दिया, "नीलू! अब तुम अपने लिए कोठरी, कमरा लेकर अपनी व्यवस्था कर लो। बैसाखी के भरोसे तुम जीवन में सर्वाइव नहीं कर सकोगे।" मैं रात भर सोचता रहा कि सात हजार रुपया···कमरा पाँच हजार के नीचे नोएडा में कहाँ? फिर खाना-खर्चा, कपड़ा-लत्ता, फैक्टरी जाने का किराया-भाड़ा। टूर का पैसा तो रास्ते के खानपान और किराए में ही खर्च हो जाता···।

'तो···?' मेरे भीतर से आवाज आई।

"वही तो सोच रहा हूँ।"

"सोचने से क्रिया व्यापार नहीं चलता। करना पड़ता है। तुम्हें अपनी व्यवस्था तो करनी पड़ेगी। दूसरे के भरोसे जीवन नहीं चलता।"

मैंने एक सप्ताह के अंदर अपनी व्यवस्था कर ली और चाचा का घर छोड़ दिया। अभाव से तो मेरा पुराना नाता रहा। गाँव में अभाव और मुफलिसी तो सरपरस्त की तरह थे, फिर भी सुकून होता। जाने कौन सी ऊर्जा होती है, जो सारे अभावों के बीच एक आत्मश्लाघा बनाए रखती है। सब खाली होकर भी सब भरा लगता है। शायद आत्मगौरव का आभास। हाँ! यह आत्मगौरव ही होता है। यथार्थ में जिंदगी इससे चलती नहीं। यह अपने को छलने का क्रम होता है। खुश रहने को थोड़ा सा भ्रम होता है।

तीन महीने बीत गए। मैं अपनी व्यवस्था में रह रहा था। इन दिनों चाचा के यहाँ से कोई खोज-खबर लेने नहीं आया। जिंदगी की सच्चाई से मैं रूबरू था। मकान भाड़ा देने के बाद जो बचता, उससे किसी तरह गुजर-बसर होता। इधर बरसात में गलियों और अन्य स्थानों पर जमा पानी संक्रामक रोग फैलाने लगा। मुझे वायरल फीवर हो गया। फैक्टरी ने टूर प्रोग्राम बना दिया। मैंने भी सोचा कि टूर से कुछ आमदनी हो जाएगी। फिरोजाबाद जाना पड़ा। वायरल फीवर तो था ही, फिरोजाबाद में कुछ मच्छरों का प्रकोप भी झेलना पड़ा। लौटते वक्त मैं बस में ही संज्ञाशून्य हो गया। हसनैन मेरी बगल में बैठा था। उसने मुझे सँभाला।

"कहाँ जाओगे दोस्त?" हसनैन ने पूछा।

"नोएडा।" मैंने अर्धचेतना में जवाब दिया।

"वहाँ साथ में कोई और रहता है?"

"नहीं।"

वह चुप हो गया, पर मुझे सँभाले रहा। सहारा देकर मुझे बस से उतारा।

"आप मेरे साथ चलो। इस रात में अकेले से दो लोग अच्छे हैं। ठीक होने पर चले जाना।" उसने स्टैंड से अपना ऑटो निकाला और मुझे सहारा देकर पिछली सीट पर लिटा दिया। ड्राइविंग सीट पर बैठकर उसने ऑटो स्टार्ट किया। हम मयूर विहार आ गए।

ट्रेन की रफ्तार कम होने लगी। झटके में आउटडोर पर रुक गई। मैंने चौंककर देखा कि कानपुर आ रहा था। सामने बैठी रौनक की आँखें भी खुल गईं। मैंने बोतल का पानी उसकी ओर बढ़ाया। उसने दो घूँट पानी पिया, फिर बोतल वापस कर दिया।

विधि की विडंबना भी अजीब है। रौनक और मैं दोनों हसनैन से प्राय: एक जैसी परिस्थिति में मिले। मैं दिल्ली का होकर भी अकेला और निस्सहाय था। रौनक बाबा के साथ रहकर बेबस और असहाय। मैं देश का नागरिक। वह नागरिकता के लिए प्रयासरत। रोजी-रोटी की समस्या दोनों के लिए एक जैसी। सहारा दिया हसनैन ने।

उस रात जब रौनक और उसके बाबा किशोर खेतवानी को लेकर हसनैन आया तो उनके मन में अजीब आशंकाएँ थीं। किशोर का शरीर बुखार से तप रहा था। डॉक्टर ने उन्हें कंप्लीट बेड रेस्ट की सलाह दी थी। वे जिद कर रहे थे कि उन्हें तुरंत झूलेलाल मंदिर, झंडेवाला पहुँचा दिया जाए। हसनैन उन्हें समझा रहा था—

"बाबूजी, आपकी पीड़ा का अनुमान मुझे है। पाकिस्तान से आनेवाले नागरिक को अपना रिश्तेदार भी शरण नहीं देता, भले ही वह हिंदू क्यों न हो। दिल्ली के मंदिर-मसजिद··· सबका ज्ञान मुझे है। आप लोग यहाँ सुरक्षित रहेंगे और यथोचित सहयोग भी प्राप्त कर सकेंगे।" हसनैन चुप हो गया।

"आप निरंतर मेरी मदद कर रहे हैं। आप सज्जन और व्यवहारकुशल भी हैं। आप पर विश्वास करने का मन भी करता है, किंतु बेटा दूध का जला छाछ भी फूँककर पीता है।" किशोर ने कहा।

अब तक मैं चुप था। इतना सुनने के बाद मैंने हस्तक्षेप किया।

"बाबूजी! अपने विषय में निर्णय करने को आप स्वतंत्र हैं, किंतु मेरी कहानी सुन लीजिए, फिर जो उचित लगे, वह करिएगा।"

क्षण भर रुककर मैंने सबके चेहरे की ओर देखा। हसनैन सिर नीचे कर बैठा था। किशोर की आँखें भावहीन और रौनक की उत्सुक। मैं कहने लगा—

"उस दिन भी ऐसी ही रात थी। इसी तरह बुखार में तप्त मैं हसनैन से बस में मिला था। पेशकश करके वह मुझे यहाँ लाया। दिल्ली में अपने लोगों के होते हुए, मैं अकेला। एक छोटी सी नौकरी की पहली सैलरी प्राप्त होते ही अपनों ने मुझे अपने से दूर कर दिया। मैं निस्सहाय। हसनैन ने मुझसे कहा, 'नीलू, तुम मेरे साथ रहो। मैं फिनाइल बनाता हूँ। मेरे पास यह ऑटो है। बना माल इसमें रखकर कस्टमर को पहुँचाता हूँ। मेरे अकेले आदमी की मेहनत से इतना काम हो जाता है कि इस फ्लैट का किराया, बिजली का बिल, खाना-खर्च निकल जाता है। कुछ बच भी जाता है। मार्केट का काम तुम करते ही हो। आओ! हम दोनों भाई मिलकर इस काम को बढ़ाएँ।' मेरे मन में एक शंका उठी थी। एक मुसलमान मुझ पर इतना मेहरबान··· ? इस शंका को मैंने बलात् दबा दिया, किंतु उत्तर मुझे हसनैन के व्यवहार और ईमानदारी ने दे दिया। आज मैं खुश हूँ। खाता-पीता आदमी हूँ। घरवालों को भी सपोर्ट करता हूँ। इन सबसे अधिक मेरे पास एक सुख-दुःख का साथी है। हसनैन मेरे लिए बड़ा भाई है, मेरा सरपरस्त।

"बाबूजी! शंका छोड़कर आइए। हम चारों मिलकर इस धंधे को आगे बढ़ाएँ। आप जकोबाबाद के कपड़ा व्यवसायी तो रहे ही हैं। आपके अनुभव का लाभ मिलेगा। रही बात आपकी नागरिकता··· अभी तो आपका वीजा ही छह मास का रहेगा। आगे देखा जाएगा। समय आने पर नॉर्थ दिल्ली के डी.एम. के यहाँ अप्लीकेशन मूव कर दिया जाएगा।" नीलू चुप हो गया।

"बाबूजी! आपकी अनुमति हो तो सब लोग आराम करें। बातें सुबह की जाएँगी।" हसनैन ने अदब से किशोर की ओर देखा। किशोर और रौनक उठ गए। नीलू ने उन्हें अपने कमरे में भेज दिया।

"हसनैन आदमी तो शरीफ लगता है।" किशोर ने कहा।

"···।" रौनक चुपचाप बाबा की ओर देखने लगी।

किशोर ने आँखें बंद कर लीं। उसकी मुँदी आँखों में उसके लड़कपन का जकोबाबाद तैर गया। पूरे मोहल्ले में हिंदू-मुसलमानों का एक-दूसरे के लिए सहयोगी भाव। दुःख-सुख की परस्पर अनुभूति। एक-दूसरे के पर्व-त्योहारों में शिरकत। हिंदू-मुसलमान युवाओं की दोस्ती, खेलकूद, एक-दूसरे परिवारों के प्रति रिश्तों का अहसास! लड़के-लड़कियों की आँख में एक-दूसरे के लिए शील और आदर। हसनैन नए जमाने का मुसलमान नहीं लगता। इसके स्वभाव में कुछ सूफियानापन झलकता है। आहिस्ता-आहिस्ता बुखार दवा के प्रभाव से उतरने लगा था। किशोर की सोच भी क्षीयमाण होने लगी। उसे नींद आ गई।

सुबह सबसे पहले रौनक उठी। उसका ध्यान सामने दीवार में लगे काष्ठ मंदिर की ओर गया, बाँके बिहारी की बाँसुरीधारी मूर्ति। माँ आद्याशक्ति और कई मूर्तियाँ। उसने सिर नवाया। स्नान आदि से निवृत्त होकर विधिवत् पूजा की। बाहर आई तो देखा हसनैन चाय बना रहा था।

"आप बैठें। मैं चाय तैयार करके ला रही हूँ।" रौनक ने विनम्रता से कहा।

"आप मेहमान हैं। चाय मैं रोज बनाता हूँ। आज तो मेहमाननवाजी मेरा फर्ज है।" हसनैन ने तहजीब से कहा।

"फिर भी···यह अवसर मुझे देकर उपकृत करें।" रौनक ने आत्मीयता से कहा। हसनैन चुपचाप किचन से बाहर हो गया।

सब लोग हसनैन के कमरे में आ गए, जिसमें सोफा कम बेड था। नीलू ने उसे सोफा बना दिया था। चाय आ गई। रौनक ने ही सबको सर्व किया। सब एक साथ चाय की चुस्कियाँ लेने लगे। चाय के बाद नीलू ने कहा, "बाबूजी आइए, मेरे साथ।" नीलू किशोर को फ्लैट के पीछे ले गया। यहाँ शेड डालकर वर्कशॉप बनाया गया था। विभिन्न आकार के डिब्बे, बोतल, ड्रम में फिनाइल का केमिकल और पैकेजिंग के डिब्बे।

"अच्छा तो यह आप लोगों की फैक्टरी है। बढ़िया है।" किशोर ने कहा।

"यह हसनैन भाई की मेहनत का परिणाम है।" नीलू ने बताया।

'हसनैन बुद्धिमान, व्यवहारकुशल ही नहीं, कर्मठ भी है।' किशोर के मन ने उससे ही कहा। वे वापस आ गए। कमरे में कुछ देर चुप्पी रही। इसे तोड़ा किशोर खेतवानी की आवाज ने।

"हसनैन, तू न हिंदू है, न मुसलमान। तू तो सूफी संतान है!"

"बाबूजी! आप नजूमी हैं क्या? हाँ! मैं सूफी संतान हूँ।" हसनैन ने संजीदगी से कहा।

किशोर की आँखें चमक उठीं। सूफी संतों और सूफी मतावलंबियों के प्रति उनकी पुरानी आस्था थी। उनको और रौनक को बचाकर हिंदुस्तान भेजने की व्यवस्था करनेवाले भी तो सूफी पीर ही हैं। किशोर एकटक हसनैन को देखने लगे।

"हाँ बाबूजी। पटना शहर के पश्चिम, मनेर शरीफ में मखदूम याह्या मनेरी और मखदूम शाह दौलत की दरगाह है। ये दोनों सूफी संत थे। इसी दरगाह के खिदमतगार मेरे वालिद थे। उनके मरने के बाद कुछ ऐसा हुआ कि मुझे दरगाह छोड़नी पड़ी। मेरा मन भी फकीरी के बदले दुनिया के कार्यक्षेत्र में लगता था। अत: मैं मजार छोड़कर कर्म करने के लिए उतर पड़ा। कर्म के संघर्ष की अनेक राहों से गुजरते हुए, ऑटो चलाने लगा। ऑटो चलाते-चलाते फिनाइल की कंपनी में फिनाइल और अन्य क्लीनिंग के केमिकल बनाने लगा। अच्छी तरह सीखने के बाद अपना काम शुरू किया। आप लोग सहयोग करो तो हैंडवॉश और बाथरूम क्लीनर लिक्विड भी बनाया जाए। फॉर्मूला और हुनर आपके आशीर्वाद से है।" हसनैन किशोर की ओर देखने लगा।

"मैं तैयार हूँ।" किशोर ने खुशी से कहा। उनकी स्वीकृति से सब एक साथ प्रसन्न हो गए। रौनक उठी और किचन में चली गई।

किशोर खेतवानी की प्लानिंग और मैनेजमेंट से फैक्टरी ने गति पकड़ ली। हसनैन रॉ मैटेरियल से माल बनाने लगा। रौनक ने अकाउंट और पैकेजिंग सँभाल लिया। मैं मार्केटिंग देखने लगा। हम चारों को औसत जिंदगी जीने की कोई परेशानी नहीं रही। हमारी मिली-जुली मेहनत ने हमारी फैक्टरी को हमारे जीवनयापन का अच्छा स्रोत बना दिया।

ट्रेन झटके से रुक गई। उन्नाव स्टेशन था। मेरी विचार-शृंखला टूट गई। मैंने पुकारा, "रौनक!" वह अपने विचारों में खोई थी। चौंककर बोली, "हाँ।"

"ट्रेन प्रयागराज के रूट पर नहीं, लखनऊ रूट से जा रही है।"

"अच्छा।" रौनक ने कहा।

"कुछ खाओगी?"

"ना। पानी।"

"लो! बिस्कुट खाकर पानी पीओ।" मैंने बिस्कुट उसकी ओर बढ़ाया। उसने दो बिस्कुट उठा लिये और कुतरने लगी। पानी पीकर रौनक ने आँखें मूँद लीं। सोच की भँवर उसके मानस में भी उमड़-घुमड़ रही थी।

दिल्ली में बाबा हम सबके सरपरस्त बन गए थे। बाबा की प्रतिष्ठा परिवार के बुजुर्ग की तरह थी। थोड़े ही दिन में हसनैन उन्हें अत्यंत प्रिय हो गया। बाबा को वह कबीर और सूफी संत शेख सलीम चिश्ती के गुलाम की तरह लगता। हसनैन मेरा ध्यान बाबा के मनोनुकूल रखता। धीरे-धीरे मैं उससे काफी खुल गई। उसके व्यक्तित्व में सम्मोहन तो था ही। उसके साथ के अनेक उगनेवाले, बढ़नेवाले, फूलनेवाले और फिर झर जानेवाले बनफूलों की अनुभूतियाँ हैं। ऐसे भी दिन आए, जब नितांत एकांत में हमने एक-दूसरे की आँखों में झाँका। बनैली घाटियों की सैकड़ों कथाओं को सुनते हुए, कितनी किरणें हृदय के द्वार को मधु से सींच गईं। छवियों के अनेक खंड मन में हँसे और मौन हो गए। यह निकटता ही दूरी बन गई।

दो बरस बाद। एक दिन। बाबा मजनूँ का टीला गए। यहाँ पाकिस्तान से आए हिंदू शरणार्थियों का करीब डेढ़ सौ परिवार रहता है। इन परिवारों के एक हजार सदस्य होंगे। भारत में नागरिकता संशोधन कानून बन जाने पर खुशी से इनके दिल बल्लियों उछल गए। संयोग से इसी समय वहाँ एक बेटी जनमी। उसका नाम नागरिकता रखा गया। सारे शरणार्थियों ने एक गैदरिंग सेलिब्रेट की। बाबा उसी में हिस्सा लेने गए थे। वहाँ उन्हें पाकिस्तान के कोट गुलाम मोहम्मदवाले मेघवार बाबा मिल गए। उन्होंने आपबीती कहते हुए बताया। तुम्हारा घर और दुकान तो जला दी गई, लेकिन तुम्हारा परिवार कहीं छिपा हुआ है। कुछ लोगों का कहना है कि हत्या, अपहरण के डर से 'जकोबाबाद जीए सिंध महाज' के चेयरमैन रियाज खान चांदियो ने उन्हें कहीं छिपा दिया है। यह समाचार सुनकर बाबा बेचैन हो गए। वे एक ही साथ खुशी और गम के द्वंद्व से बेचैन रहने लगे। नागरिकता संशोधन कानून की खुशी पर भोगा हुआ परिवार का पुराना जख्म हरा हो गया। चुभे हुए नश्तर की तरह यह जख्म उन्हें टीसने लगा।

उन्होंने हसनैन और नीलू को बुलाया। मुझे भी पुकारा। सारा वाकया हसनैन और नीलू की ओर मुखातिब होकर बताया। फिर उनकी आँखों में आँसू भर गए। हसनैन का हाथ अपने हाथ में लेकर बोले, "बेटा हसन! मुझे वापस पाकिस्तान

जाना होगा। रौनक की माँ और छोटे से रिषु को जानकर नहीं छोड़ा जा सकता। तुम मेरे जाने की व्यवस्था कर दो···। और··· एक बात ··· और, रौनक! तुम्हारे यहाँ मेरे द्वारा सौंपी गई अमानत है। मैं जिंदा रहा तो इसकी माँ और छोटे भाई को लेकर वापस आऊँगा। यदि नहीं रहा···तो रौनक की सहमति से इसके विषय में निर्णय का तुम्हें अधिकार होगा।"

होंठों के भीतर ही मेरी जबान फूटी, "बाबा! आपकी रौनक आपका इंतजार कर रही है।"

एक हिचकोला उसके शरीर को हिला गया। ट्रेन अब जाकर उन्नाव से स्टार्ट हुई। देर तक रुक गई थी। लाइन क्लीयर नहीं थी।

ट्रेन की रफ्तार धीमी थी। समय भारी हो रहा था। गरमी अपने चरम पर थी। गनीमत कि फैन चल रहा था। सभी यात्री परदेसी थे। सबके भीतर भोगी और झेली अनुभूतियों की पिन सी चुभती दास्तान थी। ये थके हुए लोग कुछ भय से, कुछ भविष्य की अनिश्चितता से सहमे-सिकुड़े अपने-अपने टापू में खोए थे। नीलू की आँखें यात्रा में आगे के रास्ते पर थीं, किंतु छोड़े हुए रास्ते की स्मृतियाँ ही उन पर दौड़ रही थीं।

हम सोच रहे थे कि किशोर खेतवानी वापस आएँगे तो साथ में उनका खोया परिवार होगा। हम एक बड़ा घर ले लेंगे। इस फ्लैट और फैक्टरी की जगह को पूरी तौर पर फैक्टरी के उपयोग में ले लेंगे। लेकिन···। मार्च में लॉकडाउन। जनवरी में किशोरजी को पाकिस्तान भेजा गया। लाख रुपए उनकी व्यवस्था में लग गए। जनवरी-फरवरी में जो माल बना, उसकी सप्लाई के पैसे डंप हो गए। मार्च के दो सप्ताह में बना माल और कच्चा सामान खराब हो गया। सप्लाई के लिए बाहर निकलना संभव नहीं रहा। हसनैन वही माल और तगादा का उद्देश्य लेकर ही तो निकला था। राजस्थान के बेल्ट में वह गया था। मैं फरीदाबाद, गुड़गाँव की ओर गया था। जो कुछ मिला और जो पहले का बचा था, इसी से काम चल रहा था। खानपान का खर्च तो मैं चला लेता, लेकिन मार किराए की पड़ गई। मकान मालिक एक महीना तो शांत रहा, लेकिन मार्च, अप्रैल, मई तीन महीने हो गए। डेढ़ लाख रुपए। उसकी रुक्ष, उजड्ड और क्रूर आवाज कानों में उठी, "आप तीन दिन के अंदर फ्लैट और फैक्टरी की जगह का भाड़ा दें या फ्लैट खाली कर दें। चौथे दिन हम आपका सामान बाहर फेंक देंगे और अपना लॉक लगा देंगे।"

यह जानकर ही तो हसनैन अलवर से चला। फ्लैट खाली करने का निर्णय

लिया गया और रौनक के साथ आगरा में मिलना तय हुआ।

ट्रेन लखनऊ जंक्शन पर रुक गई। यात्रियों में एक हलचल हुई। बाहर खाने-पीने का स्टाल बंद था। ऐसे ही खड़े होकर, खिड़की से झाँककर लोग बैठ गए। कुछ के पास सूखी रोटियाँ थीं या चना-चबेना। वे उसे चबाने लगे। कुछ ने बोतल में रखा पानी पिया। मैंने रौनक से कहा, "कुछ खा लिया जाए।" वह चुप रही। पुजारीजी ने रास्ते के खानपान की अच्छी व्यवस्था कराई थी। मैंने पूरियाँ और सब्जी निकालीं। रौनक ने दो पूरियाँ लीं।

लखनऊ जंक्शन पर ट्रेन देर तक रुकी रही। दूसरे प्लेटफॉर्मों पर भी ट्रेनें या मालगाड़ी खड़ी थीं। पूरा स्टेशन रोशनी के अँधेरे में डूबा था। खिड़की से मैंने पढ़ा दीवार पर लिखा था—'मुसकराइए कि आप लखनऊ में हैं।' चाहकर भी मैं मुसकरा न पाया, इसलिए सोने का उपक्रम करने लगा।

आधी रात! नीलू की नींद खुली तो ट्रेन रायबरेली स्टेशन पार कर रही थी। उसके जंघई जंक्शन तक पहुँचने तक वह सोता-जागता रहा, फिर उसे नींद आ गई। सुबह नींद खुली तो ट्रेन विंध्याचल स्टेशन पार कर रही थी। जगे हुए यात्रियों में हलचल होने लगी। ट्रेन किधर से जा रही है। किसी ने कहा, "यह वाराणसी जंक्शन नहीं, दीनदयाल नगर जंक्शन से जाएगी।"

"डी.डी.यू. से वाराणसी कैसे जाएगी?"

"डी.डी.यू. से काशी, वाराणसी सिटी, फिर कैंट।"

"तो जंघई से भदोही होते क्यों नहीं गई?"

"रूट में कुछ होगा। शायद खाली न रहा हो या कुछ गड़बड़ हो।"

"इ का तमाशा है? सारी परेशानी हमनिए के झेले के बा।" एक औरत झुँझलाकर बोली।

"आ केहू बड़कन-बड़कन के झमेला नइखे। सारा झमेला हमनिए के खातिर हौ। मजूरी रही। उहो भगवान् से ना देखि गई।" दूसरी ने कहा। इस तरह की अनेक क्षोभ भरी अभिव्यक्तियाँ होती रहीं। ट्रेन मीरजापुर, भरुअही, झिंगुरहा, डगमगपुर, चुनार, कैलहट जिवनाथपुर पार कर अहरौरा पहुँच गई। उसकी गति तेज हो गई थी। डी.डी.यू. आनेवाला था। हम सतर्क खिड़कियों से बाहर देख रहे थे। डी.डी.यू. का आउटडोर पार हो गया। ट्रेन यार्ड से स्टेशन में दाखिल हो गई। नीलू ने देखा कि लाइन क्लीयर थी। सिग्नल ग्रीन था। उसके मुँह से निकला, "यह सिग्नल ग्रीन क्यों है?" कौन सुनता है? कौन उत्तर देता है? ट्रेन आगे बढ़ गई।

"यह सीधे बनारस रुकेगी। वहीं तो मशीन से जाँच होगी। यू.पी. सरकार की बस वहीं से मिलेगी न।" कोई मजदूर बोला।

"हाँ!" साथ के लोग आश्वस्त हुए। हर ग्रुप में इसी तरह की चर्चा होने लगी। ट्रेन फुल स्पीड में चल रही थी। नीलू खिड़की से देख रहा था। कुचमन, सकलडीहा, धीना, जमानिया, दरौली, दिलदारनगर, चौसा, बक्सर, वरुना, डुमराव··· स्टेशन बीत रहे थे।

"हाय राम! ट्रेन तो बिहार जा रही है।" एक औरत ने आँखें निकालकर कहा।

"बिहार काहें जा रही है?" दूसरी ने पूछा।

"हमै का मालूम?" पहली ने तमककर जवाब दिया।

"अब कवने बिपत में भूँजी रे दादा?" तीसरी का मुँह थोड़ा बड़ा होकर खुल गया।

समूची ट्रेन में अफरा-तफरी मच गई। लोग खिड़कियों और दरवाजे के सामने खड़े हो गए। सूरज की किरण सामने से पड़ने लगी। बिहिया-जगजीवन पार हो गया।

"बाप रे! इ टरेनियाँ तो रास्ते भुला गइल।"

"इ कौन बेवस्था है। ट्रेन घरे ले आइके रुकते नाहीं हौ। उलटा लिहले भागत बा।"

सूर्य की किरणें चिनगारी की तरह आहिस्ता-आहिस्ता तेज होने लगीं। 47 डिग्री सेल्सियस की गरमी लोगों को बेहाल कर रही थी। खाने-पीने की कोई व्यवस्था नहीं। बच्चे बिलबिलाकर रोने लगे। बातों की बात, हाय-तौबा, कुहराम जैसी स्थिति हो गई। एक औरत की गोद में छोटा बच्चा भूख से दूध के लिए बिलख-बिलखकर रो रहा था। उसकी माँ अपने सूखे स्तनों को उसके मुँह में डालकर झूठी दिलासा देने की कोशिश कर रही थी। क्षण भर बच्चा दूध खींचने की कोशिश करता, फिर चिलककर छोड़ देता। रौनक यह दृश्य देखकर विचलित हो उठी। उसने उस औरत को पास बुलाया। बैग से बिस्कुट निकालकर उसे थमाया। बोली, "पानी में पेस्ट बनाकर, बच्चे को चटा दें।" औरत ने उपकृत भाव से बिस्कुट ले लिया। पानी में मिलाकर उसे चटाने लगी। एक धचाका हुआ। ट्रेन रुक गई। आरा स्टेशन था। कुछ लोग नीचे उतरे। इंजन की ओर जाने लगे। कुछ स्टेशन मास्टर के केबिन की ओर। ट्रेन ने जोर की सीटी दी। लोग-बाग भागकर फिर ट्रेन में चढ़ गए। ट्रेन पटरियों पर दौड़ पड़ी।

"यह सब क्या हो रहा है?" रौनक ने पूछा।

"ट्रेन रूट भटक गई है।" नीलू ने बताया।

"फिर?" रौनक ने आँखें उठाईं।

"रेल मंत्रालय के ऐप पर कंप्लेन किया है।"

"इससे क्या होगा?"

"देखते हैं।"

"कोई रेल में टी.टी. या सिक्योरिटीवाला नहीं है?" रौनक ने पूछा।

"कल से आज तक कोई दिखाई तो नहीं पड़ा।"

"ट्रेन में गार्ड तो होंगे?"

"हाँ।"

"उनसे बात करो।"

"बोगी टु बोगी का इंटरकनेक्शन गेट लॉक है।"

"फिर हम कहाँ जा रहे हैं?"

"जहाँ किस्मत ले जाए!"

"किस्मत…।" रौनक ने मन में दुहराया।

दोपहर हो गई। लोग भूख-प्यास से बिलबिला गए। पानी और भोजन ट्रेन में मिलना नहीं था। जिसके पास जो था, वह समाप्त होने को आ गया। सबसे बड़ी समस्या पानी की थी। प्राय: सभी के बोतलों का पानी खत्म हो गया था। लोग एक-दूसरे से अपने असंतोष और पीड़ा व्यक्त करने लगे। कुछ लोग सरकार को कोसने लगे।

बंद खिड़की। पंखे की हवा के बावजूद उमस बढ़ रही थी। खुली खिड़की लू को खुली छूट दे रही थी। इसी बेहाली के बीच पटना जंक्शन आ गया। ट्रेन रुक गई। बनारस और आसपास के मजदूर हल्ला बोलकर प्लेटफॉर्म पर उतर गए। कुछ स्टेशन ऑफिस की ओर, कुछ ट्रेन के गार्ड, ड्राइवर को घेरकर हंगामा करने लगे। यात्रियों ने ट्रेन को घेर लिया। कुछ लोग इंजन के आगे पटरी पर बैठ गए। ट्रेन घंटों रुकी रही। अंत में अनाउंस हुआ—"प्लेटफॉर्म नं. तीन पर खड़ी ट्रेन अब से दो घंटे बाद यानी 2 बजकर 49 मिनट पर वाराणसी के लिए वापस होगी। वाराणसी के सभी यात्री अपनी-अपनी बर्थ पर बैठें। असुविधा के लिए खेद है।"

यात्री अपनी-अपनी बर्थ पर बैठ गए। नीलू और रौनक भी अपनी जगह पर आ गए। भूख देर से महसूस हो रही थी। नीलू ने पूछा, "कुछ खाने को बचा है?"

रौनक ने कहा, "हाँ! पूरियाँ तो रात में ही खाई गई थीं। बची हैं।"

"तो निकालो खा लिया जाए।" रौनक ने पूरियाँ निकालीं। सब्जी खराब हो गई थी। अचार पड़ा था। दोनों ने खाना शुरू किया। एक नौ साल का लड़का साइड की खिड़की के पास खड़ा होकर उनकी ओर टुकुर-टुकुर ताकने लगा। रौनक ने उसे भी दो पूरियाँ दे दीं। पानी समाप्त हो गया था। नीलू बोतल लेकर प्लेटफॉर्म से ड्रिंकिंग वाटर भर लाया। खाना और पानी के बाद थोड़ा सुकून महसूस हुआ। वे अपने बर्थ पर लेट गए। चंद मिनट हुए होंगे कि कानों में किसी नारी की चीख गूँजने लगी। रौनक व्यग्र होकर उठी। चीख उसकी केबिन के बाद दो केबिन छोड़कर आ रही थी। नीलू उधर ही भागा। उस केबिन में एक औरत प्रसव वेदना से चीख रही थी। बर्थ को मजदूरिनों ने चादर से परदा बनाकर ढक दिया था। एक अधेड़ औरत उसे प्रसव कराने में लगी थी। प्रसूता बुरी तरह चीख रही थी। लोग आते दो मिनट खड़े होते और चले जाते। थोड़ी देर में औरत की चीख बंद हो गई। परदे के पीछे नवजात का रुदन गूँजने लगा। लोग अपनी-अपनी जगह अपने तरीके से चर्चा में मशगूल हो गए। रौनक ने स्टेशन की घड़ी देखी 2:50 हो गए। एक जोरदार सी.टी. के साथ ट्रेन स्टार्ट हो गई। दरअसल रूट की अनुपलब्धता वश ट्रेन जंघई जंक्शन से रूट बदलकर मुगलसराय रूट पर भेजी गई। यहाँ से वाराणसी रूट पर फिर वैसी ही स्थिति होने के कारण उसे पटना भेज दिया गया। दिल्ली से पटना के लिए ही वह ट्रेन चली थी। इसे इटावा, लखनऊ, वाराणसी और पटना रुकना था।

रात 9 बजे। भूलती-भटकती, उछलती-कूदती, ठिठकती-सहमती श्रमिक स्पेशल ट्रेन वाराणसी जंक्शन पहुँच गई। मजदूर यात्रियों में नई ऊर्जा का संचार हुआ। सब अपने बैग, गट्ठर और झोलों के साथ प्लेटफॉर्म पर आ गए। नीलू और रौनक भी उतरे। सभी यात्रियों को दो गज की दूरी पर पुलिस ने बैठाया। सबके गंतव्य स्थल की जानकारी ली गई। थर्मल स्क्रीनिंग की गई। पुलिस ने बताया विभिन्न रूट की बसें स्टेशन के बाहर लगी हैं। मजदूर अपने-अपने रूट की बसों पर बैठेंगे। पुलिस ने मजदूरों को उनकी रूटवाली बसों में मदद कर बैठाया। नीलू और रौनक हरिशंकरपुर गाँव के ब्लॉक चंद्रमौली को जानेवाली बस में बैठ गए। रात दस बजे बस चंद्रमौली थाने पर रुकी। नीलू और रौनक यहाँ उतर गए। थाने से दोनों को चंद्रमौली के प्राइमरी स्कूल पर बने क्वारंटाइन सेंटर भेज दिया गया। पूरे चौदह दिन के लिए।

क्वारंटाइन सेंटर में आज आखिरी दिन था। रौनक ने यातना के शिविर का

नाम सुना था। किसी सजीव शिविर को देखा न था। उसका जीवन संघर्ष अँधेरे में राह खोजने या पाने का भुक्तभोगी अवश्य था, किंतु यातना की टीस को पहली बार महसूस कर रही थी। उसे पहली बार पता चला कि भूख की यातना क्या होती है? इस सेंटर में पचास यात्री। विभिन्न गाँवों को जानेवाले लोग। यह उनके आइसोलेशन के दिन हैं। एक बार यहाँ भेज देने के बाद कोई खोज-खबर लेनेवाला नहीं है। चाय के नाम पर गरम लिकर। दो वक्त के भोजन में चावल और पतली दाल। उबले आलू का नमक मिला चोखा। आदमी ऐसा खाना भी खाता है। उसे पहली बार अनुभव हुआ। टायलेट में सिस्टर्न नहीं। बाहर से पानी लेकर जाना। महिलाओं के लिए स्नानघर ईंटों को घेरकर बनाया गया। इसमें फर्श के नाम पर पत्थर की पटिया। पानी बाहर से बाल्टी में भरकर ले जाना। लॉकडाउन के नियमों की धज्जियाँ उड़ाते लोग…।

ये दिन भी भोगते-झेलते कट गए। नीलू और रौनक क्वारंटाइन सेंटर से मुक्त हो गए। आज उन्होंने राह पकड़ ली है, हरिशंकरपुर की। धूप नहीं है। सुबह का सूर्य निकलना चाहता है, किंतु पूरब के बादलों की यात्रा उसे रोक देती है। नीलू और रौनक देख रहे हैं कि ये बादल के टुकड़े आकाश में यात्रा कर रहे हैं। आकाश मार्ग पर जा रहे हैं, लौट रहे हैं। रोज-रोज ऐसी यात्राएँ नहीं होतीं, जिनसे लौटने के बाद शक्लें बदल जाती हैं। गरदन बहुत लंबी हो जाती है। इतनी लंबी कि सिर आकाश में कहीं खो जाता है। रौनक मेघ खंडों के इसी चित्र की भाँति यात्रा पर थी।

□

अनुभव! तीन सुरंगों का। एक सुरंग अतीत के शिखरों के नीचे से गुजरती हुई पाकिस्तान के सिंध प्रांत में जकोबाबाद निकलती है। यहाँ अल्पसंख्यक धर्म का निर्वाह करने की सजा दी जाती है। दूसरी सुरंग वर्तमान की सतह पर घिसटती हुई हिंदुस्तान के दिल्ली नगर में जाती है। यहाँ आदमी और आदमियत के बीच जद्दोजहद होती है। तीसरी सुरंग भविष्य की अँधेरी गुफाओं से तलाशी गई है। क्या इसे सुरक्षित रखा गया था कि भविष्य वंचित कोरोना मृतकों की लाशें इसी सुरंग के रास्ते श्मशानों या कब्रिस्तानों में फेंकी जाएँगी? इस अनुत्तरित प्रश्न की उधेड़बुन को उसने छोड़ दिया।

जून बीत गया। नीलू और रौनक को गाँव में रहते एक महीना से ऊपर हो

गया। छटंकी प्रसाद ने नीलू को सही–सलामत देख संतोष व्यक्त किया। रौनक के लिए आशंका के प्रश्न उठे। नीलू ने फैक्टरी का पार्टनर बताया। साथ आने का कारण पूछने पर कह दिया—ये लोग जम्मू के रहनेवाले हैं। इनके पिताजी गाँव गए और लॉकडाउन में फँस गए। अब ये अकेले कहाँ रहतीं। तो साथ लेता आया। छटंकी प्रसाद की औकात ही कितनी? चैत में गेहूँ हो गया था। आलू भाइयों के हिस्से से दबा लिए थे। थोड़ा चना ओझाई में पा गए थे। नाश्ते में आलू और चना बन रहा था। सवा महीने से सारी मार उसी पर पड़ रही। अब वह भी धड़ाम बोल गया। चावल, दाल, तेल, मसाला बनिया के यहाँ से कभी उधार खाते में लिखाकर, कभी नजर की करामात और हाथ की सफाई द्वारा आ जाता। अब छटंकी का यह पुरुषार्थ भी क्षीयमाण हो चला था।

आषाढ़ बरसने लगा। धान तो बनिया से माँगकर लाए थे, उसका बीज डाल दिया गया था। अब रोपनी करनी होगी। मजदूरी···कलेवा···वगैरह···वगैरह की समस्या थी। भैंस दूध दे रही है, किंतु भूसा समाप्त होने को आ गया। उसके लिए भूसा और चरी का इंतजाम जरूरी है। दिल्ली से नीलू पूरी तरह सपोर्ट करता था। दरवाजे पर भैंस के लिए छप्पर की जगह शेड की पशुशाला। घर के सामने बरामदा, नीलू के सपोर्ट से बना था। पूरे परिवार के लिए कपड़ा, लत्ता, दवा और आर्थिक सपोर्ट नीलू द्वारा करने से ही छटंकी के गृहस्थी की गाड़ी सुभीते से चल रही थी। कोरोना काल की इस त्रासदी ने सब चौपट कर दिया। छटंकी प्रसाद काफी तनाव में रहने लगे। आजकल वे चिड़चिड़े स्वभाव के हो गए।

एक दिन नीलू रौनक के साथ आगे की योजना पर बात कर रहा था। छटंकी प्रसाद बाहर से आए। चेहरा तमतमा रहा था। भीतर गुस्सा, क्षोभ और अपमान का कोयला सुलग रहा था। नीलू की माँ पानी लेकर आईं।

"प्यास नहीं है। ले जा।" छटंकी ने रुक्ष स्वर में कहा।

"क्या हुआ?" नीलू की माँ ने पूछा।

"कुछ नहीं।"

"किसी से लड़ाई हुई क्या?"

"नहीं···मेघुआ भूसा देने को बुलाया था। ट्रैक्टर लेकर गया तो पैसा माँगने लगा। मैंने कहा कि पैसे की क्या बात है, भेज दूँगा। उसने मना कर दिया।" छटंकी ने ग्लानि से कहा।

"तो क्या हुआ, कहीं और से ले लिया जाएगा। सुखदेइया मल्लाहिन कल कह रही थी कि भूसा उठा ले जाइए। पैसा जब चाहे दे देना।" नीलू की माँ ने मरहम लगाया।

"बात वह नहीं है नीलू की माँ। भूसा तो उधार-बाढ़ी कहीं-न-कहीं से मिल ही जाएगा।" मरहम ने काम किया। छटंकी का चित्त शांत हो गया।

"फिर क्या बात है, नीलू के पापा?"

"अरे! स्साला कह रहा था, लड़का तो बेरोजगार होकर घर बैठ गया। पैसा कहाँ से दोगे? कर्ज से हाथी कितने दिन बान्होगे?"

नीलू की माँ ने होंठों पर उँगली रखकर चुप रहने का संकेत किया, लेकिन बात निकल चुकी थी। उसकी माँ ने नीलू की ओर देखा। नीलू रौनक को देख रहा था और रौनक नीलू को। दोनों की आँखों में पीड़ा की रेत उड़ने लगी थी।

गाँव! सुनी थी कि सबका मन मोह लेता है। यहाँ रहनेवाला सरल, निश्छल, भोला और सहिष्णु होता है। सहयोग और सहकार से काम करता है। दुःख-सुख में एक-दूसरे का भागीदार होता है। ऐसा कभी रहा होगा। शायद! आजादी के पहले या आजादी के बाद भी। विज्ञान और टेक्नोलॉजी के विकास के पहले। अब तो पंचायत व्यवस्थावाला गाँव है। कहने को नलकूप गाँव भर का है, पर उसके पानी पर अधिकार प्रधानजी का रहता है। यह विकासवाला गाँव है। नई सफेदी ओढ़े, ममताहीन। उखड़े, टूटे, जर्जर हैंडपंप। कुएँ की सूनी जगत। यहाँ प्यासा बटोही हसरत की एक निगाह डालकर आगे बढ़ जाता है। आँखें फाड़-फाड़ देखता है, छानी-छप्परों के बीच झलकते दुमहले कोठों की निष्ठुरता। इसीलिए प्रतिस्पर्धा है, महत्त्वाकांक्षा है। लाठीवाले की भैंस है। तभी तो आर्थिक मजबूती के लिए छल, छद्म और भाग-दौड़ है। गाँव में जरूरतें पूरी हो जातीं, महत्त्वाकांक्षाएँ मुकाम पा जातीं, तो महानगरों की ओर लंबी-लंबी ठसाठस भरी रेलें क्यों भागतीं? विचारों में डूबी रौनक को लगा स्टेशन पर पहुँचते-पहुँचते उसकी ट्रेन प्लेटफॉर्म से छूट गई। वह दौड़ते-दौड़ते ऐसी ही किसी ट्रेन के पायदान पर खड़ी है। ट्रेन तिल भर जगह छोड़े बिना, लदे-फँदे लोगों को लिए बेतहाशा भाग रही है। वह न ट्रेन में है, न स्टेशन में।

"क्या सोच रही हो, रौनक?" नीलू ने पूछा।

"सोच रही हूँ जिंदगी और आजीविका दोनों एक-दूसरे से कितना गहरा संबंध

रखती हैं। दोनों एक-दूसरे की पूरक हैं। दोनों की संश्लिष्टता में ही जीवन की पूर्णता है। जीवन अगर जगत् की प्रथम वरीयता है तो उसकी निरंतरता और अक्षुण्णता आजीविका के बिना असंभव है। अत: जीवन के होने से यदि मनुष्य का अस्तित्व है तो जीविका उस होने की अनिवार्यता।" रौनक ने कहा।

"टैलेंट तो तुममें है, लेकिन दार्शनिक अंदाज भी है, मुझे आज पता चला। वैसे इन दार्शनिक बातों का मतलब क्या है ?" नीलू की जिज्ञासा उसकी ओर देखने लगी।

"नीलू! मैं कहना चाहती हूँ, दुनिया इस बात पर एकमत है कि हमें अब कोरोना वायरस के साथ ही जीना है तो क्यों न हम उस बैट्समैन की भंगिमा में आ जाएँ, जो वातावरण की गंभीरता को समझते हुए फ्रंट फुट पर खेलने लगता है। रक्षात्मक खेल सफलता की शर्त नहीं होती। आउट होने की आशंका हर तरीके में बनी रहती है। इस स्थिति में फ्रंट फुट पर शॉट खेलने से कठिन हालात से उबर जाने की संभावना बन सकती है। शॉट लग गया तो बाउंड्री पार नहीं तो क्लीनबोल्ड। तुम्हारे पास हुनर है, टैलेंट है। तुम हसनैन के उत्तराधिकारी हो। उसके स्थापित काम को आगे बढ़ाओ।" रौनक चुप होकर उसका चेहरा पढ़ने लगी।

नीलू गंभीर हो गया। उसके माथे पर चिंता की रेखाएँ खिंच गईं! रौनक कुछ क्षण उसे यूँ ही देखती रही, फिर बोली, "नीलू! प्रधानमंत्री ने 20 लाख करोड़ का पैकेज इसीलिए तो घोषित किया है, अब बारी हमारी है। अपने जीवन को सुरक्षित रखते हुए, अपनी जीविका को टिकाऊ रखने की। भारत में कोरोना से स्वस्थ होने की दर दुनिया में सबसे अधिक है। सबसे युवा और क्रियाशील आबादी होने के साथ सिद्धहस्त होना अन्य देशों पर हमारी बढ़त का प्रतीक है। आपदा को अवसर बनाते हुए अर्थव्यवस्था के चक्का जाम में सरकार ने वित्तीय मदद का तेल डाल दिया है। ऐसे में तमाम वर्गों को मिली रियायतों और सहूलियतों के संबल के साथ जीविका को सुरक्षित रखने की जिम्मेदारी हमारी है। प्रधानमंत्री के सपने की आशा तुम्हारे जैसे युवा ही तो हैं। तुम सुविधा में अपना वर्ग तलाशो और संकल्प लो नीलू! इस आपदा को अपने लिए अवसर बना दो।"

नीलू दत्तचित्त उसकी ओर देखने लगा। वह फिर बोली, "हाँ! नीलू हाँ! तुम्हें फैक्टरी खड़ी करनी है। इस दिशा में लगो।" रौनक ने उसका कंधा झकझोर दिया।

"तुम्हारा मतलब है, लोन के लिए प्रयास किया जाए।"

"हाँ! तुम एम.एस.एम.ई. के अंतर्गत दस लाख तक लोन बिना गारंटी के ले सकते हो।"

नीलू में आत्मविश्वास और नई ऊर्जा का संचार हुआ। वह उठ खड़ा हुआ। अपना मोबाइल लाया और दिल्ली फ्लैट मालिक को फोन लगाने लगा। उधर से आवाज आई।

"हैलो!"

"जी! मैं नीलू बोल रहा हूँ सर!"

"कैसे हो नीलू?"

"क्या बताएँ सर! औरों के लिए तो यह आपदा है। हमारे लिए तो मौत और यातना…।"

"कुछ मत कहो, नीलू! हमने तुम लोगों की पूरी कहानी मिस साबिया की जबानी टी.वी. पर देख ली है। बताओ फोन कैसे किया?"

"सर! इस विपत्ति में आप मेरी इतनी मदद करें कि हमें एक महीने की और मोहलत दे दें। पूरा भाड़ा एकमुश्त चुका दूँगा। फैक्टरी को और अच्छी तरह स्टार्ट करूँगा।" नीलू ने अनुरोध किया।

"…।" सर चुप रहे।

"प्लीज सर! आप मेरी मदद कर मुझे तो उबार लेंगे सर! प्रोफेशनल दृष्टि से भी यह उचित रहेगा। आपको पिछला सारा भाड़ा मिल जाएगा और आगे कंटीन्यूटी बनी रहेगी।"

"वापस कब आ रहे हो आप?" सर ने पूछा।

"सर! हफ्ता-दस दिन में।" नीलू ने उत्तर दिया।

"ठीक है, आप आओ। काम शुरू करोगे तो अगले माह के बाद भाड़े की बात होगी।"

"सर! आपकी कृपा अमूल्य है सर! प्रणाम!"

नीलू का चेहरा खिल गया। रौनक को यह देखकर संतोष हुआ।

छटंकी स्वभाव से धूर्त, तिकड़मी और बेईमान। दरिद्रता से मुक्ति पाने के लिए तो वे अपना होश सँभालते ही प्रयासरत हो गए। उनका प्रयास दिमाग के दुरुपयोग और बिना परिश्रम फल प्राप्त करने के लिए होता। इसके लिए उनका मशहूर जुमला था—'पीकर बैठ जाओ।' उन्होंने कई बार माल-मुद्दा या जगह-जमीन पीकर

बैठ जाने की कोशिश की। कई विधवाओं के जमीन की फर्जी वसीयत बनाकर उत्तराधिकार के लिए मुकदमेबाजी भी की। दूसरे की फोटो लगाकर कोऑपरेटिव सोसाइटी के सचिव से मिलीभगत द्वारा रुपया भी निकालकर पीने का उपक्रम किए। पकड़ जाने पर रुपया नीलू ने भरा। दुश्मनी जो गाँव और मोहल्ले में हुई, सो अलग। इस तरह गाँव में अधिकांश दुश्मन थे, दोस्त नहीं के बराबर। नीलू संपन्न होना चाहता था, इसलिए परिश्रम को उसने अपनी सफलता की कुंजी माना था। हसनैन ने उसे यह मंत्र अच्छी तरह सिखा दिया था। उसके दिमाग में सरकार के आर्थिक पैकेज में कृषि सुविधाएँ घूम रही थीं। उत्तर प्रदेश में मुख्यमंत्री योगी आदित्यनाथ पैकेज की घोषणा के साथ ही प्रदेश के लिए संभावनाएँ तलाशने में लग गए। इसलिए हर्बल खेती को प्रोत्साहन देने की तैयारी, खाद्य प्रसंस्करण और पौधरोपण की दिशा में काम का मसौदा बनने लगा था। फूड प्रोसेसिंग और फार्मा में निवेश की संभावनाओं को देखते हुए कार्य-योजना तैयार की जा रही थी। दोनों सेक्टरों को एकीकृत कर दिया गया था। फूड प्रोसेसिंग पार्क स्थापना की तीन योजनाएँ अंतिम चरण में थीं। कृषि विज्ञान केंद्रों को एन.जी.ओ. और एन.जी.ओ. को किसानों से जोड़कर एक चेन बना दी गई थी।

नीलू के दिमाग में हर्बल खेती की योजना घूम रही थी। वह छटंकी प्रसाद से इस योजना को लेकर बराबर बात कर रहा था। उसने राय दी कि आप और सभी चाचा मिलकर यह काम करें। जड़ी-बूटियाँ इम्युनिटी को बढ़ानेवाली हैं। यह युग की माँग है। अकेले तुलसी की व्यावसायिक खेती औषधि की दृष्टि से की जा सकती है। यह अत्यंत आसान है। तुलसी का ऑयल पत्तियों का रस, बीज और तना सब गुणकारी औषधि के रूप में काम आता है। इसके अतिरिक्त ऐलोवेरा, आँवला, अदरक, हल्दी और गिलोय आदि पर उसने विस्तार से चर्चा की।

अपने भाइयों से बात करने की राय तो उन्होंने काट दी, लेकिन नदी किनारे टीलेवाली जमीन उनके हिस्से थी। यह बंजर पड़ी थी। इस पर इस कार्य को करने की बात उन्होंने सुझाई।

नीलू ने पूछा, "यह जमीन कितनी होगी?"

"करीब एक एकड़।" छटंकी ने बताया। नीलू प्रसन्न हो गया।

उसी जमीन का व्यवसाय की दृष्टि से निरीक्षण और आकलन करने निकला था। उसकी आँखों के सामने सीवान की पगडंडी पर तीसरा पहर पीली धूप की तरह

अलसाया पसरा था। जैसे वह यकायक उठकर खड़ा हो गया। नीलू भी इसी तरह उठकर खड़ा हो गया है, तनकर। मुट्ठियाँ भींचे, वह आगे बढ़ा जा रहा था। बगल के खेत में मूँग की फलियाँ तुड़वाते सुक्खू काका मिल गए। उन्होंने आवाज दी, "अरे नीलू!"

"हाँ काका! पाय लागो।"

"मस्त रहौ-मस्त रहौ! कहाँ भाग रह्यो? अगल-बगल देखत नाय? सरपट चले जात हौ।" सुक्खू ने कहा।

"कहाँ जाने को काका! मन ऊबा तो नदी किनारे जाए के विचार बनि गा।" नीलू ने बताया।

"हाँ! काम-धाम तो कुछ रहा नाहिं। ठीकय सोच्यो।" क्षण भर रुककर वे फिर बोले।

"आ तो ओनिहूँ के घुमाय दिहे होत्या। तनिक जियरा आनमान होय जात। शहरी छोरी घर मा तड़पि जात होए।"

"नाहीं काका! उनका कोई कष्ट नाय।" नीलू ने थोड़ा रुखाई से कहा।

"कहाँ से फाँस्यो? कश्मीरी लुगाई है आ पाकिस्तानी?" सुक्खू ने कुटिल मुसकान के साथ आँख मारी।

"सुक्खू काका! आप मेरे बड़े हैं। मेरे यहाँ आया मेहमान गाँव का मेहमान है। आपको ऐसी बात करते हुए संकोच होना चाहिए।" नीलू गुस्से से फटकारा।

"हे निलुआ! हमें तैं उपदेश जिन दे। हम सब जानी। छोरी भगा लाए। ऊपर से गहुली करिहे। खबरदार! औकाते में रह्यो।" सुक्खू की आवाज तेज हो गई।

छटंकी के मन में आया। टीलेवाली जमीन मैं भी देख लूँ और नीलू के साथ सब ऊँच-नीच सोच लिया जाए। मौका देखकर योजना सही तरीके से बनेगी। अत: वे भी नीलू के पीछे हो लिए। खेत के दूसरे छोर पर खड़े उन्होंने सुक्खू की बात सुन ली।

"अरे सुक्खू! तू आपन फूली नाहीं देखत, दोसर क ढेंढ़र देखे चलल हवे। तोहार लइका बम्मई से लेई के आयल। थाना-पुलिस कुल भइल···।" छटंकी अपने स्वभाव के अनुसार गरजे, लेकिन बीच में ही सुक्खू तड़के···

"औकात में रह्या छटंकी! नाहीं त कुलि शेखी निकल जाई।"

छटंकी सुक्खू की ओर बढ़े, किंतु नीलू बीच में आ गया। उसने अपने पिता

को पकड़कर शांत किया। फिर साथ लेकर घर आ गया।

सुक्खू बड़बड़ाता रहा, "अच्छा! थाना-पुलिस क तंज मारत हो। हम दिखाइब तोके थाना-पुलिस।"

घर आकर बरामदे में पिता-पुत्र बैठ गए। दोनों चुप। नजरें झुकाए। किसी से किसी को कुछ कहने का साहस नहीं हो रहा था। नीलू की माँ बाहर आ गई। दोनों की गंभीरता उसे खटकी।

"बड़े जल्दी लौट आए?" नीलू की माँ ने सामने खड़ी होकर पूछा।

"...।" दोनों मौन रहे।

"जगह देखी। काम लायक है?" अबकी उसने नीलू की ओर देखा।

पत्नी को नीलू की ओर मुखातिब देख छटंकी उठकर चले गए। नीलू की माँ ने फिर पूछा, "नीलू! तुम लोग कुछ बताते क्यों नहीं? क्या बात है?"

"मैं जा रहा था। रास्ते में सुक्खू काका मिल गए...।" उसने सारी घटना अपनी माँ को बता दी।

"सुखुआ आपन देखे। मुहझौंसा क बेटवा बम्मई से भगाय लाय रहै।" नीलू ने अपने होंठों पर उँगली रख चुप रहने का संकेत किया और बोला, "शांत रहो। बात बढ़ाओ मत। रौनक सुन लेगी तो उसे बेहद तकलीफ होगी।" नीलू की माँ चुप हो गई। बात रौनक के कान तक न जा सकी।

आकाश में बादल सुधियों के पाहुन सरीखे घूम रहे थे। रौनक इन बनने और मिटनेवाले चित्रों को देख रही थी। सहसा सब स्याह हो गया। काली घटा उठी और टूटकर बरसने लगी। खेतों-क्यारियों में पानी भर गया।

"रोपनी शुरू हो जाएगी। हमें भी धान रोपवा देना होगा।" छटंकी ने पत्नी से कहा।

"हजारों रुपए लगेंगे। व्यवस्था कैसे होगी?" नीलू की माँ चिंतित हुई।

"वह परेशानी नहीं है। किसान सम्मान निधिवाला रुपया आ गया है। रोपनी कल से लगानी होगी।" छटंकी ने निश्चिंत भाव से कहा।

दूसरे दिन। मजदूरिनें धान रोपने को बैठी थीं। छटंकी उन्हें लेकर खेत में जाने की तैयारी कर रहे थे। चंद्रमौली थाने का सब-इंस्पेक्टर दो सिपाहियों के साथ आ गया।

"छटंकी तुम्हारा ही नाम है?" सब-इंस्पेक्टर ने पूछा।

"जी साहब! मैं ही छटंकी प्रसाद हूँ। आइए, बैठिए।" छटंकी ने विनम्रता से कहा।

"नहीं। तुम्हारा लड़का कहाँ है? क्या नाम है, नीलू।"

"है साहब! हुकुम फरमाएँ।"

"वह कोई लेडी भगाकर लाया है? थाने को सूचना मिली है।"

अब तक नीलू बाहर आ गया था। उसे वाकया समझते देर न लगी।

"किसी ने मिस इंटरपेटेट किया है सर! दरअसल हम दिल्ली में फैक्टरी चलाते हैं। वे फैक्टरी में पार्टनर हैं। उनके पिता वतन गए थे। लॉकडाउन हो गया। फैक्टरी बंद हो गई। रेंट की प्रॉब्लम की वजह से घर आना पड़ा। मैम अकेली कहाँ रहतीं, इसलिए उनकी मदद की गई है।" नीलू ने सफाई दी।

"उन्हें बुलाओ।" सब-इंस्पेक्टर ने कहा!

पुलिस को देख अड़ोस-पड़ोस, पट्टीदारी और सुक्खू के लोग छटंकी के द्वार पर आ गए। तमाशे का रस रुचिकर लगता है।

सारे परिवार के साथ रौनक भी दरवाजे की ओट से सारी बातें सुन रही थी। वह स्वयं बाहर आ गई। रौनक अब जकोबाबाद वाली नाबालिग रौनक न थी। समय और परदेश ने उसे बहुत कुछ सिखा दिया था। हसनैन ने उसे परिस्थितियों का सामना करने की प्रेरणा दी थी।

"जी! मेरा नाम रौनक है।" एक गंभीर और मधुर आवाज सब-इंस्पेक्टर के कान में पड़ी। उसके सामने पहली बार निकली कोंपल की देह पर फूटी मधु की ललछौंही काया खड़ी थी।

"आप कहाँ की रहनेवाली हैं?"

"मैं सिंध के जकोबाबाद की रौनक खेतवानी हूँ। हिंदुस्तान में शरणार्थी हूँ और एक्सटेंडेड वीजा पर रह रही हूँ।"

"यहाँ कैसे आ गईं?"

"हम लोग दिल्ली में फैक्टरी चलाते थे। औरैया दुर्घटना में हमारा एक पार्टनर मारा गया। मेरे बाबा सिंध गए हैं। फैक्टरी बंद है। नीलू और मैं दो ही पार्टनर बचे हैं। नीलू ही घर और बुनियादवाले हैं, अत: लॉकडाउन की मजबूरी में इनकी मेहमान हूँ।" रौनक ने अपना पासपोर्ट और वीजा सब-इंस्पेक्टर के सामने रख दिया। क्षण भर बाद उसने फिर कहा, "यदि आप संतुष्ट हों तो ठीक, अन्यथा हमारी पूरी स्टोरी

इजी चैनल पर मिस साबिया ने टेलीकास्ट की है। आप चाहें तो अपने मोबाइल के ऐप में देख सकते हैं।"

वीजा और पासपोर्ट देखकर सब-इंस्पेक्टर संतुष्ट हो गया। बोला, "अच्छा आप लोगों को कष्ट हुआ, मुझे खेद है।" इंस्पेक्टर ने चाय सिप करते हुए कहा।

"आप इलाके के मालिक हैं साहब! आपने अपना काम किया। इसी बहाने आपसे मुलाकात हुई। अच्छा लगा।"

"ठीक है। इस बारे में कोई परेशानी हो तो मुझे बताइएगा।" सब-इंस्पेक्टर उठ गया। नीलू चाय का बरतन उठाकर अंदर चला गया। छटंकी ने राहत की साँस ली। तमाशाई भी अपने-अपने घर चले गए। बात लोगों में फैल गई। नीलू के साथ आई लड़की पाकिस्तानी है। लोग अपने-अपने ढंग से चटखारे लेकर बतरस करने लगे।

सुक्खू के दालान में लोग बैठे थे। कुछ लोग छटंकी के दरवाजे से होकर वहीं गए।

"पूरे हिंदुस्तान में काठ की औरत नहीं मिली इसको। पाकिस्तानी भगा लाया।" पूजन ने मुँह बनाते हुए कहा।

"खाँटी पाकिस्तानी मुसलमान नहीं है। सिंधी है। हिंदू पाकिस्तानी।" रामू ने मुँह खोला।

"अरे! वहाँ इसे मुसलमान बना दिया गया था, इसीलिए भाग के हिंदुस्तान आ गई। वहाँ ऐसे हिंदुओं के साथ बड़ा अत्याचार होता है। इज्जत-आबरू लूट लेते हैं।" लुल्लुर ने ज्ञान बघारा।

"इ जो मोदी ने कानून बना दिया कि पाकिस्तानी हिंदू को भारत का नागरिक बनाएँगे। अब बहुत से दबे-कुचले हिंदू यहाँ आकर नागरिक बन जाएँगे।" रामू ने कहा।

"अरे तो मोदी इ तो नाहीं कह रहे कि तू घर लिया के रखि लो।"

"अरे! ऊ राखे थोड़ी हौ। कोट मरिज किए हौ।"

"लेकिन का चीज है दादा! सींकी से खोदि दो त खून बहरिआए जाए।"

"कुछ भी हो, पट्ठा कोरोना में सोना मार लिआयल।"

"त तोहूँ के चाही का?" सुक्खू ने हँसकर कहा। सब हा-हा कर हँसने लगे। इसी तरह की बातें घंटों चलती रहीं। सुक्खू मूँछ पर ताव देते, सबकी सुनते और हँसते।

रौनक अंदर अपने कमरे में चली गई। घर में सब लोग शांत हो गए। दिन बीत

गया। छटंकी रोपनी कराके लौटे थे। घर में मरघट की शांति देखकर बोले, "नीलू की माँ!"

"हाँ! आई!" वह आ गईं।

"क्या बात है? इतना सन्नाटा क्यों है?" छटंकी ने पूछा।

"हाँ! सब अपने कमरे में हैं। शायद सबको सदमा लगा है।" नीलू की माँ ने बताया।

"अच्छा ठीक है, चाय बनाओ और सबको बुलाओ।"

नीलू की माँ ने चाय बनाकर सबसे पहले नीलू को आवाज दी। वह आया तो माँ ने कहा, "जा पापा बुला रहे हैं।" फिर उन्होंने रौनक को बुलाया। वह आई और सिर झुकाकर खड़ी हो गई। सबको बाहर निकला समझ छटंकी भी अंदर आ गए।

"सब लोग इतने सदमे में क्यों हैं? कौन सी आफत आ गई या पहाड़ टूटकर गिर गया?" उन्होंने एक-एक कर सबके चेहरे पर निगाह डाली। क्षण भर को नीलू पर उनकी निगाह रुकी। नीलू गरदन झुकाए जमीन देख रहा था। छटंकी ने पुकारा, "नीलू!"

"हाँ पापा!"

"तुम्हारे गरदन पर किसी पाप का बोझ लदा है क्या?"

"…।" नीलू चुप रहा।

"मैं सुबह चली जाऊँगी।" बीच में रौनक ने सिर झुकाए धीरे से कहा।

नीलू और छटंकी ने एक साथ उसकी ओर देखा।

"कहाँ जाओगी?" छटंकी ने पूछा।

"बाबूजी! जहाँ किस्मत ले जाएगी।" रौनक ने नम्रता से उत्तर दिया।

"किस्मत को जहाँ लाना है, वहाँ ला दी है। तुमने ऐसा कुछ नहीं किया है कि शर्मिंदा हो सको। अपने काम के बारे में सोचो और आगे बढ़ो।" छटंकी ने रौनक से मुखातिब होकर कहा। रौनक की आँखें ऊपर उठीं। दो बूँद आँसू ढुलक पड़े—टप! टप!! नीलू की माँ ने उसके आँसू पोंछे, फिर एक गिलास पानी और चाय थमा दी।

"नीलू! तुमने जीवन की शुरुआत ही अच्छे काम से की है। उम्मीद है, उसे अंजाम तक पहुँचाओगे। हिम्मत और धीरज से अपने रास्ते पर आगे बढ़ो।" कहकर छटंकी चुप हो गए और चाय पीने लगे।

नीलू ने रौनक की ओर देखा। उसकी आँखों की चमक आकाश को देख रही

थी। जहाँ बादल का बड़ा सा खंड एक चक्रवाले विराट् रथ की तरह दिशाओं के घेरे में काल की धुरी पर दौड़ रहा था। आदिम नदियाँ, सागर और पर्वतमालाएँ इस रथ के नीचे से गुजर जातीं। 'तो क्या रौनक इसी रथ पर सवार है?' प्रश्न के उत्तर में नीलू मुसकरा उठा।

□

जहाँ कोई घर नहीं, अकेलापन ही घर है। घर के दरवाजे और खिड़कियाँ सब ओर से बंद कोई रास्ता नहीं। मजबूरियों का दर्द ही एक रास्ता है। इस पर लोग अफीमची की तरह ऊँघते हुए चल रहे हैं। लॉकडाउन के दिन में औरैया और अन्य हादसे इस बात के गवाह हैं।

...और जुलाई 2020 की दिल्ली। हम देख रहे हैं कि घरों में सोचने की जगह नहीं। रास्तों पर रुकने का अवकाश नहीं। भीड़ भाग रही है। गौरैया के नवजात बच्चे को रौंदती हुई। बेचारा घर के रोशनदान से सड़क पर गिर गया। ये आहिस्ता-आहिस्ता लॉक खोलते, अनलॉक के दिन।

इन्हीं दिनों नीलू और रौनक दिल्ली आ गए। आज की तारीख में वह सन्नाटेवाली दिल्ली नहीं। नजारा बदला हुआ। कल तक साँस लेते हुए, जो घर पत्थरों के बुतों में बदल गए थे। आज उनमें नई जान आ गई। सड़कें साफ-सुथरी। दुकानें सैनिटाइज। हलकी-हलकी सुगंध बिखेरतीं। मयूर विहार से अक्षरधाम की सड़क पर चहल-पहल...। जीवंतता का यह आभास अच्छा लगा। अक्षरधाम के दर्शन से नए संकल्प का प्रारंभ शांतिदायक था। उन दोनों ने यह कार्यक्रम मकान मालिक से बात के बाद बनाया। नीलू बार-बार अंतः से उनके लिए कृतज्ञ हो रहा था। उन्होंने उसे दो महीने तक की छूट दी। इतने दिनों में वह अपनी फैक्टरी जमा ले और सारा बकाया मकान भाड़ा किस्तों में चुकाए। अक्षरधाम की कृपा से उसे विश्वास था कि वह सफल होगा।

अक्षरधाम के बाद उसने अरुष भैया को फोन किया। अरुष उसके काका का बेटा। दिल्ली में सरकारी बैंक का चीफ मैनेजर। यद्यपि छटंकी द्वारा ईर्ष्या और हिस्सा हड़पने का सबसे कुत्सित प्रयास काका की जमीन के लिए ही चल रहा है। अस्तु...। फोन उठा लिया गया। आवाज आई।

"हैलो!"

"अरुष भैया प्रणाम! मैं नीलू बोल रहा हूँ।"

"प्रसन्न रहो नीलू! कैसे हो?"

"भैया! ठीक ही हूँ। आपसे मिलना चाहता हूँ।"

"आ जाओ।"

"कहाँ मिलूँ घर या ऑफिस?"

"ऑफिस में दस बजे के बाद और घर पर रात नौ बजे।"

"भैया! ऑफिस और घर का पता?"

"ऑफिस के लिए जंतर-मंतर आकर फोन करो और घर के लिए कालकाजी!"

"ठीक है भैया! मैं ऑफिस में आता हूँ।"

नीलू के लिए मयूर विहार से जंतर-मंतर जाना आसान न था। अनलॉक हो गया था। दुकानें, कार्यालय आदि खुल गए, किंतु मेट्रो बंद। बसें नहीं चल रही थीं। प्राइवेट वाहन या कैब ही चल रहे थे। टेंपो भी रिजर्व चलाए जा सकते थे। नीलू ने ऑटो रिजर्व किया। यद्यपि नीलू के पास हसनैन का ऑटो था, लेकिन ड्राइविंग लाइसेंस नहीं। ऑटो चल रहा था। नोएडा लिंक रोड पर बॉर्डर पुलिस रोक रही थी। अत: न्यू कोंडली से निकला।

दिल्ली-नोएडा सीमा पर स्थित न्यू कोंडली मार्केट। किराने का बाजार। खचाखच भरे रहनेवाले इस बाजार में वैसी हलचल नहीं। इक्का-दुक्का रिक्शे, लोडिंग-अनलोडिंग करनेवाले मजदूर। दुकानों में एक-दो लड़के। इन्हीं दुकानों में पाँच-पाँच लड़के कम पड़ते। स्कूल-कॉलेज बंद हैं। कैंटीन को मिलनेवाले ऑर्डर बंद हैं। यहाँ की दो सौ दुकानों में धंधा आधे से भी कम हो गया है। उधर दिल्ली एन.सी.आर. वाला सबसे बड़ा मॉल बंद है। अनलॉक में मॉल खोलने का परमिशन नहीं है। सारे ए ग्रेड के मॉल्स बंद हैं। आखिर फिनाइल बिकेगा कहाँ? न्यू कोंडली तो उसके फिनाइल का अच्छा बाजार रहा। हालात सामान्य होने में कम-से-कम तीन महीने लगेंगे।

ऑटो हलके धचक से रुक गया। जंतर-मंतर आ गया। उसकी विचार-शृंखला टूट गई। वह नीचे उतरा और अरुष भैया को फोन करने लगा। अरुष ने उसे बैंक की बिल्डिंग का रास्ता बता दिया और नीचे आकर इंतजार करने लगा। पाँच मिनट का वॉकिंग डिस्टेंस पूरा कर नीलू जब वहाँ अरुष को इंतजार करते पाया तो

आश्चर्य मिश्रित हर्ष से हतप्रभ रह गया। अरुष ने कैंटीन में ले जाकर उसकी खूब आवभगत की, फिर अपने चैंबर में ले गया।

"हाँ नीलू! बताओ।"

"जी भैया!" नीलू ने अपनी पूरी कथा और आने का मकसद बता दिया।

"अरे भाई! इतने दिन से मैं दिल्ली में हूँ, तुमने कभी कुछ बताया नहीं। खैर··· मैं तुम्हारी मदद करूँगा।"

"तुम्हारे पास उद्योग आधार संख्या है?"

"जी भैया! है।"

"ठीक है। तुम पेपर ट्रांजक्शन के लिए किसी सी.ए. से तैयारी कराओ। कोई दिक्कत हो तो बताना।"

"फिर कब मिलूँ?"

"मिलने के लिए तुम्हें पूछने की जरूरत है क्या? वैसे पेपर कंप्लीट करके आओ।"

नीलू ने विनम्रता से झुककर अरुष के चरण छुए और बाहर आ गया। रास्ते भर उस पर अरुष की सदाशयता छाई रही।

रौनक को बैंक से काम होने का आश्वासन और अरुष के व्यवहार की बात से अत्यंत प्रसन्नता हुई। पेपर ट्रांजक्शन के साथ उसने हुनरमंद लोगों को फैक्टरी से जोड़ने का सुझाव दिया। उसकी राय में फिनाइल के साथ हैंडवॉश लिक्विड और सैनिटाइजर भी बनाना चाहिए। नीलू भी इससे सहमत था।

रौनक चाय लेकर आई। नीलू गहरी सोच में था।

"किस चिंता में खोए हो?" चाय पकड़ाते हुए रौनक ने पूछा।

"सोच रहा हूँ कि दिल्ली में महामारी की इस भयावहता में कारबार का क्या होगा?"

"क्या फैक्टरी के माल की खपत में कोई दिक्कत समझ में आ रही है?" रौनक ने भोलेपन से पूछा।

"नहीं! लोन तो अरुष भैया दिला देंगे। दस लाख की लागत से जिस कारोबार की बात हम लोग सोच रहे हैं, उसके लिए आदमी की जरूरत होगी। अपने सारे आदमी गाँव चले गए हैं। उन्हें बुलाना होगा।"

सप्ताह पूरा होते-होते नीलू ने सीए के परामर्श से बैंक लोन का पेपर ट्रांजक्शन

पूरा कर लिया। फाइल भी अरुष के बैंक में जमा हो गई। फाइल जमा कराते वक्त अरुष ने सारे पेपर ध्यान से देखे और बोला, "इसे जमा करा दो। आठ-दस दिन बाद तुम्हें नोटिस जाएगा, वैसे मैं फोन भी कर दूँगा। तुम्हारा इंटरव्यू होगा। फिर प्रक्रिया…।"

"लोन मिल जाएगा न भैया!" नीलू घबराकर बीच में ही बोल उठा।

"अरे यार! हर चीज का तरीका होता है। उसे तो पूरा करना होगा न!

मैं हूँ तो अधीर क्यों हो रहे हो? लोन मिलेगा। हण्ड्रेड परसेंट।"

"पूरे दस लाख।" नीलू की अधीरता वैसी ही थी।

"कुछ खाए-पीए हो या नहीं? चाय पिओगे? चाय पिओ और फैक्टरी शुरू करने की तैयारी करो। पैसे की कोई कमी नहीं होगी।" अरुष ने हँसते हुए कहा।

चाय आ गई। नीलू ने सिप करते हुए पूछा, "भैया! कब तक पैसा मिल जाएगा?"

"ऑफ्टर ट्वेंटी डेज। फर्स्ट इंस्टालमेंट। फाइव लैक्स।"

चाय समाप्त हो गई। नीलू चलने के लिए उठा कि अरुष ने कहा, "फैक्टरी के लिए लेबर और वर्कर की व्यवस्था हो गई?"

"हाँ भैया! पुराने दो लोगों को वापस बुला लिया है। दो हम लोग हैं। दो लेबर आज देख लेंगे।" नीलू ने बताया।

"ठीक है, फैक्टरी साफ-सुथरी कराके, सारे पुराने सामान करीने से लगवा के रखना। सैनिटाइज करा देना। मास्क हैंडग्लव्स के साथ सब लोग रहना। इंस्पेक्शन के लिए बैंक का आदमी जाएगा। वैसे मैं तुम्हें फोन कर लूँगा।" अरुष ने सावधान कराया।

नीलू ने झुककर अरुष के चरण स्पर्श किए और बाहर निकल आया। उसे मालूम था कि हसनैन लेबर दिल्ली की झुग्गी बस्ती से लाता था, इसलिए नीलू भी उसी ओर चल पड़ा।

दक्षिणपुरी एक्सटेंशन की झुग्गी बस्ती!

नीलू विराट् सिनेमा के पास उतर गया। यहाँ वह शहीद कैंप के ब्लाक-16 की ओर पैदल चलने लगा। दिल्ली में आबादी की सघनता और साधन के पहुँच की वास्तविकता एक नई अनुभूति कराती है। पंद्रह-बीस लाख लोगों को पनाह देनेवाली ये झुग्गियाँ गाँव से उजड़े हुए शहरातियों की बस्ती हैं। नीलू इन चेहरों को देख रहा

था। आर्थिक रूप से तनावग्रस्त। चिंतित और परेशान। इतनी भीड़ कि सामाजिक दूरी का नामोनिशान नहीं। अधिकांश परिवारों का हाथ धोने के लिए एक सामुदायिक स्थान। अपने घर में भी बमुश्किल उपलब्ध पानी को खर्च करने का संकट। यहाँ अलग रहना संभव ही नहीं। सीवर की व्यवस्था के बिना सामुदायिक शौचालय। साझा नल। घबरा गया नीलू। आखिर इसमें कौन कोरोना पॉजिटिव है और कौन नहीं… किसे लेबर के रूप में चुनने के लिए बात की जाए। आगे जाने और किसी से बात करने की उसकी हिम्मत न हुई। वह वहीं से लौट पड़ा।

किसी पत्रिका में उसने पढ़ा था। चिकित्सक डॉ. एकियो ग्रेविएल विएगा ने उन्नीसवीं शताब्दी के अंत में महसूस किया था। कपड़ा मिलें और डाकयार्ड ने विकास की गति को उत्कर्ष पर पहुँचा दिया है। 1896 में एक महामारी आई प्लेग। इसने सारे शहर को बुरी तरह जकड़ लिया। डॉ. एकियो ने पूरी ताकत से लोगों का इलाज किया। उन्होंने अपनी आँखों के सामने शहर में प्लेग के कारण होनेवाली अनगिनत मौतों को देखा। महामारी ने शहर का सारा विकास एक ही साँस में लील लिया। उन दिनों की साक्षी वे मरी हुई आत्माएँ एक सौ चौबीस साल बाद चुपचाप देश को वैसी ही स्थिति में जाते देख रही हैं। दिल्ली में कोरोना ग्राफ निरंतर बढ़ रहा है। दिल्ली सरकार टी.वी. पर सावधान रहने का नुस्खा बता रही है। इस मौत और मातम की बेला में टी.वी. पर नेता मुसकराता है। बेशर्म मुसकान! ठीक वैसी, जैसी जी.बी. रोड के कोठों की सीढ़ियों पर खड़ी अश्लील इशारे करनेवाली औरतों की।

पिछले सात-आठ सालों में एक-चौथाई गरीब लोगों ने अपने श्रम से गरीबी की शृंखला को तोड़ दिया था। कोरोना वायरस के कारण हुए लॉकडाउन ने कई लोगों को उसी गरीबी की दलदल में ढकेल दिया। शहरों की श्रमशक्ति का बड़ा हिस्सा कोविड-19 की मार से पीड़ित है। दैनिक वेतन भोगियों और दिहाड़ी मजदूरों की तो कमर ही टूट गई है। इन्हीं में से दो-तीन लेबर चुनना है। चलो, फोन से कोशिश करता हूँ। जो आएगा, थर्मल स्कैनिंग कराकर तय किया जाएगा।

नीलू घर पहुँचा तो शाम हो गई थी। रौनक खिड़की का पल्ला थोड़ा सा खोलकर सड़क को निहार रही थी। नीलू को लगा, यह एक और चाँद है, जिसे उसने पहले कभी नहीं देखा था। दरवाजे के अधखुले पल्ले के बीच से झाँकता एक टुकड़ा मुख, जिसे पाकिस्तान के आसमान और अपार अंधकार की लहरों ने बेरहमी से पूर्वी किनारे पर फेंक दिया था। उसके पास ही नीलू गोताखोर आँखें गिर गई हैं।

वह इनकी डोर खींचकर इन्हें बाहर निकालना भूल गया।

रौनक नीलू को यूँ देखता सहम गई। खिड़की का पल्ला बंद कर वह पानी लेने चली गई। उसके दिल में क्या चल रहा है, रौनक को हलका आभास हो गया था। आजकल उसकी आँखों में कुछ विशेष तैर रहा है। एक अपेक्षा···एक माँग।

"लो, पानी पी लो।" पानी थमाते हुए रौनक ने कहा।

"हाँ!" नीलू जैसे नींद से जागा।

"कहो कैसी रही?"

"जल्दी ही हम एंगेज हो जाएँगे?"

"हँअ!" रौनक की आँखें आश्चर्य से और बड़ी हो गईं।

"हाँ! मेरा मतलब व्यस्त हो जाएँगे। पंद्रह-बीस दिन में लोन मिल जाएगा। अगले महीने हम रौनक इंटरप्राइजेज का उद्घाटन करेंगे।" नीलू ने हसरत से उसकी ओर देखा।

रौनक इन आँखों को देख न सकी। वहाँ से हट गई।

आज रौनक इंटरप्राइजेज का उद्घाटन। मयूर विहार के इस भवन पर विद्युत् झालरें जगमगा रही थीं। न्यून साइन में इंगित 'रौनक इंटरप्राइजेज' चमक रहा था। कुल दो आदमी बुलाए गए थे। मकान मालिक और अरुष। फैक्टरी में सामान करीने से रखे थे। सामने के बैनर में फिनाइल, सैनिटाइजर और हैंडवॉश के बॉटल बने थे। लिखा था रौनक क्लीनिंग। यह सब नीलू की परिकल्पना थी। स्वजन सोशल मीडिया पर देख रहे थे। अरुष ने रिबन काटकर प्रवेश किया। मकान मालिक ने नारियल फोड़कर शुभ किया। दोनों सहयोगी नेगी और चायल फोटो खींचने में व्यस्त थे। अरुष ने रौनक और नीलू को सामने खड़ा कराया और फोटो खींचे। सबने रौनक और नीलू को शुभकामनाएँ और बधाई दीं। कार्यक्रम समाप्त हुआ। फेसबुक, यू-ट्यूब, व्हाट्सएप एवं अन्य सोशल मीडिया के माध्यमों पर फोटो वायरल होने लगीं। स्वजनों की मंगलकामनाओं से नीलू और रौनक उपकृत हुए।

अरुष को आज खाना अपने साथ खाने के लिए नीलू ने पहले से तैयार कर लिया था। वे दोनों आपस में बातें कर रहे थे। अधिकांश बातें हरिशंकरपुर से संबंधित थीं। अरुष को इन बातों में विशेष रुचि न थी। उसने कहा, "नीलू! जीवन में कुछ करना है तो हरिशंकरपुर की चर्चा और उन लोगों के क्रियाकलाप से दूर

रहो। दे आर नॉट पॉजिटिव। दे डू नॉट हैव पैशन। विकास करना है तो फैक्टरी और केवल फैक्टरी के बारे में सोचो।"

रौनक टेबल पर खाना लगा रही थी और उनकी बातें चुपचाप सुन रही थी। अच्छी लगी अरुष की बात। उसके मन में अरुष के लिए बैठा श्रद्धा भाव और बढ़ गया, जिस आसानी से एक माह में उसने बैंक से लोन पास कर दिया। वह ब्लड के रिश्ते की सहिष्णु अनुभूति का प्रभाव ही तो है।

"देखो नीलू! मैं हरिशंकरपुर से अपना रिश्ता इतना ही समझता हूँ कि वहाँ मेरे पापा पैदा हुए। उनके पापा यानी मेरे बाबा, उनके प्रति श्रद्धा भाव है। उन्हीं से रिश्ते की अनुभूति थी। आज उनके न होने पर भी वह अनुभूति सब-कॉन्सेस में बैठी है, इसलिए वहाँ का जो व्यक्ति मेरे पास आता है, उसे मैं उनका ही अंश समझता रहूँगा।" अरुष ने नीलू की उस बात के उत्तर में कहा, जो काका की जमीन-जायदाद के संबंध में थी। रौनक ने एक बार उसकी ओर देखा। उसे अरुष के बरताव में वही सूफियाना अंदाज नजर आया। खाना लग गया। उसने अदब से खाने का आग्रह किया।

भियाजी टिक्की, साई भाजी, धोडापल्ली, वेज बिरियानी, धारुन जी चटनी और माजून मिठाई। व्यंजनों की सुगंध ने अरुष की भूख को बढ़ा दिया। उसने टिक्की काँटे में गोदकर उठाई। रौनक ने प्लेट में धारुन जी चटनी डाल दी। टिक्की में कमल नाल को स्लाइस्ड कर बीच में स्टफिंग। कोरिएंडर और चिली स्प्रेड। बेसन फ्लोर से कोटेड। डीप फ्रायड। अरुष को अनोखा स्वाद मिला। एक-एक चीज का स्वाद अपने आपमें अलग रस देनेवाला। अरुष ने पहली बार यह स्वादिष्ट चीज खाई। स्वाद तो हर पकवान के अच्छे थे। माजून मिठाई उसे बहुत पसंद आई। नारियल, केशर, बादाम, पिस्ता, काजू, देशी घी, किशमिश, सोंठ, अदरक, जावित्री, इलायची के स्वाद सामूहिक रूप से उसे प्रिय लग रहे थे। अरुष हर व्यंजन का लुत्फ उठाता और तारीफ करता रहा। रौनक कुछ इस तरह सकुचाती रही, जैसे बार-बार कोई लाल फूलवाले मिमोसा प्लांट को छू दे।

खाना समाप्त हुआ। रौनक ने लौंग, इलायची की प्लेट अरुष की ओर बढ़ाया। उसने इलायची उठा ली और जेब से निकालकर दो हजार की एक नोट एक रुपए के सिक्के के साथ रख दिया। रौनक उसका मुँह देखने लगी, मानो पूछ रही हो, 'यह क्या?'

"नीलू! तुमने फैक्टरी की शुरुआत की रौनक के साथ। अब जिंदगी की भी शुरुआत करो। रौनक से बढ़िया कोई और जीवन साथी नहीं हो सकता। यदि रौनक को कोई आपत्ति न हो।" अरुष की बात सुन रौनक का मुँह बुराँश की तरह लाल हो गया। आँखें कमल के संपुट की तरह बंद हो गईं।

अरुष को छोड़ने बाहर तक नीलू और रौनक आए। दोनों को हाथ जोड़ उसने विदा ली। चाँदनी छिटकी थी। रोशनी की एक पतली धार नम हवा में टहनियों पर झूल रही थी। चाँदनी की इस छाँह के पिंजरे में बंद रौनक का मुक्तिकामी मन पंख फड़फड़ाकर उड़ने लगा। नीलू तो पहले से बादलों की मेहराबें लाँघता, ऊपर और ऊपर नील गुंबद के पार जा रहा था।

□

राजनीति

आजकल!

धूल भरी अंधी आँधी में जैसे बिजली कौंध जाए, वैसे ही मेरी आँखों में रित कौंध जाता है। पाँव एक्सीलेटर से हटकर कार के ब्रेक यूँ दबा देते हैं, ज्यों दोपहरी में चलते-चलते बयार रुक जाए। रास्ते में दिवास्वप्न की तरह एम्स ठिठका हुआ लगता। अनायास ही मैं एम्स का पाला छू लेती। शायद यह रित के ईद मुबारक का प्रभाव है।

दोपहर का सूर्य आकाश की ऊँचाई पर दमक रहा था। मुझे लगा, जैसे यह सूर्य एवरेस्ट पर दमकता हुआ, मेरे भीतर के अतलांतक में पहली बार आभा बिखेर गया। मैं एम्स की ओर मुड़ गई, फिर याद आया कि आज रविवार है। वह घर पर होगा। मैंने यू टर्न लेकर गाड़ी बसंत विहार की ओर मोड़ दी।

बहुत दिनों बाद आज माइकेला का फोन आया। उसने अस्पताल, जिंदगी, मौत, संक्रमण की कोई बात न की। रित उसके कहे शब्द दुहराने लगा, "रित! पहाड़ी झील के सोए नीले जल-सा मेरी आँखों का दर्पण, जब समय की गहराइयों में प्रकाश फेंकता है। किसी गुफा की तरह मेरा अंत:करण रोशन हो जाता है। सिर्फ क्षण भर। फिर वही घुप्प अंधकार। जब भी इस अंधकार से निकलने की कोशिश करती हूँ। वर्जनाओं की सीमा और रोशनी की बाढ़ में डूबी, किसी ड्रैगन की सड़ी लाश पर अनजाने ही पाँव पड़ जाते हैं। सारी देह सिहर उठती है। इस अंधकार और प्रकाश के आदिम अंकुर को मैंने जड़ से उखाड़कर हथेली पर रख लिया है पर···! पर इसका बीज कहाँ है रित?"

रित ने पहली बार महसूस किया।

माइकेला का मानस डॉक्टर है, लेकिन हृदय कवि। वह उस स्मृति को कितने

यत्न से सँभालकर रखी है, जो मेरी होकर भी नितांत उसकी है। उसे लगता कि ड्रैगन ने वुहान वायरस उसके देश और दुनिया को दिया। इसने उस ड्रैगन को, जो सौभाग्य का प्रतीक माना जाता है, भी मार डाला। माइकेला का पैर कभी-कभी अपने ही सौभाग्य की लाश पर पड़ जाता। दरअसल रोज अस्पताल में लाशों के ढेर से निकलती उसकी मानसिकता तल्ख हो गई है। वह अंधकार में डूबी यादों की रोशनी का बीज, अपना प्यार खोज रही है।

यह प्यार रित ही तो है। कितनी दूर से पास आकर वह पूछ रही है, 'कहाँ हो रित!' इस कोरोना काल के लॉकडाउन ने सबसे ज्यादा मर्मांतक पीड़ावाली त्रासदी प्यार को ही दी है। निरंतर हूक उठ रही है। दिल हाहाकार कर रहा है। एक संत्रास में प्यार बंदी है। दो प्राण लकड़ी के बीच जल रहे हैं। लकड़ी के दोनों छोर पर आग लगी है। निर्मम नियति विलास कर रही है। उसके मानस में कल शाम टी.वी. की वह न्यूज घूम गई, जिसे मैंने पढ़ा था—'गुजरात की एक लड़की लॉकडाउन में अपने गाँव आए प्रेमी से मिलने पैदल वाराणसी पहुँच गई। महीनों का सफर पूरा कर जब वह उस गाँव में पहुँची तो गाँववालों ने उसे कोरोना संक्रमण के अंदेशे में गाँव के बाहर ही जबरदस्ती क्वारंटाइन कर दिया।'

"हैलो रित!" मैं झोंके की तरह कमरे में दाखिल हुई। रित की सोच बाधित हो गई।

"ओह! साबिया! इज ए लॉन्ग लाइफ।" रित ने कहा।

"क्यों?" मैं मुसकाई।

अभी-अभी तुम्हारी कल गुजरात की लड़कीवाली रिपोर्टिंग मुझे याद आ गई। रित ने भोलेपन से कहा।

"अच्छा तो जनाब मुझे याद कर रहे थे। तभी तो मैं आ गई।" मैंने शोखी से कहा।

"किधर से आ रही हो?" रित को मेरा आना अप्रत्याशित लगा। यद्यपि आजकल हम काफी नजदीक आ गए थे। आपस में औपचारिकता का आवरण भी झीना सा रह गया था, फिर भी हमारी व्यस्तता हमें परस्पर बेतकल्लुफ होने का अवसर न देती। आने से पहले मैं फोन किया करती।

"निकली थी दिल्ली में महामारी और व्यवस्था का सर्वे करने। कभी-कभी इस भीषण त्रासदी को देखते-समझते तनाव और अवसाद होने लगता है। सोची संडे वहाँ बिताया जाए, जहाँ पर सुकून मिले।"

मैंने प्यार से रित को निहारा।

"बैठो, चाय लाता हूँ।"

"रहने दो। तुम्हारा पहाड़ी दाज्यू तो है नहीं।"

"हाँ! सामान लेने गया है।"

"चाय मैं बनाती हूँ।" मैं उठकर किचन में चली गई।

पानी चढ़ाकर किचन से ही पूछा, "चाय की पत्ती कहाँ है?"

रित को उठकर आना पड़ा। दाज्यू ने चाय कहीं रख दी थी। दोनों ढूँढ़ने का प्रयास कर रहे थे। रित ने देखा कि चाय मेरे सामनेवाले रैग पर थी। उसने चाय उतारने के लिए मेरे पीछे से हाथ ऊपर किया कि मैं घूम गई। मेरे उन्मत्त अमरुदी कोण रित की छाती से छू गए। रोमांचित हो उठी मैं। शायद वह भी। चाय का डिब्बा हाथ से छूट मेरे कंधे पर गिरा।

"आउच!" हलकी सी चीख के साथ अनायास उरोजों की केतकी रित के सीने में धँस गई। देह झनझना गई। रित असहज हो गया।

दोनों अलग हुए। आँखें एक-दूसरे से टकराईं और झुक गईं। अपनी-अपनी चाय लेकर हम दोनों बाहर आ गए। कमरे में निस्तब्ध चुप्पी। केवल रह-रहकर प्याले पर होंठों का हलका दबाव। मेरी दो मुक्ता-मंडित सीपी सी आँखें खंजन की तरह बँध गई थीं। रित अभिशप्त राह के सूने रंगमंच का नटवर। हाँ! उसका हृदय सूना है। माइकेला के हृदय के रंगमंच का वह नटवर है। लेकिन जो रास्ता माइकेला तक जाता है, वह बंद है। वह माइकेला से प्यार करता है। इस कोरोना काल ने उसके प्यार को अभिशप्त बना दिया। ...और मैं भादों की उमड़ती नदी-सी बढ़ी आ रही हूँ, उसकी ओर। सारे निशानों को, दायरों को, कगारों को तोड़ती हुई। उसने आँख उठाकर मेरी ओर देखा। मेरी आँखों में बँधे खंजन अपनी पाँखें खोलकर रित को दबोचने के लिए आतुर हो उठे। रित की आँखों ने पूछा, 'अरे तू कौन?'

मेरे मौन ने उत्तर दिया, 'मैं तुम्हारी तृप्ति।' रित सोचने लगा—एक तृप्ति, एक दीप्ति। किसे सपने में उगे इंद्रधनुष सा मिटा दूँ? किसे प्रत्यक्ष की लौ समझकर उसकी ज्योति चूम लूँ?

"क्या सोच रहे हो रित?" मैंने सन्नाटा भंग किया। रित की उधेड़बुन टूट गई।

"सोच रहा हूँ, कैसी त्रासदी है यह। हर आदमी के सामने प्रश्नचिह्न लगा है। हर कदम के आगे की राह सूनी है।" रित का अंतर्द्वंद्व बाहर आ गया।

"कदम को कदम की जरूरत होती है रित! कदम से कदम जोड़कर देखो,

राह का सूनापन अपने आप समाप्त हो जाएगा।" मैंने मन की बात कह दी।

"और बताओ सर्वे का क्या परिणाम रहा ? कहाँ-कहाँ हो आई ?" रित ने बात का रुख मोड़ने का प्रयास किया।

"तुम्हें याद होगा कि रौनक और नीलू की स्टोरी मैंने टेलीकास्ट की थी।"

"वो पाकिस्तान की हिंदू लड़की और···।"

"हाँ! हाँ!! वही। इन सभी ने सूक्ष्म फैक्टरी, फिनाइल और हैंडवॉश, सैनिटाइजर की शुरू की। उसके एक लेबर का परिवार कोरोना पॉजिटिव हो गया। उसकी मदद के लिए सत्येंद्र जैन को फोन किया तो दिल्ली के कुछ अस्पतालों की शूटिंग करने का मन बन गया। शूटिंग पूरी करते-करते मन अवसादग्रस्त हो गया तो शांति की खोज में तुम्हारे यहाँ चली आई। मेरे जीवन में दो ही व्यक्ति हैं, जिनके पास मैं अपने तनाव भरे मन और एकाकीपन से मुक्ति की अनुभूति करती हूँ। एक मेरी मम्मी, दूसरे तुम।"

"···।" रित चुपचाप सुनता रहा। जब वह चुप हुई तो बोला, "तो किन-किन अस्पतालों की लुटिया डुबाने की तैयारी कर डाली, स्टोरी मुझे भी बताओ।" रित ने हँसकर पूछा।

"मैंने तुम्हें बताया न कि नीलू और रौनक ने अपने पुराने साथियों के साथ मिलकर 'रौनक इंटरप्राइजेज' नाम से क्लीनिंग लिक्विड की फैक्टरी डाली। इस फैक्टरी में काम करनेवाले एक कर्मचारी के पिता कोरोना संक्रमित हो गए। इस कर्मचारी का नाम संदीप है। इसके 59 वर्षीय पिता और भाई दोनों कोरोना पॉजिटिव हैं। पिता फिलहाल राजीव गांधी सुपर स्पेशियलिटी (आर.जी.एस.एस.) हॉस्पिटल में एडमिट हो गए। भाई घर पर आइसोलेशन में है। पिता को एडमिट कराने में उसे लोहे के चने चबाने पड़े।" क्षण भर रुककर मैंने रित की ओर देखा। वह मुझे ध्यान से सुन रहा था।

"संदीप ने मुझे बताया कि पहले भाई को बुखार आया। 28 जून को उसने कोविड-19 का टेस्ट कराया। 29 जून को पापा को बहुत तेज बुखार आ गया। बुखार इतना तेज था कि हम रात ही उन्हें लेकर अस्पताल भागे। पहले हम ई.एस.आई. हॉस्पिटल गए। उन्होंने हमें राममनोहर लोहिया अस्पाल में रेफर कर दिया। यहाँ उनका कोरोना संक्रमण का टेस्ट हुआ। डॉक्टरों ने कहा कि टेस्ट की रिपोर्ट पाँच दिन बाद आएगी। उन्हें घर ले जाओ।

"संदीप उन्हें लेकर घर आ गया। जब भी तबीयत खराब होती, अस्पताल

ले जाता। वहाँ ड्रिप चढ़ा दिया जाता। रिपोर्ट आई तो उसके पिता कोरोना पॉजिटिव पाए गए। आर.एम.एल. हॉस्पिटल ने उसे दोपहर में फोन करके पिता के कोरोना पॉजिटिव होने की जानकारी दी। आगे क्या होगा, इस बात की कोई जानकारी उसे नहीं दी गई। कोई टीम उसे घर लेने आएगी या क्या व्यवस्था होगी, हॉस्पिटल ने कुछ नहीं बताया।

"संदीप ने जब बार-बार संपर्क कर पूछना शुरू किया तो उसे अलग-अलग फोन नंबर डायल करने को कहा गया। नंबर वह डायल करता रहा, लेकिन कोई संतोषजनक उत्तर नहीं मिला। अंत में उसे कहा गया—'मरीज को लेकर खुद आ जाओ।'

"'पापा को लगातार बुखार है। वे कोरोना पॉजिटिव भी हैं। मैं लेकर आऊँ तो क्या मुझे संक्रमित होने का खतरा नहीं होगा?' संदीप ने कहा। वह डर रहा था कि संक्रमण पूरे परिवार को हो सकता है। परिवार से पूरे मोहल्ले को। अत: उसने हॉस्पिटल द्वारा पिता के कोरोना पॉजिटिव और खुद मरीज को लेकर आने के निर्देश को ट्वीट कर दिया। अंतत: आर.एम.एल. हॉस्पिटल से सहायता की आशा न देख उसने दिल्ली सरकार का हेल्पलाइन नंबर डायल किया। वह लगातार व्यस्त था।

"संदीप ने बीस-तीस बार दिल्ली सरकार की हेल्पलाइन पर फोन किया। वह पूर्ववत् व्यस्त था। उसके पापा की स्थिति निरंतर बिगड़ती जा रही थी। बी.पी. तो उन्हें पहले से था। उसने मुख्यमंत्री अरविंद केजरीवाल को टैग कर कई ट्वीट किए। उसके पिता आहिस्ता-आहिस्ता सीरियस होते रहे। स्थिति उठने-बैठने की नहीं रह गई, तो संदीप आर.एम.एल. जाकर खुद रिपोर्ट लाया। वहीं पता चला कि भाई भी पॉजिटिव है, लेकिन आज तक लैबवालों ने कॉल कर उसे बताना आवश्यक नहीं समझा। अंत में नीलू और रौनक ने मुझे फोन कर वाकयात से अवगत कराया और उसके पिता को एडमिट कराने में मदद की गुहार की। मैंने स्वास्थ्य मंत्री सत्येंद्र जैन को फोन किया तो उसके पिता को आर.एम.एल. में एडमिट कर लिया गया। भाई होम आइसोलेशन में।

"संदीप ने भाई को एडमिट कराने के लिए बी.एल. कपूर और बत्रा हॉस्पिटल की राह ली। वहाँ से बेड के खाली न होने की सूचना देकर उसे लौटा दिया गया।" इतना कहकर मैंने पानी का गिलास उठाया, जो दाज्यू रख गया था।

"अभी कुछ दिन पहले ही तो अरविंद केजरीवाल ने डेल्ही कोरोना ऐप लॉन्च

किया। इसका उद्‌देश्य अस्पतालों में उपलब्ध बेड और वेंटिलेटर की जानकारी देना ही तो है?" रित ने कहा।

"हाथी के दाँत खाने के और दिखाने के और हैं रित! ऐप से प्राप्त होनेवाली जानकारी और वास्तविकता में बहुत अंतर होता है।" मैंने बताया।

"देखना चाहोगे? लो, तुम्हारे सामने फोन करती हूँ। सबसे पहले एल.एन.जे.पी. देखो।" साबिया मोबाइल पर नंबर डायल करने लगी···। एक बार···दो बार···तीन बार। फोन नहीं उठा। यह वेबसाइट पर दिया गया नंबर था। मैंने ऐप रित के सामने कर दिया। 968 बेड और 48 वेंटिलेटर उपलब्ध थे। अबकी बार फोर्टिस हॉस्पिटल में फोन किया। बताया गया कि बेड उपलब्ध नहीं है। ऐप के अनुसार 32 बेड उपलब्ध थे। इसी तरह मैंने आर.एम.एल., बत्रा, बी.एल.के. आदि अस्पतालों को फोन किया। सबकी स्थिति एक जैसी थी।

"लो, एक चीज और देखो।" मैंने फिर नंबर डायल किया।

"हैलो!" उधर से आवाज आई।

"मैं इजी टी.वी. से मिस साबिया बोल रही हूँ। मे आई टॉक टु डॉ. मुंडेजा।"

"यस मैम! जस्ट नाऊ···प्लीज होल्ड।" मोबाइल स्पीकर पर था।

"हैलो।"

"गुड आफ्टर नून डॉ. मुंडेजा! आई एम साबिया हियर फ्रॉम इजी टी.वी.।"

"यस मैम! आई नो, टेल मी।"

"डॉ. मुंडेजा! आपके ऐप प्राइवेट अस्पतालों में बेड उपलब्ध बता रहे हैं, लेकिन हॉस्पिटल में कॉन्टैक्ट करने पर कह रहे हैं, बेड उपलब्ध नहीं हैं! ऐसा कैसे हो रहा है?"

"मिस साबिया, ऐसा अधिकतर नहीं होना चाहिए। एक्चुअली ऐप अभी कुछ दिन पहले ही लॉन्च हुआ है, इसलिए सही जानकारी अपडेट होने में देर हो रही है। कुछ दिनों में समस्याएँ दूर कर ली जाएँगी।"

"अभी समस्या दूर होने में कितने दिन लगेंगे?"

"इसे अति शीघ्र दूर कर लिया जाएगा। बहुत से लोग घबराहट की वजह से अस्पताल में एडमिट होना चाहते हैं। कोरोना के 80 प्रतिशत मरीज होम आइसोलेशन में रहकर ठीक हो जाते हैं।"

"ओके डॉ. मुंडेजा। थैंक यू।"

"और देखना चाहो तो दिल्ली के स्वास्थ्य मंत्री से बात करूँ।" मैं रित को लक्ष्य कर मुसकराते हुए बोली।

"रहने दो। मैंने समझ लिया, तुमने समझा दिया।" रित ने हाथ हिलाते हुए कहा।

"इस तरह की अनेक घटनाएँ हैं। सुप्रीम कोर्ट ने लाशों की बेकद्री पर जो टिप्पणी की थी, वह तो तुम जानते ही हो।"

"यह अनलॉक बहुत जोखिम भरा है। महाराष्ट्र, गुजरात, तमिलनाडु और दिल्ली फिर पूरा देश संक्रमण के ऐसे चपेट में होगा कि···।"

रित उसकी ओर देखकर मुसकराने लगा। मैं समझ गई।

"वैसे डॉक्टर तो तुम हो। आगे क्या होगा, तुम सही अनुमान लगा सकते हो।" मैंने थोड़ा लज्जित होते हुए कहा।

"नहीं, तुम ठीक कहती हो। तमिलनाडु की स्थिति काफी भयानक हो सकती है। यहाँ पिछले महीने की अपेक्षा बीमारी दस गुना बढ़ गई है। मृत्यु दर भी पाँच गुना बढ़ी है।" रित ने कहा।

"फिर भी दिल्ली तमिलनाडु, महाराष्ट्र और गुजरात की अपेक्षा बेहतर स्थिति में है। हालात चेन्नई की ज्यादा खराब हो रही है। चेन्नई नॉर्थ जहाँ अधिकांश उद्योग हैं, हालात तेजी से बिगड़ रहे हैं। रायपुर, कोडंवक्कम, और टी.वी. के नगर में संक्रमण चौदह दिन में दोगुने हो रहे हैं।" मैंने कहा।

चेन्नई का जिक्र आते ही रित कहीं खो गया। उसकी आँखों में वह समुद्र उमड़ आया, जहाँ से एक अंकुर उसके भीतर पनपाकर नियति ओला गिरा रही थी।

"लेकिन गुजरात की स्थिति सोचनीय और दयनीय होती जा रही है। राजधानी अहमदाबाद में सक्रिय संक्रमितों की संख्या पूरे राज्य का 68 प्रतिशत है।" मैंने रित की मन:स्थिति पर ध्यान दिए बिना कहा।

"मैंने सुना है। अहमदाबाद का संक्रमण बढ़ने के पीछे निजामुद्दीन से लौटे तबलीगी हैं।" रित ने कहा।

"सटीक आँकड़ा तो मुझे नहीं मिल पाया, लेकिन ज्यादातर रिपोर्टों का अनुमान है कि शहर में कोविड संक्रमण के मामले 60 प्रतिशत से अधिक मुसलमानों के हैं।" मैंने बताया।

"अहमदाबाद में तो पिछले दिनों कोविड को लेकर दंगे की स्थिति हो गई थी। ऐसा था क्या?" रित ने पूछा।

"उस समय मैं अहमदाबाद गई थी। वहाँ अधिकारियों और संक्रमित मुसलिम क्षेत्र के निवासियों के बीच परस्पर विश्वास का संकट पैदा हो गया। परिणामत: मुसलमानों ने पुलिस पर जबरदस्त पथराव कर दिया। हालात काबू करने के लिए लाठीचार्ज और आँसू गैस के गोले छोड़ने पड़े।"

"अहमदाबाद का संकट आपसी विश्वास और भरोसे के न होने का संकट है। मेरी भेंट पुराने शहर में रहनेवाले बत्तीस वर्षीय सलीम मोहम्मद से हुई। उसने बताया कि लॉकडाउन के दिनों में पिता और भाई के साथ वह स्वयं लोगों के बीच राशन बाँट रहा था। इस बीच उसे लगा कि वे सब संक्रमित हो गए हैं। सरकारी अस्पताल उनकी जाँच के लिए सहमत नहीं हुए। अस्पताल का कहना था कि उनमें कोई लक्षण नहीं दिखाई पड़ता। चार दिन बाद सलीम के दादा में लक्षण दिखाई पड़े। जाँच हुई, पॉजिटिव पाए गए। दस दिन बाद उनका निधन हो गया। सलीम के पिता भी पॉजिटिव मिले। उसने बताया, 'मुसलमानों से संदिग्ध की तरह बरताव होता है। उन्हें अलग वार्ड में रखा जाता है। जैसे शहर में संक्रमण मुसलमान ही लाए हैं।'

"भाजपा नेता कहते हैं कि कोरोना का राजनीतीकरण करके संकट को बढ़ाने का काम न किया जाए, लेकिन नेता राजनीति करने से कब बाज आता है? चाहे सत्ता पक्ष हो या विपक्ष।"

"दिल्लीवासी बनाम बाहरी, होम क्वारंटाइन आदि को लेकर राजनीति तो दिल्ली में भी हो रही थी। खूब हुई। केजरीवाल और एल.जी. बैजल में। अब सेंटर और स्टेट सामंजस्य बनाकर काम कर रहे हैं?" रित ने पूछा।

"दिल्ली अब सबसे ज्यादा प्रभावित राज्यों में तीसरे नंबर पर आ गया है। यहाँ रोज संक्रमितों की संख्या बढ़ रही है। रेशियो प्रतिदिन हजार से ऊपर का है।" मैंने कहा।

"अनलॉक तो हो गया। सैलून, रेस्टोरेंट, कार-मोटर, बसें चलने लगीं।"

"बड़े जमावड़े को रोकने के लिए दिशा-निर्देश स्पष्ट, सख्त और बाध्यकारी होना चाहिए। संक्रमण तो बहुतायत कलस्टर्स के माध्यम से चेन बनाता है। बुजुर्गों और अन्य संवेदनशील वर्गों को स्वस्थ लोगों के साथ मिलानेवाले कलस्टर ज्यादा खतरनाक होते हैं।"

"रही बात होम क्वारंटाइन की। सरकार को कई कारकों पर विचार करना चाहिए। रोगी की आयु, रहने की जगह, परिवार के सदस्यों की संख्या साथ ही व्यक्ति और पूरे परिवार की स्वास्थ्य स्थिति। इन कारकों पर जो सही उतरते हों,

उन्हें रोज की निगरानी के साथ घर में आइसोलेट किया जा सकता है।"

रित की बात सुनकर मुझे हँसी आ गई, "तुम पूरी तरह चिकित्सक की मुद्रा में आ गए हो। वैसे राजधानी में अग्रिम पंक्ति के स्वास्थ्यकर्मियों की सुरक्षा के बारे में तुम्हारा क्या खयाल है? मेरे सर्वे के अनुसार दिल्ली में हर 30 कोविड मरीजों में एक स्वास्थ्यकर्मी है।"

"स्वास्थ्य सेवा से जुड़े कर्मियों को बार-बार बिना लक्षणोंवाले मरीजों के जोखिमों का सामना करना पड़ता है। पी.पी.ई. और सार्वजनिक जागरूकता की कमी से उनमें संक्रमण होता है।"

"वैसे केजरीवाल की सरकार बैंक्वेट हॉल और इनडोर स्टेडियमों में बेड लगवा रही है। एक काम सर्वोच्च प्राथमिकता पर करने को कहा गया है—श्मशान और कब्रिस्तान के लिए जगह की पहचान करने का। देखो, कितनी राहत का काम कर रही है सरकार?" मेरे होंठों पर व्यंग्य की मुसकान खिंच गई।

"कल मैंने तुम्हारे ही कार्यक्रम में देखा कि मनीष सिसोदिया कह रहे थे, 'दिल्ली सरकार ने केंद्र से 5,000 करोड़ रुपए की तत्काल सहायता माँगी है।' तुमने पूछा कि 'इन रुपयों से क्या काम करेंगे?' उन्होंने जवाब दिया, 'हमें हर महीने वेतन भुगतान और अन्य खर्चों के लिए करीब 3,500 करोड़ की जरूरत है।'" रित ने कहा।

"हाँ! उन्होंने केंद्रीय वित्तमंत्री निर्मला सीतारमण को पत्र लिखा है। यह भी राजनीति का ही रंग है।"

"दिल्ली की तुलना में मुंबई ज्यादा खराब है। वहाँ एक ओर बढ़ता संक्रमण तो दूसरी ओर राजनीति के अपने-अपने हथकंडे हैं। तुम तो मुंबई से इसी सप्ताह वापस आई हो?" रित ने पूछा।

"मुंबई की तुलना दिल्ली से नहीं की जा सकती। मुंबई का क्षेत्रफल 6355 वर्ग कि.मी. है। यह दिल्ली का दसवाँ हिस्सा है। यहाँ इतने हिस्से में 3 करोड़ से अधिक लोग रहते हैं। दिल्ली का क्षेत्रफल 54,984 वर्ग कि.मी. है। इतने क्षेत्र में 4.6 करोड़ लोग रहते हैं। तुलना करनी ही है तो मुंबई की तुलना न्यूयॉर्क से की जा सकती है। अमेरिका में जहाँ स्वास्थ्य सेवाएँ बहुत उन्नत हैं, संक्रमण और मौत की संख्या कहीं अधिक रही है।"

न्यूयॉर्क! क्लिक कर गया रित के मस्तिष्क में। जैसे विद्युत् के दो तार आपस में स्पर्श कर जाते हैं। अनजाने ही साबिया नाम की विद्युत् धारा माइकेला नामक

धारा को छू देती। स्पार्क होता। चिनगियाँ झरकर सीधे रित के हृदय पर गिर जातीं। उसका हृदय आहत हो जाता। उसने आहत मन से पुकारा, "दाज्यू!"

"जी साब!"

"मैम की शान में कुछ लाओ। आज कुछ खिलाया नहीं।"

"अभी लाया साब!"

दाज्यू ट्रे में दो गिलास पानी लेकर आ गया। मैंने ट्रे से गिलास उठा लिया। रित दाज्यू का मुँह देखने लगा।

"पानी लें साब! पनीर के पकौड़े बनाकर लाता हूँ।"

रित ने पानी का गिलास उठा लिया।

"उद्धव ठाकरे अनुभवहीन और आरामतलब व्यक्ति हैं। संकट के आधे दिनों तक तो वे किंकर्तव्यविमूढ़ रहे। अपने मंत्रिमंडल के अनुभवी साथियों का फायदा उठाना तो दूर, उन्होंने जून के पहले सप्ताह तक मंत्रिमंडल की बैठक तक नहीं बुलाई। सलाह के लिए राज्य के मुख्य सचिव अजय मेहता पर निर्भर रहे। मेहता के नेतृत्व में अफसरशाही काम कर रही थी। प्रेस के सामने उन्होंने इसे स्वीकार किया और प्रतिप्रश्न किया—'इसमें नुकसान क्या है? मैं कोई बॉलीवुड का हीरो तो नहीं, जिसे हर जगह दिखाई पड़ना चाहिए।' देवेंद्र फडणवीस ने प्रतिक्रिया दी—'राजनीतिक नेतृत्व को अफसरशाहों की बुद्धिमत्ता को दिशा देनी चाहिए। उद्धवजी इस मोर्चे पर नाकाम रहे।'"

"फडणवीस ने बिल्कुल सही कहा।" रित बीच में बोला।

"हाँ! अफसर महत्त्वाकांक्षा की लड़ाई लड़ने लगे। मुख्य सचिव मेहता और बी.एम.सी. कमिश्नर प्रवीण परदेसी के बीच एक-दूसरे को नीचा दिखाने का खेल चलने लगा। परदेसी योग्य अधिकारी होने के साथ जिद्दी हैं। परिणामत: अप्रैल में ही कोरोना संक्रमण की दर 7 से बढ़कर 18 फीसद हो गई। मौतें भी, जो 1 अप्रैल को कुल 16 थीं, 15 मई तक 1068 पर पहुँच गईं। ठाकरे अपनी कुरसी बचाने के लिए कोरोना से लड़ने के बजाय गवर्नर से नामित होकर विधानपरिषद् का सदस्य बनने के लिए जोर मारते रहे।" मैंने गिलास से दो घूँट पानी और हलक के नीचे उतारा।

"मुंबई में राज्य के अफसर हों या ठाकरे, हमें तो उनसे उम्मीद बिल्कुल नहीं रही। मुंबई कोविड के टाइम बम पर बैठी थी। घड़ी चल रही थी। विस्फोट तो होना ही था। मुंबई में संभवत: 300 से अधिक झुग्गी बस्तियाँ हैं, संभवत: 80 लाख लोग

इसमें रहते होंगे। पूरे शहर की आबादी का 45 प्रतिशत हिस्सा। तुम धारावी भी गई थी न···। हाँ उसकी रिपोर्टिंग तो की थी तुमने।" रित ने कहा।

"धारावी 2.1 कि.मी. के क्षेत्र में 7,50,000 लोगों को बसाए है। यहाँ 8 × 10 फीट की झुग्गियों में कई-कई लोग रहते हैं। यहाँ सामाजिक दूरी का पालन असंभव है। सामूहिक शौचालय और नल। लाइन लगाए लोग। तुम ठीक कहते हो, कोरोना के टाइम बम पर बैठी थी मुंबई। तुम्हारे सायन अस्पताल में तो वार्ड में ही डेड बॉडी पड़ी रहीं। काले बैग में लिपटीं, कंबल और बेड कवर से ढकी। इन्हीं के बीच मरीज भी पड़े रहे। इन्हें मॉर्चरी तक पहुँचा देना भी उचित नहीं समझा गया। कई पुलिसवालों और स्वास्थ्यकर्मियों की भी मृत्यु हो गई।" मैंने गिलास रख दिया।

"राजनीति है, जो इन सबसे बेपरवाह। शरद पवार के नाराजगी की खबरें। राहुल तो उदासीन। कांग्रेस को निर्णायक स्थिति में मानते ही नहीं। ये नेता संकट काल में भी एक नहीं हो सकते।" रित बोला।

"उद्धव ठाकरे तो कहते हैं, 22 फरवरी से 23 मार्च के बीच मुंबई के शिवाजी छत्रपति अंतरराष्ट्रीय हवाई अड्डे पर 50,000 अंतरराष्ट्रीय यात्री उतरे। उनका आरोप है कि केंद्र सरकार ने इन यात्रियों की उचित जाँच नहीं की। राज्य को तैयारी का समय दिए बिना लॉकडाउन की घोषणा कर दी। अंतरराष्ट्रीय हवाई अड्डे पर जाँच के तरीके में भी बड़ी खामी थी। बुखार होने पर हर कोई पैरासिटामोल लेता है। हवाई अड्डे पर केवल बुखार की जाँच करना पर्याप्त नहीं था।" मैं इतना कहकर चुप हो गई।

"वैसे शुरुआत में हवाई अड्डों पर ध्यान केंद्रित करना चाहिए था।"

"महाराष्ट्र की राज्य सरकार के कई फैसलों का क्रियान्वयन बेहद खराब था। उप-मुख्यमंत्री अजित पवार ने गरीबों को सार्वजनिक वितरण प्रणाली द्वारा तीन महीने का मुफ्त राशन देने की घोषणा की थी। इसे अप्रैल के अंत में लागू किया गया। ताजी सब्जियों के लिए बांद्रा, माहिम, खार के लोग तरस गए।" रित ने कहा।

"वाह! हुजूर अच्छी पत्रकारिता कर सकते हैं।" मैं शोखी से मुसकराकर बोली।

"मेरी जानकारी का थोड़ा-बहुत स्रोत तो तुम्हीं हो। टी.वी. पर तुम्हें देखकर कुछ सीख लेता हूँ।" रित ने विनम्रता से कहा।

"फिर तो तुम एकलव्य की तरह मेरे शिष्य हुए।" साबिया बोली।

"जी गुरुदेव!" रित ने नाटकीय मुद्रा में हाथ जोड़ा।

"दक्षिणा देनी होगी।" मैं शरारत पर उतर आई।

"शिष्य हाजिर है।" रित ने कहा।

"सोच लो।" मैं गंभीरता से बोली।

"आज्ञा दें गुरुदेव!" रित ने उसी नाटकीय मुद्रा में कहा।

"समय आने दो।"

दाज्यू नाश्ता लेकर आया। पनीर पकौड़े और मठरी। मैंने सर्व किया। दाज्यू कॉफी बनाने चला गया।

मैं रित के यहाँ से निकली तो आसमान से तिरछी प्रकाश धारा गिर रही थी। हर दुराहे, तिराहे, चौराहे पर खड़ा था, इसी रोशनी के उठते-गिरते हाथोंवाला ट्रैफिक सिपाही। मुझे लगा, ये हाथ चक्रवर्ती हाथ हैं। इन हाथों के संकेत हवा में बातों की खुशबू सी उसकी नस-नस में भरने लगे।

□

17 जून, 2020।

भारत के शहरों में लोग गुस्से से उबल पड़े। चट्टी-चौराहों पर तिरंगा लिये जनता चीनी सामानों की होली जला रही थी। चीन के राष्ट्रपति शी जिनपिंग का पुतला फूँका जा रहा था। जनता मुँह पर मास्क बाँधे सड़कों पर निकल पड़ी। नारे लग रहे थे—चीनी सामान का बहिष्कार करो-बहिष्कार करो। बंद करो-बंद करो, चीन से व्यापार बंद करो।

गलवान घाटी में चीनी सैनिकों से हुई झड़प में बिहार रेजीमेंट के बीस जवान चीनी सैनिकों को मारते-मारते शहीद हो गए। तिरंगे में लिपटा इन शूरवीरों का शव ताबूतों में बंद अंतिम संस्कार के लिए लाया जा रहा था। सड़क और घरों की छतों, बालकनियों पर खड़ा जनसमूह आँसू भरी आँखों से राष्ट्र के पहरेदारों पर फूल बरसा रहा था। समूह के नाद से आकाश गूँज उठा, "जब तक सूरज चाँद रहेगा, देश तुम्हारी याद करेगा।"

मैं लद्दाख के लेह में थी। लाइव प्रसारण चल रहा था।

लद्दाख सीधा भोक्ता था। यहाँ का बच्चा-बच्चा उद्वेलित था। यहाँ ऐसे-ऐसे गाँव हैं, जहाँ हर घर का नौजवान सेना में है। इन शूरवीरों के हृदय में मातृभूमि के प्रति ऐसा जज्बा है कि उसके चरणों में हँसते-हँसते प्राण उत्सर्ग कर देना साधारण सी बात है। लेह के चौक पर लोग जमा हैं। उनमें गुस्सा है। चुशोत गाँव की 34

वर्षीय जारा बानो चिल्ला रही थीं, "हमारे गाँव में एक भी नौजवान नहीं रहता, सब सेना में भर्ती हैं। मैंने अपना पति देश पर बलिदान कर दिया। इसलिए नहीं कि उसका अपमान किया जाए। मेरे दो भाई आज भी एल.ए.सी. पर खड़े हैं। मेरे दोनों बेटे भी सेना में जाएँगे।" मैंने इस औरत के सामने माइक लाकर कहा, "माताजी, आपके पति और देश के शहीदों का बलिदान व्यर्थ नहीं जाएगा। प्रधानमंत्री ने कहा है।"

"लेकिन वह राहुल गांधी तो सेना का अपमान कर रहा है। कहता है, लद्दाख की धरती चीन ने कब्जा कर ली। बंदूक उठाने की कुव्वत है, उसमें? खड़ा रहेगा लद्दाख के पहाड़ पर? शहीदों की लाश पर नेतागिरी करता है।" जारा बानो हाँफने लगीं। किसी ने उसकी पीठ पर सहलाकर पानी थमाया।

"हमारे पति, बेटों और भाइयों का बलिदान राष्ट्र की रगों में उतरकर नया जीवन, नई आग और नया पौरुष जगाने के लिए होता है। कांग्रेसी जाकिर कहता है कि लेह को चीन ले जाएगा और कारगिल पाकिस्तान। यह सेना और शहीदों का अपमान नहीं तो क्या है?" एक दूसरी औरत ने कहा।

मैं अवाक् रह गई। माइक सामने से हटा लिया। स्क्रीन पर मेरी फोटो लाइव हुई। मेरे मुँह से निकला, "त्रासद स्थितियाँ जब राजनीति की चेतना को झिंझोड़ती नहीं, लोग उससे मुख मोड़ लेते हैं। ठीक वैसे, जैसे उस वेश्या से, जो बार-बार घर्षित होकर भी उत्तेजित नहीं होती। इसके किरदारों की निगाह में जनता बपतिस्मा की हुई औरत है। ये समझते और ढिंढोरा पीटकर समझाते हैं कि वे जो कुछ उस औरत के साथ करते हैं, सिर्फ और सिर्फ उसकी भलाई के लिए। इनकी मुँदी आँखें उन आँखों की लिपि कहाँ पढ़ पाती हैं··· ? हिंदुस्तान में कांग्रेस के खानदानी नेता कुछ ऐसे ही हैं। जनता ने कांग्रेस को रगड़-रगड़कर साफ कर दिया। राहुल को परंपरागत सीट से पटकनी देकर बहरिआ दिया, लेकिन खानदान है कि मानता नहीं। राहुल कुचले हुए नाग की तरह प्रधानमंत्री नरेंद्र मोदी को अपनी गुंजलक में लेने का प्रयास करते हैं, लेकिन अशक्तता और नीतिगत अपरिपक्वता के कारण यहाँ-वहाँ फन पटकते रहते हैं।" तकनीकी कारणों से क्षण भर के लिए आवाज बाधित हुई। स्टूडियो ने इसे तत्काल ठीक करा दिया। मैं फिर बोली, "राहुल गांधी का यह कहना कि चीन ने लद्दाख में जबरदस्ती हमारी जमीन कब्जा कर ली है। भारत के प्रधानमंत्री ने सरेंडर कर दिया। यह देश की जनता को अच्छा नहीं लगा। अनेक टी.वी. चैनलों सहित इजी चैनल पर भी देश की जनता ने इसके खिलाफ 80 प्रतिशत तक राय दी थी।" भीड़ में सेमिंग चामग्याल दिखाई पड़े। लद्दाख न्यूज के

संपादक। स्टूडियो से संपर्क कराने को कहा गया।

स्टूडियो ने पूछा, "कोरोना अपने चरम पर है। संसार चीन के वुहान से निकले कोविड-19 के प्रकोप से जूझ रहा है। समय रहते उसके द्वारा अंतरराष्ट्रीय स्तर पर इस वायरस की जानकारी न देने के कारण दुनिया आहत है।

"संसार में करोड़ों लोग मारे जा चुके हैं। विश्व व्यापक आर्थिक मंदी से निजात पाने के प्रयास में लगा हुआ है, पर चीन अपने विस्तारवादी रवैये के अनुकूल पड़ोसियों की जमीन हड़पने के षड्यंत्र में। 'वह भारत के खिलाफ इस हद तक क्यों चला गया?'"

चामग्याल ने उत्तर दिया।

"चीन के राष्ट्रपति शी जिनपिंग के खिलाफ आवाज उठ रही थी। असंतोष का माहौल आँच पर चढ़ाने की कोशिश हो रही थी। एक प्रमुख असंतुष्ट नेता ने जिनपिंग को खुला पत्र लिखा—'2017 में आपने भारत की सीमा पर डोकलाम में सैन्य सड़क का निर्माण शुरू किया। नरेंद्र मोदी सरकार ने जरा सी आँख दिखाई। आप उसी तरह पीछे हट गए, जैसे—बीजिंग की सड़कों पर शेखी बघारने वाला कोई गली का गुंडा, जो घुड़क दिए जाने पर दुबक जाता है।' उस नेता को गिरफ्तार कर लिया गया। ऐसे असंतोषों और कोरोना पर विश्व के व्यापक विरोध से ध्यान भटकाने के लिए उसने भारत को छेड़ा। चीन का ऐसा रवैया भारत के प्रति ही नहीं है। पिछले कुछ वर्षों में चीन ने दक्षिण सागर में क्षेत्रीय विवादों पर आक्रामक कदम उठाए। फिलीपींस को धमकाया। वियतनाम की मछली पकड़नेवाली नाव को डुबो दिया। हांगकांग में दमनकारी पंजा कसा। ताइवान को औपचारिक रूप से अलग राष्ट्र घोषित करने की हिम्मत जुटाने की कोशिश न करने के लिए चेतावनी दी। आखिर भारत ही अपवाद कैसे रहता?"

स्टूडियो से अगला सवाल आया, "प्रधानमंत्री नरेंद्र मोदी ने चीन के साथ पड़ोसी जैसा बरताव कर रिश्ते बेहतर बनाने का गहरा प्रयास किया। वुहान और मम्मलपुरम 2018 और 2019 की अनौपचारिक बैठकों में व्यापारिक रिश्ता बनाने का प्रयास हुआ। यह निजी सौहार्द बनकर रह गया, सरहदी समझौते की ओर नहीं बढ़ पाया। विपक्ष कहता है कि मोदी शी जिनपिंग के बहकावे में आते गए, जिससे चीन ने एल.ए.सी. पर मनोवैज्ञानिक और भौतिक दबाव प्राप्त कर लिया। उसने मोदी के अहं को सहलाया और वह प्राप्त कर लिया, जिसे चीन 'लड़े बगैर जीत' कहता है।"

चामग्याल बोले, "ऐसी बातें मोदी से खार खाए विपक्षी दुर्मुख बयान वीर या राहुल गांधी कह सकते हैं।

"मोदी इतने भोले नहीं हैं, जैसा विपक्ष या कांग्रेस बोल रही है। वे दो पाटों के बीच बँधी रस्सी पर चल रहे थे। वे चाहते थे, चीन को तब तक घोषित दुश्मन बनने से रोका जाए, जब तक देश उसे सीधी चुनौती देकर रोकने की स्थिति में न आ जाए।

"मोदी ने 1980 के दशकवाली देंग शियाओ पिंग की नीति 'चुपचाप देखो, खुद को मजबूत करो। अपनी ताकत छिपाओ, अपने वक्त का इंतजार करो' का अनुसरण किया। देश आज कोरोना जैसी महामारी से युद्ध लड़ रहा है। आर्थिक मोर्चे पर हाल के वर्ष में अपनी क्षमता से कम के प्रदर्शन पर है। फिर भी मोदी चीन को चुनौती जितनी कुशलता से दी जा सकती है, दे रहे हैं। गलवान से उन्होंने जिनपिंग को दो-टूक संदेश दिया—'भारत शांति चाहता है, लेकिन उकसाए जाने पर माकूल जवाब देना भी हमें आता है।'"

स्टूडियो से रक्षा विशेषज्ञों के चित्र स्क्रीन पर आए, एक रिटायर्ड जनरल से पूछा गया, "जवाब देने के लिए भारत के पास क्या विकल्प है? भारत माकूल जवाब किस तरह से दे सकता है?"

उत्तर में उन्होंने कहा, "एल.ए.सी. पर चीन के आक्रामक रुख का जवाब देने के लिए भारत के पास अनेक विकल्प हैं। मेरे खयाल से सैन्य कारस्वाई की जगह अर्धसैनिक बलों का इस्तेमाल कर गुप्त अभियान छेड़ा जा सकता है। मोदी सरकार ने हाल के वर्षों में कई योजनाएँ तैयार की हैं—दुर्गम हिमालय की ऊँचाइयों में सड़कों और पुलों का निर्माण, पर्वतीय युद्ध के लिए विशेष रूप से तैयार सैनिकों के एक दर्जन से अधिक नए डिवीजनों को जोड़ना। इसके अतिरिक्त सेना को भेजकर एल.ए.सी. के उन चीनी क्षेत्रों पर कब्जा जमा लेना, जहाँ भारत अधिक मजबूत स्थिति में है। कब्जे में ली गई इन चीनी सैन्य चौकियों को समझौता वार्त्ता में मोल-तोल के लिए प्रयुक्त किया जा सकता है। यदि युद्ध होता है तो भारत वायुसेना का प्रयोग भी कर सकता है। वायुसेना दुश्मन के इलाके में घुसकर उनकी जमीनी बढ़त ध्वस्त कर सकती है। यह सेना बुनियादी ढाँचों और सैन्य क्षेत्रों को तबाह करने के साथ ही पी.एल.ए. की वायु सेना को आकाश में बढ़त लेने से रोकेगी। भारतीय नौ सेना आपात योजना के तहत चीनी युद्धपोतों और पनडुब्बियों को हिंद महासागर में युद्ध के लिए आने से पहले ही मलक्का जलडमरूमध्य पर रोक सकती है।"

एक दूसरे रिटायर्ड जनरल से स्टूडियो द्वारा पूछा गया, "क्या सैन्य प्रयोग या युद्ध के अतिरिक्त कूटनीतिक प्रयास भी हो सकते हैं? सामरिक तौर पर भारत के लिए एल.ए.सी. पर संतुलन और दबाव को बहाल करना महत्त्वपूर्ण है। दोनों पक्ष टकराव से बचना चाहते हैं। युद्ध के पक्ष में तो शायद कोई नहीं है, फिर कूटनीतिक रास्ता क्या हो सकता है?"

उत्तर में उन्होंने कहा, "भारत को चीन के साथ अपने संबंधों को नए तरीके से समझने की जरूरत है। हम 1962 की उस पुरानी परंपरा या रुझान का अनुसरण नहीं कर सकते कि पहले सीमा विवाद हल करो। भारत 1998 के बाद का दृष्टिकोण भी नहीं अपना सकता कि अन्य क्षेत्रों में सहयोग जारी रखते हुए, सीमा विवाद का हल और शांति वार्त्ता करता रहे। जिस तरह चीन जम्मू-कश्मीर जैसे मसले पर प्रलाप करता रहता है, पाकिस्तान को शह देता है, हमें भी हांगकांग, ताइवान, शिनजियांग और तिब्बत के मसले को जोर-शोर से उठाना चाहिए। भारत अभी-अभी संयुक्त राष्ट्र संघ में अस्थायी सदस्य चुना गया है। हमें इस मंच का उपयोग करना चाहिए।"

स्टूडियो ने हस्तक्षेप किया और पूछा, "आप कहना चाहते हैं कि भारत को यह चिंता छोड़ देनी चाहिए कि उसके फैसले चीन को परेशान करेंगे या यह भुलावा चलाना चाहिए कि राष्ट्रों के क्वाड समूह के गठन का मंतव्य अमेरिका, जापान और ऑस्ट्रेलिया के साथ मिलकर हिंद-प्रशांत क्षेत्र में चीन के प्रभाव को रोकना नहीं है।"

जनरल ने कहा, "भारत को दुविधा छोड़कर चीन के खिलाफ एशिया में शक्ति संतुलन के प्रयासों में सक्रिय भागीदारी निभानी चाहिए। एशियाई सहयोगियों और अमेरिका के साथ मिलकर काम करना चाहिए। चीन को स्पष्ट संकेत मिल जाएगा कि भारत अपने हितों की रक्षा के प्रति तत्पर है। हमें जापान से सबक लेना चाहिए। जापान चीन को बड़ा खतरा मानता है। बीजिंग की नाराजगी की रत्ती भर परवाह किए बिना अमेरिका के साथ अपने रिश्ते से इंच भर भी पीछे नहीं हटता। भारत को यह करना पड़ेगा। वह उन अंतरराष्ट्रीय गठबंधनों के साथ मजबूती से जुड़े, जो चीन की हरकतों से चिंतित रहते हैं।"

स्टूडियो से एक सवाल और उभरा—"देश की जनता चीनी सामानों के बहिष्कार की माँग कर रही है। वर्तमान परिवेश में यह कितना कारगर और संभव है?" प्रश्न डिबेट में ऑनलाइन भागीदार आर्थिक मामलों के जानकार से था।

उन्होंने बताया, "चीन भारत में व्यापार का सबसे बड़ा भागीदार है। सेवाओं

की बात करें तो यह अमेरिका के बाद दूसरे स्थान पर आता है। भारत और चीन अपने संबंधों में बहुत साफ-साफ प्रतिकूल स्थिति में पहुँच गए हैं। ऐसा लगता है कि भारत सरकार दूरसंचार, रेलवे, बिजली जैसे महत्त्वपूर्ण और बुनियादी ढाँचे में चीनी कंपनियों और उत्पादों के संपर्क को सीमित करने का काम कर सकती है। वह 5जी नेटवर्क के लिए समझौतों में प्रवेश के समय शर्तों को बदलकर चीनी कंपनियों को रोक सकती है। भारत चीनी उत्पादों पर बहुत हद तक निर्भर है। डब्ल्यू.टी.ओ. और अन्य समझौतों के दायित्व से बँधा है। अत: व्यापार को प्रतिबंधित करना कठिन है। यह एक तरह से युद्ध जैसी स्थिति बनाने जैसा होगा।"

स्टूडियो ने बीच में हस्तक्षेप कर पूछा, "क्या चीन के साथ व्यापार खत्म करने की माँग भारत के बाजारों में उसकी भारी-भरकम मौजूदगी की प्रतिक्रिया है?"

उत्तर में कहा गया, "व्यापार बहिष्कार और चीन के बीच आर्थिक विषमता को दूर करने के कदमों से सीमा पर यथास्थिति बहाल नहीं होगी। इससे चीन से निपट लेने की क्षमता में कोई तात्कालिक वृद्धि भी नहीं होगी। हमारा फोकस सीमा पर प्रभावी संतुलन मजबूती से बनाने का होना चाहिए। भारत के पास जैसा को तैसा के अलावा और कोई रणनीतिक विकल्प नहीं है। यह जो तुरंत का संकट है, इसके समाप्त होने के बाद खुफिया नेटवर्क, सैन्य जवाब, कूटनीतिक प्रयास और सरकार की प्रतिक्रिया के संदर्भ की समीक्षा के दौरान बहुत से सबक मिलेंगे। सीमा पर जवाब देने जैसे मुद्दों पर प्रबंध को लेकर भारत का रुख बदलेगा। भारत उन तैयारियों की ओर बढ़ भी रहा है, जिससे चीन डरे। हमें सैन्य सुधार और अपने को सशक्त करने का सिलसिला शुरू करना चाहिए। मोदी सरकार इस ओर सजग है।

"भारत ने सीमा के अतिरिक्त चीन पर आर्थिक नाकेबंदी की ओर बढ़ना प्रारंभ कर दिया है। सड़क और बिजली के क्षेत्र में चीनी अनुबंधों और चीन के ऐप्स पर प्रतिबंध लगाना इसी का हिस्सा है। भारत-चीन का यह विवाद व्यापक होकर हिंद महासागर की ओर बढ़ रहा है।"

स्टूडियो द्वारा प्रतिभागियों को धन्यवाद ज्ञापित करते-करते ब्रेकिंग न्यूज चलने लगी। कांग्रेस नेता राहुल गांधी ने कहा है, "चीनी सेना लद्दाख में 30-40 कि.मी. अंदर घुस आई है। उसने हमारी जमीन कब्जा कर लिया है।"

स्टूडियो से संकेत हुआ, मैं स्क्रीन पर दिखने लगी। एंकर ने कहा, "हमारी एसोसिएट एडिटर मिस साबिया लेह-लद्दाख में हैं। उनसे ताजा-तरीन हाल जानते हैं।"

"साबिया! पूर्वी लद्दाख में तनाववाले इलाकों का अभी क्या हाल है? वार्त्ता के बाद की स्थिति कैसी है?"

मैं बोली, "भारत और चीन में संघर्षवाले इलाके से सेना को हटाने पर सहमति बनती नजर आ रही है। सूत्रों के अनुसार कल हुई दोनों पक्षों की बात काफी सकारात्मक रही। दोनों देशों के जनरल स्तर के अधिकारियों ने बातचीत की थी। इस बातचीत में सैनिकों के हटाने के लिए तौर-तरीकों को अंतिम रूप देने पर ध्यान केंद्रित किया गया। भारत ने स्पष्ट कहा है कि 5 मई के पहले की स्थिति एल.ए.सी. पर बने। चीन अपनी सीमा में लौट जाए। बता दें कि इसके पहले इसी स्थान पर 6 जून को लेफ्टिनेंट जनरल स्तर की बातचीत हुई थी। इसमें गतिरोध दूर करने के लिए दोनों पक्षों ने समझौते को अंतिम रूप दिया था। यद्यपि 15 जून को हुई हिंसक झड़प के बाद सीमा पर स्थिति बिगड़ गई। दोनों पक्षों ने 3,500 कि.मी. की वास्तविक सीमा के पास अधिकांश क्षेत्रों में अपनी सेना की तैनाती को काफी तेज कर दिया है।"

"भारत का मूल विरोध फिंगर 4 और 5 के बीच चीनी सैनिकों के जमावड़े को लेकर है। भारत ने बातचीत में इस इलाके से चीनी सैनिकों को हटाने की दृढ़ बात रखी है। भारत ने चीन के लाख विरोध के बाद भी अपनी सीमा में सड़क बनाने का काम जारी रखा है।"

"गलवान घाटी में चीन के धोखे के बाद भारत पूरी तरह सतर्क है। भारतीय सेना लद्दाख से लेकर सिक्किम तक एल.ए.सी. पर डटी हुई है। उसे किसी भी हिमाकत का उत्तर देने की खुली छूट मिली है। भारत ने इन इलाकों में लड़ाकू विमानों से लेकर हैवी मशीनगनों तक को तैनात कर दिया है। एल.ए.सी. पर लड़ाकू विमान सुखोई-30, एम.के.आई. और मिग-29 उड़ान भर रहे हैं।"

"हमारे सामने आई.ए.एफ. के विंग कमांडर हैं। इनसे बात करते हैं—'एल.ए.सी. पर चीन की चुनौती को कैसे देखते हैं आप?' मैंने पूछा।

'चुनौतियों का मुकाबला करने के लिए हमारे पास संसाधन हैं। चाहे बात मैन पावर की हो या फिर उपकरणों की। वायुसेना सभी तरह की चुनौतियों और सैन्य ऑपरेशन को मदद के लिए पूरी तरह तैयार है।' विंग कमांडर ने बताया।

स्क्रीन पर ब्रेकिंग न्यूज चलने लगी। शरद पवार बोल रहे थे—"राष्ट्रीय मसलों पर विशेष तौर से सीमा विवाद की स्थिति में बिना सोचे बोलना घातक होता है। ऐसे संवेदनशील चीजों पर अनावश्यक नहीं बोलना चाहिए।"

शाम होने लगी। तापमान 6 डिग्री सेल्सियस तक आ गया। मनाली-लेह हाइवे के दोनों ओर बर्फ पिघलने लगी थी। नजारा खूबसूरत था। हवा किसी बिल्ले के नाखून सी चुभने लगी। हमारा काम समाप्त हो गया था। हमने भी अपनी टीम के साथ होटल की राह ली। दिन भर के काम और हवा के सर्द थपेड़े को झेलते हुए थकान हो गई थी। गुनगुने पानी से नहाना अच्छा लगा। फ्रेश होकर सोफे पर बैठ गई। मोबाइल उठाकर यूँ ही फेसबुक देखने लगी। यद्यपि सोशल मीडिया फेक न्यूज और भड़काऊ पोस्ट की फैक्टरी है, फिर भी कभी अगंभीरता में सच भी दिखाई पड़ता है। आज की चर्चा में अनेक परिपक्व और अधकचरे लोग एक जैसी बात लिख रहे थे—'देश दोहरे संकट से गुजर रहा है। दोनों संकट चीन ने दिए हैं। भारत कोविड-19 के वायरस से जूझ रहा है। चीन से निकले इस वायरस ने देश, दुनिया और समूची मानवता को संकट में डाल दिया है। दुनिया मौत के हॉरर से संत्रस्त है। भारत इस संत्रास के साथ चीन के विस्तारवादी वायरस को सीमा पर जूझकर रोक रहा है। मंद अर्थव्यवस्था के बावजूद सेना आमने-सामने खड़ी है। युद्ध के आसार हैं। तीन-तीन मोर्चों पर, पाकिस्तान के साथ कश्मीर फ्रंट, नेपाल फ्रंट और चीन के साथ लद्दाख से सिक्किम तक का फ्रंट। संकट की इस घड़ी और कोरोना के दुर्दिन में कांग्रेस देश के मनोबल को तोड़ रही है। राहुल गांधी के बयान चीन और पाकिस्तान की मीडिया में छाए हैं। राजवंशी मानसिकतावाले राहुल मोदी को रियाया समझते-समझते हताशा में विरोध की सीमा को मिटा बैठे हैं। मोदी का विरोध करते-करते वे देश और सेना का विरोध करने लगे हैं। घोर नकारात्मकता और कटुता उनकी प्रकृति बन गई है। कांग्रेस अध्यक्ष सोनिया द्वारा लॉकडाउन का आधे-अधूरे मन से समर्थन और विरोध। मजदूर त्रासदी पर केवल नकारात्मक विरोध, अब सीमा के हालात पर चीन द्वारा लद्दाख की जमीन कब्जा करने जैसी गैर-जिम्मेदाराना बात…। आखिर क्यों कर रहे हैं राहुल यह सब। मैंने मोबाइल रख दिया। घड़ी देखी। खाने में समय था। रिमोट उठाया, टी.वी. ऑन कर दिया। केंद्रीय कानून मंत्री रविशंकर प्रसाद इजी टी.वी. पर लाइव थे। उनकी बात सुनने लगी—

"चीन ने राजीव गांधी फाउंडेशन के लिए फंडिंग की है। मतलब इस फाउंडेशन को चीन ने पैसा दिया है। कांग्रेस और राहुल, सोनिया बताएँ कि यह प्रेम कैसे बढ़ गया? इनके कार्यकाल में ही चीन ने हमारी जमीन पर कब्जा किया। एक कानून है, जिसके तहत कोई भी पार्टी बिना सरकार की अनुमति के विदेश से पैसा

नहीं ले सकती। कांग्रेस स्पष्ट करे कि इस डोनेशन के लिए क्या सरकार से मंजूरी ली गई थी?

"ये हमारे पास राजीव गांधी फाउंडेशन के लिए 2005-06 की सूची है।" स्क्रीन पर उनके हाथों में लहराती सूची दिखाई दी। सूची रखकर वे फिर बोलने लगे, "इसमें साफ-साफ लिखा है कि चीन की अंबेसी ने फाउंडेशन को डोनेट किया है। इसमें कई उद्योगपतियों और पी.एस.यू. का भी नाम है। क्या इन उद्योगपतियों का डोनेशन काफी नहीं था, जो चीन की अंबेसी से भी रिश्वत लेनी पड़ी। मैं स्पष्ट बता रहा हूँ कि राजीव गांधी फाउंडेशन को चीन द्वारा 90 लाख की फंडिंग की गई।

"यह सब सोची-समझी राजनीति के तहत हुआ। इसके बाद कांग्रेस की सरकार में भारत और चीन के बीच व्यापारीय घाटा तैंतीस गुना बढ़ गया। कांग्रेस जवाब दे कि आखिर चीन के प्रति इतना प्रेम क्यों उमड़ गया था कि पार्टी के साथ एम.ओ.यू. साइन हो रहे थे? राजीव गांधी फाउंडेशन को चीनी दूतावास पैसा दे रहा है। कांग्रेस और सरकार के नेता भारत और चीन के बीच फ्री ट्रेड की बात कर रहे हैं।

"एक समय कांग्रेस के राज में चीन को अपने देश का इतना बड़ा भूभाग दे दिया गया। दस साल के शासन में कांग्रेस के लोग चीन के सामने घुटने टेके हुए थे। इन दस सालों में जब भी चीन को लेकर सवाल उठे, इनके रक्षामंत्री ने कभी प्रभावी जवाब नहीं दिया।"

कानून मंत्री रविशंकर प्रसाद ने फॉरैन कंट्रीब्यूशन रेगुलेटरी एक्ट-1976 को उद्धृत करते हुए कहा, "इस एक्ट की धारा 4-5-6 और 23 में कहा गया है कि कोई भी उम्मीदवार विदेश से पैसा नहीं ले सकता। कोई भी राजनीतिक पार्टी विदेश से पैसा नहीं ले सकती। मेरा मानना है कि राजीव गांधी फाउंडेशन एक प्रकार से कांग्रेस का एक्सटेंशन था। क्या उन्होंने चीन से पैसा लेने से पहले केंद्र सरकार से अनुमति ली थी? कानून के मुताबिक कोई भी संस्थान यदि विदेशी फंड लेता है तो उसे इससे संबंधित सभी जानकारी सरकार को देनी होती है। क्या राजीव गांधी फाउंडेशन ने चीन से लिये गए डोनेशन की जानकारी सरकार को दी थी? क्या उन्होंने बताया था कि यह डोनेशन चीन से किन शर्तों पर लिया गया और इसका क्या उपयोग किया गया? यदि आपने जानकारी नहीं दी तो क्यों नहीं दी? अगर दी तो क्या यह बताया कि हम चीन के साथ यह रकम फ्री ट्रेड के बदले ले रहे हैं?"

रविशंकर प्रसाद के बाद स्टूडियो द्वारा बताया गया कि भारत स्थित चीनी

उच्चायोग राजीव गांधी फाउंडेशन के लिए लंबे समय से फंडिग करता रहा है। कांग्रेस की अंतरिम अध्यक्ष सोनिया गांधी राजीव गांधी फाउंडेशन की चेयरपर्सन हैं। पूर्व प्रधानमंत्री डॉ. मनमोहन सिंह, राहुल गांधी, पूर्व वित्तमंत्री पी. चिदंबरम, कांग्रेस महासचिव प्रियंका गांधी इस बोर्ड के सदस्य हैं। राजीव गांधी फाउंडेशन की सालाना रिपोर्ट के मुताबिक 2005-06 में आर.जी.एफ. को चीनी दूतावास की तरफ से डोनेशन मिला था। चीनी दूतावास को सामान्य दाताओं की सूची में रखा गया है।

"डोनेशन देने की शुरुआत तब हुई, जब आर.जी.एफ. ने कई स्टडीज का हवाला देते हुए बताने का प्रयास किया था कि भारत और चीन के बीच फ्री ट्रेड एग्रीमेंट यानी बिना रोक-टोक आयात-निर्यात होना बेहद जरूरी है।"

क्षण भर रुककर स्टूडियो ने आगे बताया।

"राजीव गांधी फाउंडेशन द्वारा चीनी चंदे को लेने के आरोप के बाद केंद्रीय सरकार ने इस फाउंडेशन सहित राजीव गांधी चैरिटेबल ट्रस्ट और इंदिरा गांधी मेमोरियल ट्रस्ट द्वारा धनशोधन निवारण अधिनियम, आयकर कानून, विदेशी अंशदान विनियमन अधिनियम के विभिन्न कानूनी प्रावधानों का उल्लंघन किए जाने के मामलों में जाँच के लिए समन्वय हेतु एक अंतरमंत्रालयी टीम गठित की है। अंतर मंत्रालयी टीम का नेतृत्व प्रवर्तन निदेशालय के एक विशेष निदेशक करेंगे।"

मैंने घड़ी देखी। रात के 9 बज रहे थे। हमारी टीम रेस्टोरेंट में आ गई। आम दिनों की तरह रेस्टोरेंट में लोग नहीं थे। दूर-दूर दो-तीन टेबलों पर इक्के-दुक्के लोग बैठे थे। बगल के टेबल पर होनेवाली चर्चा साफ सुनाई पड़ रही थी।

"कांग्रेस को समाप्त करने के लिए राहुल अकेले काफी हैं।" एक लेडी ने कहा।

"न वह भारत की नब्ज को जानता है, न पहचानता। उसे पता ही नहीं है कि देश राष्ट्र की भावना के खिलाफ कुछ नहीं सुनना चाहता।" उस टेबल पर दूसरी ओर बैठे पुरुष ने कहा।

"पूरा पप्पू है। कोरोना की महामारी में लॉकडाउन को लागू करने के तरीके के नाम पर लॉकडाउन का विरोध कर रहा था।" वह लेडी हँसने लगी।

"सोनिया रोज प्रधानमंत्री को चिट्ठी लिख रही थीं।" पुरुष भी हँसा।

"अरे! यही नहीं, मजदूरों की वापसी पर पंजाब में विधायक ट्रेन के विंडो पर घूम-घूमकर कह रहे थे कि आपके जाने का टिकट सोनिया ने भिजवाया है। देश

और जनता महामारी के संकट में है। मजदूर और गरीब पलायन कर रहे हैं। देश विदेशी आक्रमण से लड़ने को तैयार है। यह खानदान है कि राजनीति कर रहा है।" महिला क्षुब्ध होकर बोली।

"हमने समझा था वह प्रियंका वाड्रा समझदार होगी। वह भी अपने भाई जैसी ही निकली। उत्तर प्रदेश में जब सरकार खुद वाहनों की व्यवस्था कर रही थी तो वह बस की राजनीति करने लगी। बस की जगह तमाम फर्जी टेंपो और स्कूटर के नंबर लगाकर हजार की जगह 800 की फर्जी सूची भेज दी।" पुरुष ने हैरानी जताई।

"बूड़ा वंश कबीर का उपजा पूत कमाल।" लेडी ने यूँ प्रतिक्रिया दी।

किसी ने म्यूट मोड पर चल रही टी.वी. का वॉल्यूम बढ़ा दिया। सबका ध्यान उधर ही चला गया। विज्ञापन अभी-अभी समाप्त हुआ, एंकर की आवाज आने लगी, "हम इस महामारी के घोर संकट काल में नेताओं की युद्ध राजनीति आपको दिखा रहे हैं। देश के प्रमुख विपक्षी दल के रवैए पर आधारित स्टोरी 'खानदान है कि मानता नहीं' अपने आखिरी चरण में है। पिछले दिनों देश में जैसी मजदूर त्रासदी हमें देखने को मिली, इसकी कभी कल्पना नहीं की गई थी। उत्तर प्रदेश के मुख्यमंत्री योगी आदित्यनाथ ने कोविड महामारी के संकट में प्रवासी मजदूरों और छात्रों को उनके गाँव-घर वापस लाने की प्रक्रिया में खुद को बेहद चतुर प्रशासक साबित किया। अपनी तेज-तर्रार छवि के बावजूद उन्होंने टीम सदस्य की तरह काम किया। दूसरे प्रदेशों से प्रवासी मजदूरों के बड़ी संख्या में यू.पी. की ओर रुख करने और पूरी गृहस्थी लेकर पैदल अपने घरों को नापते उनकी तसवीरों ने जैसे ही सुर्खियाँ बटोरीं, कांग्रेस महासचिव प्रियंका वाड्रा ने ट्विटर से हमला बोल दिया। उन्होंने यू.पी. के गृह-सचिव अवनीश कुमार अवस्थी को अपने सचिव द्वारा पत्र भेजा। प्रवासी मजदूरों को उनके गंतव्य तक भेजने के लिए एक हजार बसें भेजने की बात कही। सचिवालय द्वारा माँगे जाने पर जो सूची उपलब्ध कराई गई, उसमें अनेक नंबर फर्जी और टेंपो तथा स्कूटर के निकले। राजस्थान परिवहन की बसें आगरा में यू.पी. और राजस्थान की सीमा पर लगा दी गईं। अधिकांश बसें खटारा और परिवहन के ड्राइवरों के साथ न होने तथा लॉकडाउन की गाइड लाइन के अनुकूल न पाए जाने के कारण कार्य में नहीं ली गईं। परिणामत: कांग्रेस के प्रदेश अध्यक्ष अजय सिंह लल्लू ने धरना शुरू कर दिया। बसों की सूची में जालसाजी के आरोप में लल्लू को लखनऊ में गिरफ्तार कर लिया गया।

"प्रियंका हर मुद्दे पर योगी विरोध के द्वारा योगी के मुकाबले विकल्प के रूप

में खड़ा होना चाहती हैं, इसलिए लगातार सोशल मीडिया पर योगी आदित्यनाथ के खिलाफ हल्ला बोल रही हैं। सूचना जुटाने और भड़काऊ कार्यक्रम के लिए उन्होंने दो दर्जन विश्वस्तों का व्हाट्सएप ग्रुप बनाया है। इन विश्वस्तों ने अलग-अलग जोनवार व्हाट्सएप ग्रुप बनाया है। इन पर आनेवाली सूचनाएँ प्रियंका के ग्रुप में डाल दी जाती हैं। प्रियंका का कार्यालय चिनगारी बोनेवाली सूचनाओं का क्रॉस चेक कर ट्वीट कर देता है। इसी नीति का हिस्सा लॉकडाउन, कोविड महामारी और मजदूरों की त्रासदी से नकारात्मक रिसर्च के द्वारा अपने पक्ष में माहौल बनाने का है। इसका प्रभाव चाहे जो पड़े।

"प्रश्न है कि कोविड की महामारी चीन ने दी। युद्ध की आशंका के बादल चीन ने उड़ाए। शीतयुद्ध या विश्वयुद्ध की त्रासदी का कारक चीन बना। देश किससे लड़े, आक्रांताओं से या जयचंदों से? 'यह कोविड का संकट है, जो भागता नहीं। खानदान है कि मानता नहीं।'"

□

माइकेला अपने कमरे की खिड़की पर खड़ी आकाश को निहार रही थी। उसे लगा कि साँझ के सुरमई तट पर तैरती हुई दो आँखें अटक गई हैं। नथुनों में घुसी हुई, एक व्याकुल गंध निकलकर छत के ऊपर से गुजर गई। यह गंध उसकी पहचानी है। रित के निकटता की गंध। अभी-अभी जैसे उसकी लंबी दो बाँहें पीछे से कंधे को झिंझोड़कर अदृश्य हो गईं। रह गई है अँधेरे में एक खिलखिलाहट। मन की सीढ़ियाँ उतरती हुई। उसने लैपटॉप पर रित को वीडियो कॉल किया।

रित अपने लॉन के बीचोबीच बैठकर आकाश में बदली की अनगिनत डूबती-उभरती मुद्राओं को घूर रहा था। जैसे उसकी भुजाएँ शून्य में उठी हों और हवा उसे अपनी जंजीरों में जकड़कर जमीन पर पटक रही हो। मोबाइल की आवाज ने उसका ध्यान भंग किया। माइकेला का नाम देख, वह अंदर चला गया। मोबाइल को लैपटॉप से कनेक्ट किया। माइकेला की तसवीर स्क्रीन पर उभर गई।

"यस माइकेला! मिस यू।" रित ने कहा।

"सुन रही हूँ इंडिया, अयोध्या में लॉर्ड रामलला के टेंपल बनाने की फाउंड स्टोन सेरेमनी होने जा रही है। मेरी मम्मा बहुत खुश हैं।" माइकेला ने चहककर कहा।

"हाँ! यहाँ तो ऐसा लग रहा है, जैसे यह राष्ट्रीय स्वाभिमान का शिलान्यास है।

प्रधानमंत्री शिलान्यास के लिए जा रहे हैं। उस दिन अयोध्या लाखों दीपों से रोशन होकर झिलमिलाएगी। पूरा देश रामलला के स्वागत में दीपोत्सव मनाएगा।" रित ने बताया।

कुछ क्षण की चुप्पी के बाद माइकेला बोली, "सैकड़ों साल के बाद रामलला के दिन तो बहुर गए, अपने दिन कब बहुरेंगे रित?"

"...।" रित क्या उत्तर दे।

माइकेला फिर बोली, "अमेरिका में प्रति मिनट एक मौत हो रही है। हॉस्पिटल की जिम्मेदारी मौत को गले लगाकर भी पूरी की जा रही है। चीन दुनिया को कहर देकर भी युद्ध के उन्माद को बढ़ा रहा है। अमेरिका राष्ट्रपति चुनाव की ओर बढ़ रहा है...। सबके अपने काम हो रहे हैं, फिर इस प्यार के पाँव में ही बेड़ियाँ क्यों डाल दी गई हैं? इस महामारी ने हमारी जिंदगी के सफर को कैद में तब्दील कर दिया है रित!" माइकेला व्याकुल हो उठी।

"राजनीति के अपने रंग हैं माइकेला!" सुन स्जु ने कहा था, "अदृश्य और इतने रहस्यमय बनो कि आवाज तक न आए, तब तुम शत्रु के भाग्य को नियंत्रित कर सकते हो। चीन ने कोविड वायरस दिया, चाहे जैसे दिया। जानवरों के गोश्त से या वुहान वायरोलॉजी की प्रयोगशाला से। अदृश्य, अबोल, क्षण-क्षण फ्लक्चुएबल। इसलिए मुहरे बिछे होते हैं, चालें सोची-समझी जाती हैं, फिर चली जाती हैं।" रित ने कहा।

"तो तुम भी कोई चाल चलो न!"

"...।"

"चुप हो गए।"

"नहीं, सोच रहा था।"

"सोच लिये।"

"हाँ! एक तरीका है, थोड़ा धीरज रखना होगा...।"

"तरीका बताओ।"

"हम दोनों समुद्र में मिलेंगे।"

"मतलब?"

"तीसरा विश्वयुद्ध होनेवाला है।"

"तो!"

"हम दक्षिण चीन सागर के लिए रवाना हो जाएँगे।"

"हाऊ स्टुपिड!'

"नॉट स्टुपिड! मैम! हम अपनी ड्यूटी दक्षिण चीन सागर के लिए लगवा लेंगे। यहाँ हम सेना के घायल जवानों की सेवा करेंगे।"

"थर्ड वर्ल्ड वॉर का केंद्र साउथ चाइना सी ही होगा?" माइकेला ने प्रश्न किया।

"ऑफकोर्स!" रित ने कहा।

"यह थर्ड वर्ल्ड वॉर कब होगा?"

"जब कोरोना खत्म हो जाएगा।"

"सिली!" माइकेला ने अपना माथा पीट लिया।

"आई एम सीरियस डियर माइकेला! राष्ट्रपति ट्रंप का दृढ़ विश्वास है कि कोरोना वायरस चीन ने दुनिया को दिया। उनका खुफिया तंत्र इस बात की जाँच कर रहा है कि वुहान के वायरोलॉजी इंस्टीट्यूट से यह वायरस निकला कि नहीं? उन्होंने अपने गुस्से का इजहार करते हुए डब्ल्यू.एच.ओ. को चीन का पिट्ठू कहकर अमेरिकी सहायता बंद कर दी। अब जब डब्ल्यू.एच.ओ. ने जाँच के लिए कमेटी भेजने का निर्णय किया। चीन ने उन्हें आने की अनुमति तो दी, लेकिन यांगट्जी और हान नदी का डैम खोलकर बाढ़ ला दी। वुहान बहने लगा। मतलब सबूत नष्ट कर दिए गए। अब वहाँ कुछ नहीं मिलेगा।"

"इससे साउथ चाइना सी से क्या मतलब?" माइकेला का धीरज टूट गया। वह बीच में ही बोल उठी।

"मतलब है माइकेला! मामला ट्रेड का है, वर्चस्व का है। एक महाशक्ति है, दूसरा उसे रिप्लेस करने में लगा है। उत्तरी कोरिया का तानाशाह किम जोंग चीन की मदद से ताल ठोंकते हुए अमेरिका को चुनौती देता है। अपने परमाणु बमों का जखीरा बढ़ाने में लगा है। दक्षिण कोरिया के खिलाफ बिना उकसावे के शत्रुतापूर्ण हरकत करता रहता है। 20-30 परमाणु बम उसके पास पहले से हैं। किम जोंग के पास बड़ी रेंज की मिसाइलें भी मौजूद हैं। यदि वह परमाणु बमों का उत्पादन भी शुरू कर देता है तो पूरी दुनिया के लिए खतरनाक साबित होगा। किम जोंग चीन का मोहरा है। दक्षिण कोरिया को पश्चिमी देशों का समर्थन प्राप्त है। जोंग की हरकतें विश्वयुद्ध का कारण बन सकती हैं।"

"तुम्हें बात साउथ चाइना सी के बारे में करनी है।" माइकेला खीझ गई।

"लगता है कि समुद्र में मिलने का प्लान पक्का करना चाहती हो!"

"डोंट फन!"

"ओके! लिसेन प्लीज!"

"यू नो, कोरोना वायरस जैसी महामारी के प्रसार के लिए अमेरिका ने चीन को जिम्मेदार माना है। उसके खिलाफ दंडात्मक काररवाई भी शुरू कर दी है। चीन की आर्थिक गतिविधियों पर प्रतिबंध के लिए यू.एस. की प्रतिनिधि सभा में कोविड-19 के दौरान आक्रामक अधिग्रहण पर प्रतिबंध अधिनियम पेश हो चुका है। इसके अलावा, उसने चीन के विरुद्ध काररवाई की पूरी सूची तैयार की है। इसमें अमेरिकी ऋण दायित्वों को रद्द करने जैसे कई उपाय सम्मिलित हैं। इस वजह से चीन की आर्थिक रीढ़ पर कई चोटें पहुँचेंगी। अमेरिका में चीन की अरबों-खरबों डॉलर की रकम फँसी हुई है। यदि अमेरिका चीन के कर्जों को देने से इनकार करके, उसके विरुद्ध प्रतिबंधात्मक कदम उठाता है तो चीन बरबाद हो जाएगा। इसे रोकने के लिए चीन किसी भी सीमा तक जा सकता है। अमेरिका और चीन की आर्थिक जंग दुनिया में विश्वयुद्ध छिड़ने का बड़ा कारण बन सकती है।"

"अब आता हूँ, तुम्हारे साउथ चाइना सी पर···।"

"असली मुकाम पर कई पड़ावों से गुजरकर आते हैं, हुजूर!" माइकेला मुसकाई।

"ताकि उत्कंठा पीक पर पहुँच जाए।" रित ने दहला जड़ा।

"जान गई, एक्सपर्ट हो। आगे बोलो।" माइकेला ने परिहास की दिशा मोड़ी।

"पूरी दुनिया कोरोना वायरस में उलझी हुई है। चीन दक्षिण चीन सागर में अपनी सेना का प्रभुत्व जमाने में लगा है। इस कारण यहाँ तनाव बढ़ता जा रहा है। अमेरिका का आरोप है कि चीन की सेना दक्षिण चीन सागर में आक्रामक व्यवहार कर रही है। इस पर चीन ने आरोप जड़ दिया कि अमेरिका में राष्ट्रपति चुनाव होनेवाला है, इसलिए वर्तमान ट्रंप प्रशासन माहौल को भड़का रहा है। बढ़ते तनाव के बीच चीन के जंगी जहाजों ने युद्ध का लाइव अभ्यास किया है। इस बीच अमेरिका ने अलास्का में अपने ब्रह्मास्त्र कहे जानेवाले एफ-35 फाइटर जेट को अलर्ट मोड में तैयार कर रखा है।"

"तुमने अमेरिका के विदेश मंत्री माइक पोंपिओ का स्टेटमेंट देखा होगा?" रित ने कहा।

"यहाँ अस्पताल, जिंदगी और मौत के अलावा कुछ दिखाई नहीं पड़ता।" माइकेला ने बताया।

"माइक पोंपिओ ने एक वीडियो कॉन्फ्रेंस में आरोप लगाया है कि दुनिया कोविड-19 के वायरस से जूझ रही है। चीन इस महामारी और मानवीय संकट से फायदा उठाते हुए साउथ चाइना सी में अपने विस्तारवादी मनसूबे को अंजाम देने के प्रयास में लगा है। इसके बाद दोनों देशों का विवाद सतह पर आ गया है।

"चीन पूरे साउथ चाइना सी पर जबरदस्ती अपना दावा जताता है। इस समुद्री क्षेत्र की सीमाएँ वियतनाम, फिलीपींस, ताइवान, मलेशिया और ब्रूनेई के साथ भी मिलती हैं। यहाँ पारासेल और स्प्रेवली आईलैंड भी हैं। दक्षिणी चीन सागर में तेल और गैस के भंडार भी हैं। इन सबको लेकर विवाद है, जिनकी रक्षा के लिए इस क्षेत्र में अमेरिकी नौसेना तैनात है। ऐसे में किसी की तरफ से दागा गया एक भी गोला पूरी दुनिया को युद्ध की आग में झोंक देगा।

"तुम्हें याद होगी द्वितीय विश्वयुद्ध के दौरान पर्ल हार्बर की घटना। इसी की परिणति था—दुनिया का प्रथम परमाणु युद्ध। फलतः जापान के हिरोशिमा और नागासाकी शहर हमेशा के लिए तबाह हो गए।

"चीन भी जानता है कि अमेरिका सहित पश्चिमी देश उसके खिलाफ हैं। उसकी सेना भी सजग है। हाल में ही उसने परमाणु परीक्षण भी किया है। यह सारी गतिविधियाँ तीसरे विश्वयुद्ध की ओर ही जा रही हैं।" रित चुप हो गया तो माइकेला ने कहा, "विश्वयुद्ध भले कोरोना के खत्म होने का इंतजार कर रहा हो, शीतयुद्ध तो शुरू हो गया है। अमेरिका ने ह्यूस्टन स्थित चीनी दूतावास को बंद करा दिया। चीन अमेरिकियों की बौद्धिक संपदा और निजी सूचना को गुप्त तरीके से हासिल कर रहा था।"

"और चीन ने जवाबी काररवाई में ऐसा ही किया है! शीतयुद्ध ही तो है यह!" रित बोला।

"हमारे यहाँ अमेरिका में यह बात मानी जा रही है कि कोविड-19 का वायरस चीन ने ही दुनिया को दिया। सारा संसार दिन-रात इसी कोरोना वायरस से जूझ रहा है। इस वायरस कांड ने अमेरिका और चीन के बीच शीतयुद्ध का रुख अख्तियार कर लिया है, इसीलिए राष्ट्रपति ट्रंप ने सर्वप्रथम चीन की तरफदारी का आरोप डब्ल्यू.एच.ओ. पर लगाया। उन्होंने उसे आर्थिक सहायता देना बंद कर दिया। डब्ल्यू.एच.ओ. को साल भर की पूरी आवश्यकता का तिहाई हिस्सा अकेले अमेरिका देता था। इस कारण डब्ल्यू.एच.ओ. के सामने घोर आर्थिक संकट उत्पन्न हो गया है।"

"ट्रंप इतने पर ही कहाँ शांत हुए? उनका कहना तो यह भी है कि कोरोना वायरस के कारण होनेवाली मौतों के आँकड़े में चीन नंबर एक पर है, अमेरिका नहीं। चीन ने अमानवीय तरीके से मौतों का आँकड़ा छिपाया।" रित ने माइकेला को रुका देखकर कहा।

"हाँ! राष्ट्रपति ट्रंप की दृढ़ मान्यता है कि वुहान के चीनी लैब वुहान इंस्टीट्यूट ऑफ वायरोलॉजी से यह वायरस निकला। अमेरिका यहाँ अपना जाँच दल भेजेगा। यह जाँच दल इस बात की पुष्टि करेगा कि यह वायरस वुहान लैब में तैयार किया गया या नहीं। यदि यह प्रमाणित होगा कि कोरोना वायरस मानव निर्मित चीन के वुहान लैब में तैयार किया गया, तो अमेरिका चीन को न केवल सबक सिखाएगा, बल्कि दंड भी वसूलेगा।" माइकेला ने कहा।

"अच्छा मजेदार बात है कि चीन के राष्ट्रपति शी जिनपिंग मौनी बाबा बन गए हैं। वे न इन आरोपों का खंडन करते हैं, न मंडन। संस्कृत में कहावत है—'मौनं स्वीकार लक्षणम्।'

"वैसे राष्ट्रपति ट्रंप की बात सही लगती है कि मृतकों की संख्या में वह हमसे बहुत आगे है। हम तो उसके आसपास भी नहीं ठहरते। जब उच्च विकसित स्वास्थ्य प्रणालियों वाले देश ब्रिटेन, फ्रांस, इटली, स्पेन में मृतकों की संख्या इतनी अधिक थी तो चीन में केवल एक प्रतिशत से भी कम कैसे हो सकती है?" रित ने कहा।

"ट्रंप ने तो अपनी प्रेस कॉन्फ्रेंस में मीडिया को भी इंगित किया। उन्होंने कहा—चीन द्वारा बताया गया मौतों का आँकड़ा झूठ का पुलिंदा है। इसे आप भी जानते हैं और मैं भी। आप इसकी सही रिपोर्टिंग नहीं करना चाहते। मीडिया ऐसा क्यों कर रही है, एक-न-एक दिन यह सच्चाई जरूर आएगी। किसी दिन मैं तो अवश्य बताऊँगा। ट्रंप का यह बयान एक खुफिया रिपोर्ट पर आधारित है। इसके पहले कुछ अमेरिकी सांसद भी इसी तरह का आरोप चीन पर लगा चुके हैं। तुम्हें मालूम होगा रित! फ्रांस के नोबेल पुरस्कार-विजेता वैज्ञानिक प्रो. लुक मोंटैग्नियर ने बड़े साफ शब्दों में कहा—कोविड-19 की महामारी फैलानेवाले वायरस की उत्पत्ति चीन की प्रयोगशाला वुहान इंस्टीट्यूट ऑफ वायरोलॉजी में ही हुई। यह एक मानव निर्मित वायरस है।" माइकेला ने कहा।

"हाँ! उन्होंने यह भी बताया कि यह प्रयोगशाला एड्स की बीमारी को रोकनेवाले एच.आई.वी. की वैक्सीन बनाने की खोज कर रही थी। इस काम में वह सन् 2000 से लगी है। इसी वैक्सीन बनाने के क्रम में यह वायरस उत्पन्न हो

गया। चीन को इसे नियंत्रित कर तत्काल नष्ट कर देना चाहिए था, लेकिन चीन ने इसे जैविक हथियार के रूप में प्रयुक्त करने की गहरी साजिश की। इसी के तहत उसने इस प्रयोग को जारी रखा।" रित माइकेला की फोटो लैपटॉप के स्क्रीन पर देखने लगा। उसे शांत देख वह बोली, "प्रो. लुक को एच.आई.वी. जीनोम की खोज के कारण ही 'नोबेल पुरस्कार' दिया गया था। कोरोना वायरस और एच.आई.वी. के जीनोम में मलेरिया के कीटाणु तत्त्व होने की बात कही जाती है। प्रो. लुक का दावा है कि कोरोना वायरस के जीनोम में एच.आई.वी. और मलेरिया के तत्त्व हैं, जो कोविड-19 में भी पाया जाता है। अतः यह सिद्ध होता है कि इस वायरस का एच.आई.वी. के जीनोम से संबंध है। 'एशिया टाइम्स' में प्रकाशित एक रिपोर्ट भी बताती है कि चीनी शहर वुहान की प्रयोगशालाओं को वर्ष 2000 से ही कोरोना वायरस में विशेषज्ञता प्राप्त हो गई थी। प्रो. लुक ने 2008 में नोबेल पुरस्कार, मेडिसिन में एड्स के वायरस की पहचान के कारण ही तो पाया था। इन्हीं तथ्यों के आधार पर लुक का कहना है कि कोविड-19 वायरस का जन्म चीन की वुहान प्रयोगशाला में ही हुआ है। यही बात राष्ट्रपति ट्रंप कह रहे हैं। प्रो. लुक का कहना है कि यह वायरस चमगादड़ों के जरिए आया है। उनका यह भी कहना है कि इसका 'पेशेंट जीरो' यानी पहला संक्रमित व्यक्ति इसी लैब का एक वैज्ञानिक था। बेचारा! गलती से संक्रमित हो गया। वायरस के फैलने के बाद एक सप्ताह तक चीन ने अपने नागरिकों को भी कुछ नहीं बताया, दुनिया को बताने की बात जाने दीजिए। यह वायरस जब उत्पन्न हुआ, चीन में नव वर्ष मनाया जा रहा था।" माइकेला ने सामने रखी कॉफी का कप उठाया।

"यस माइकेला! चीन का नागरिक नया साल काफी उल्लास और धूमधाम से मनाता है, चाहे वह सिंगापुर में रहता हो या अमेरिका में। वह इसे सेलिब्रेट करने के लिए हजारों की संख्या में यायावरी पर निकल पड़ता है। इन लोगों ने यूरोप और अमेरिका में घूमकर मौज-मस्ती की। परिणामतः यह वायरस बहुत तेजी से इन द्वीपों के देशों में फैल गया। चीन ऐसा ढीठ है कि वह इस सच्चाई को स्वीकार करने के लिए तैयार ही नहीं होता।"

"बड़ी समस्या यहाँ राष्ट्रपति ट्रंप के लिए है, रित! उनकी पहले जैसी साख नहीं रह गई है। अगले साल उन्हें राष्ट्रपति का चुनाव लड़ना है। सत्ता में पुनः वापस आने के लिए उनके सामने एक ही रास्ता है। चीन के साथ सख्त कदम का। यह अमेरिकी नागरिकों की प्रसन्नता का सबब बन सकता है। लेकिन चीन यदि इस

सख्ती का उत्तर सख्ती से देता है तो तीसरा विश्वयुद्ध प्रबल रूप से संभावित होगा। प्रेसीडेंट ट्रंप का स्वभाव जिद्दी और गाँठ बाँधकर चलनेवाला है। वे क्या निर्णय लेंगे और कब लेंगे, सर्वथा अनिश्चित है। एक बात यह भी रित! जब कोरोना वायरस फैला तो चीन ने सख्ती से लॉकडाउन के नियमों का पालन करवाया। कर्फ्यू लगाकर जिस तरह की कड़ाई की गई, उसकी कल्पना भी इंडिया या अमेरिका में नहीं की जा सकती। कितना और कैसा अत्याचार हुआ, अनेक वीडियो वायरल हैं। इस तरह चीन ने कोरोना पर विजय प्राप्त कर ली। अब उसके शातिर दिमाग की सक्रियता बढ़ी इस चुनौती को अवसर बना देने की। उसने धूम-धड़ाके से लाइटिंग और आतिशबाजी द्वारा प्रचार कर मार्केटिंग भी शुरू कर दी। पहले विश्व को कोरोना की महामारी दी। बाद में पी.पी.ई. किट और वेंटिलेटर बेचने लगा।" माइकेला ने रुककर घूँट भर कॉफी पी। फिर बोली, "और यही बात प्रेसीडेंट ट्रंप को खल गई। चीन कोरोना जैसी त्रासद महामारी के अवसर का लाभ उठाकर दुनिया का सुपर पावर बनने की राह पर चल पड़ा है। अमेरिका किसी कीमत पर यह बरदाश्त नहीं कर सकता और न होने देगा। चीन में कम्युनिस्ट तानाशाही है। एक ही पार्टी का शासन है। अत्यंत कठोर शासन है। छोटी सी बात पर गोली मार देना सामान्य सी बात है। मजेदार बात है रित कि चीन अपने को कम्युनिस्ट बताता है, लेकिन उसका शासन घोर पूँजीवादी व्यवस्था का परिपोषक है। इतना तो अमेरिका में भी नहीं है। चीन की प्राय: सभी बड़ी-छोटी कंपनियाँ सौ प्रतिशत सरकारी हैं। यहाँ जो प्राइवेट कंपनियाँ हैं, उनमें भी 30 से 51 प्रतिशत तक चीन की कम्युनिस्ट पार्टी का शेयर है।"

"तुम्हारे कहने का मतलब है कि एक ओर वे कम्युनिस्ट बनते हैं, दूसरी ओर कंपनियों की कमाई से प्राप्त धन अपनी पार्टी और उसके पूर्णकालिक सदस्यों को देते हैं, फिर तो पार्टी के कार्यक्रमों का सारा खर्च इन्हीं पैसों से चलता होगा। भारत में भी कई चीनी कंपनियों का निवेश है। भारत ने एफ.डी.आई. की छूट दे रखी है। यहाँ कंपनियों में 49 से लेकर 100 प्रतिशत तक पूँजी निवेश किया जा सकता है। इधर इस कोरोना संक्रमण काल में पूरी दुनिया का शेयर बाजार नीचे गिर गया। इसका लाभ चीन और चीन की कम्युनिस्ट पार्टी ने उठाना प्रारंभ किया। प्राय: सभी देशों में चीन के प्रशासन ने अपने एजेंटों के माध्यम से पूँजी लगाना शुरू कर दिया। लेकिन माइकेला! भारत में प्रधानमंत्री नरेंद्र मोदी की सरकार सजग और सचेत थी। यहाँ चीन ने एच.डी.एफ.सी. बैंक में अपने शेयर को बढ़ाने की चाल चली। भारत

सरकार ने तुरंत एफ.डी.आई. के नियमों में बदलाव कर दिया। नया कानून बना कि जिन-जिन देशों की सीमाएँ भारत से मिलती हैं, जैसे—श्रीलंका, पाकिस्तान, नेपाल, भूटान, म्याँमार और चीन इनके एफ.डी.आई. या किसी तरह के निवेश भारत सरकार की पूर्वानुमति के बिना नहीं हो सकेंगे। जानती हो माइकेला···।" रित ने हँसते हुए कहा, "इससे चीन तो बौखला गया। उसे पूँजी निवेश के नियमों में इस तरह के बदलाव की आशंका बिल्कुल नहीं थी। वह इस चक्कर में था कि भारत में कुछ अच्छी कंपनियाँ हथिया ली जाएँ। आगे चलकर जब शेयर बाजार ठीक होगा तो चैन की वंशी बजाएँगे। मजा तो तब आया, जब चीन के नई दिल्ली दूतावास ने बयान दिया कि भारत द्वारा यह बड़ी ज्यादती हो रही है।" रित ठहाके से हँस पड़ा।

माइकेला रित का ठहाका देख मुसकाने लगी। बोली, "तुम हँसी का आनंद लो। मैं तुम्हारी बात पूरी कर देती हूँ—आगे चीनी दूतावास ने यह भी कहा कि भारत वर्ल्ड ट्रेड ऑर्गनाइजेशन के नियमों का उल्लंघन कर रहा है। भारत ने जवाब दिया कि भाई, जो हमारे सीमावर्ती देश हैं, हम उनके साथ किस प्रकार का आर्थिक, राजनीतिक संबंध रखें, इसका निर्णय करने के पहले हमें अपनी राष्ट्रीय सुरक्षा का ध्यान रखना पड़ेगा। चीन अब मुश्किल में पड़ा है, लेकिन उसकी बलवती आकांक्षा है कि वह येन-केन-प्रकारेण प्रेसीडेंट ट्रंप को मात दे दे। वर्ल्ड का सुपर इकोनॉमिक पावर बन जाए। डोनाल्ड ट्रंप इसे किसी भी कीमत पर संभव नहीं होने देना चाहते। इस शीतयुद्ध के आगे देखो क्या होता है?" माइकेला चुप हो गई।

रित के मुँह से निकला, "होइहैं सोइ जो राम रचि राखा।"

ड्राइंगरूम में दाज्यू ने तेज वॉल्यूम पर टी.वी. ऑन किया। भयंकर गर्जना कानों में गूँजने लगी। 'सैल्यूट! सैल्यूट!!' की आवाज सुनाई पड़ी। साथ में दाज्यू की तालियाँ। फ्रांस से चला हुआ राफेल अंबाला एयरबेस पर लैंड कर गया, दाज्यू की तालियों ने बता दिया। देश का मनोबल कितना ऊँचा हो गया।

□

जब से मैं लेह से लौटी हूँ, लगता है कि जैसे समय ने हमारी बंद मुट्ठियाँ खोल दी हैं। शायद इसलिए कि इनमें बख्तरबंद गाड़ियाँ भिंचें और चुरमुराकर लोहे का वजनदार पिंड बन जाएँ। कल तक का मुर्दा शहर जी उठा है। सड़कों पर बहती भीड़ मोर्चे की ओर दौड़ता रेजीमेंट बन गई है। हाँ, देश में हर जगह मोर्चा ही तो है। कोरोना महामारी का मोर्चा। चीन और पाकिस्तान की कुटिल चालों का मोर्चा।

देश के भीतर जयचंदों का मोर्चा। राम, राष्ट्र और रोटी पर मोर्चा। इन्हीं मन:स्थितियों के बीच मैं रित के यहाँ जाने को तैयार होकर आदमकद शीशे के सामने खड़ी हुई कि फरहत ने बताया, "इस्माइल सर आए हैं।" मुँह में पड़ा हुआ चुइंगम चिरैता की गोली बन गया। मुझे पता था कि वह जमानत पर रिहा हो गया। मुझसे मिलने आएगा, यह तो पिछले दिनों उसका मेरे यहाँ आना ही स्पष्ट कर चुका था। लेकिन इस समय आ जाएगा, यह बात जेहन में न थी। मम्मी होतीं तो उनको इस मोर्चे पर लगा देतीं। अब मुझे अकेले ही सँभालना होगा।

"ठीक है, ड्राइंगरूम में बैठाओ।" क्षुब्ध मन से बोली।

दस मिनट बाद।

"कहिए प्रो. इस्माइल! कैसे हैं?" ड्राइंगरूम में प्रवेश करते हुए मैंने पूछा।

"अभी तक तो अच्छा भला हूँ। आगे आपकी दुआ···!" इस्माइल के टोन में व्यंग्य था।

"मेरी दुआ! दुआ फकीरा···रहम अल्लाह!" मैंने हाथ ऊपर को उठाए।

"जी!" इस्माइल ने कहा।

फरहत ट्रे में पानी रख गई।

"कहीं जाने की तैयारी है?" इस्माइल ने पूछा।

"हाँ! ऑफिस जा रही हूँ।" मैंने कहा।

"तो मुझे रुखसत होना चाहिए।" इस्माइल बोला।

"जी! क्षमा करें। कुछ खास हो तो बताएँ।"

"सब खास ही है, वैसे बकरीद की कुरबानी पर प्रसाद लेने के लिए इन्वाइट करने आया हूँ और कर रहा हूँ।"

"आप कुरबानी दे रहे हैं?"

"हम सब उसमें शामिल हैं, कुल पाँच लोग। डॉ. शौकत के घर पर। मेरे और डॉ. शौकत के अलावा आप और दो अन्य लोग।"

"सॉरी! मैं उस दिन आउट ऑफ स्टेशन हूँ।"

"ओके!" इस्माइल उठ गया।

मैं भी खड़ी हो गई और अभिवादन की।

चलते-चलते इस्माइल ने कहा, "किसी दिन फुरसत से आऊँगा। आंटी से बात भी होगी और उनकी दुआ भी लूँगा।"

"···।" मैं चुप रही।

इस्माइल चला गया, लेकिन मेरा मूड उखड़ गया। मैं वहीं दीवान पर लेट गई। फैन की हवा में मेरा नीला सूट और चुन्नी लहराने लगी। मुझे लगा कि मेरा दीवान एक लहराता नीला समुद्र। इसके भीतर से चाँदी की छरहरी मछली उछलकर उस ओर चली गई, जिधर से एक भयानक युद्धपोत अभी-अभी गुजरा है। लहरों की छाती पर विराट् हलचल छोड़ता हुआ। मैंने अपने वक्षों पर हथेली रखी। वहाँ जोर की धक्-धक् थी। मैंने बलपूर्वक इस बिंब को बाहर कर दिया। नहीं⋯नहीं⋯नहीं। मैं कोई मछली नहीं हूँ, जिसका शिकार इस्माइल का युद्धपोत कर सके।

मुझे रित के यहाँ चले जाना चाहिए था। अब तो एम्स से आने का समय हो रहा है। कल्पना में रित साकार हो गया—सौम्य, टैलेंट, सुदर्शन, सहिष्णु और मर्यादित। यह इस्माइल गैंडे-सा आक्रामक, साही के काँटे सी चुभती आँखें, कट्टर एंड डिस्ट्रॉयर। मैं उठकर लिविंग रूम से बाहर आ गई। दूर पार्क में बरगद की बरोहें लटक रही थीं। लगा कि इन झूलती बरोहों में इस्माइल चोर की तरह अपना मन उलझा रहा है। हताशा में साही की तरह काँटें चुभा रहा है।

मम्मी आ गईं। मैंने आगे बढ़कर कार का गेट खोला। मुझे यूँ बाहर देखकर बोलीं, "कहीं जा रही हो?"

"नो मम्मा!"

"फिर यहाँ?"

"तुम्हारा इंतजार। अब अंदर भी चलो।"

मम्मी मेरे साथ अंदर आ गई और सीधे वॉशरूम में चली गईं। आधे घंटे बाद फ्रेश होकर या कोविड वायरस से सुरक्षित होने का संतोष कर लिविंग रूम में आईं। फरहत चाय और छिले हुए पिस्ता की गिरी लाई। हमने चाय उठा ली।

"तो तुम कहीं जा रही थी या कहीं से आ रही हो?" मम्मी ने ऊपर से नीचे तक मुझे घूरते हुए पूछा।

"हाँ मम्मा! आज ऑफ था तो सोची तुम्हारे यहाँ ही चलूँ। पर⋯।"

"पर⋯क्या हुआ?"

"वह इस्माइल, निकलते-निकलते आ गया।"

"क्यों? क्या कह रहा था?"

"वह शौकत के यहाँ बकरीद पर इन्वाइट करने आया था।"

"फिर?"

"'मैं आउट ऑफ स्टेशन हूँ', कहकर इनकार कर दिया। जाते-जाते कह रहा

था कि किसी दिन फुरसत से तुम्हारी दुआ लेने आएगा।"

"फिर तुम एम्स क्यों नहीं आई?"

"मूड उखड़ गया।"

"इस्माइल ने कोई पार्टी ज्वाइन कर ली है?" मम्मी ने पूछा।

"हाँ! वह सपा का मेंबर हो गया है।" मैंने कहा।

"जमानत भले हो गई कोर्ट केस तो चलेगा ही।" मम्मी ने कहा।

"ऑफकोर्स! लिव इट।" मैंने कहा।

"ओके।" मम्मी आराम करने चली गईं और मैं चेंज करने।

बकरीद बाद। रविवार दो बजे इस्माइल का फोन आया।

"हैलो!" मैंने कहा।

"इस्माइल बोल रहा हूँ।"

"जी।"

"यह क्या जी··जू लगाकर बात करती हो, साबिया! कोरोना संक्रमण में राजनीति हुई। मैं गिरफ्तार हो गया तो हमारा रिश्ता भी बदल गया?" इस्माइल ने असंतोष से पूछा।

"एटिकेट से बात करने में बुराई है क्या? मैं नहीं समझ पा रही कि मेरी-आपकी कौन सी रिश्तेदारी है?" मैंने झुँझलाकर कहा।

"हम स्टूडेंट लाइफ से करीबी दोस्त हैं। आत्मीय रिश्ते से बँधे।" इस्माइल बोला।

"स्टूडेंट लाइफ के दोस्त हैं, इसलिए आपका फोन रिसीव करते हैं। आत्मीय रिश्ता क्या होता है? आई डोंट नो।" मेरी आवाज हलकी सी तेज हो गई।

"साबिया! सिक्किम की वे नजदीकियाँ, वे यादें भूल गईं तुम।"

"याद है। मैं सिक्किम मनिपाल यूनिवर्सिटी, गंगटोक के एक सेमिनार में गई थी। आप भी थे। मैंने और आपने साथ-साथ घूमकर प्रकृति को देखा था।"

"वहीं तो हमें प्यार हो गया।"

"क्या··· ?"

"यस साबिया! आई लव यू।"

"व्हाट स्टुपिड! डोंट स्पीक अगेन दिस टाइप नॉनसेंस।"

"साबिया! आई वॉण्ट टू मीट यू प्लीज!"

"नो।" कहकर मैंने फोन काट दिया।

रिंग दुबारा हुई···तिबारा हुई। चौथी बार मैंने फोन उठा लिया। इस्माइल की आवाज आई।

"साबिया! फोन मत काटना। ध्यान से सुन लो। तुम जिस डॉक्टर के चक्कर में पड़ी हो, मैं अच्छी तरह जानता हूँ। वह लोगों की दवाई करता है, मैं उसकी दवाई कर दूँगा। तुम्हारे जैसे पत्रकारों को मैं चुटकी में मसल सकता हूँ, सोचकर निर्णय लेना। मेरा निर्णय अटल होता है। मैं जो चाहता हूँ, जुनून की हद तक जाकर हासिल करता हूँ।" फोन कट गया। मेरा सेल ऑडियो रिकॉर्डर पर था। इस्माइल की बातें रिकॉर्ड हो चुकी थीं।

मेरा मन उद्विग्न हो गया। संडे, मम्मी का ऑफ है। घर पर होंगी। मैंने भी घर जाने का निश्चय किया। कुछ खास काम नहीं था। समस्या यह थी कि इस बात को डायरेक्टर को बताया जाए या नहीं? उन्हें बताने का मतलब पुलिस में रिपोर्ट। वे तो सीधे डी.सी.पी. को फोन करेंगे, फिर डॉक्टर के बारे में बताना होगा। नाहक कंट्रोवर्सी क्रिएट होगी। नहीं बताती हूँ तो कोई घटना-दुर्घटना हुई तो प्रश्न उठेगा कि धमकी को रिकॉर्ड किया था तो कंप्लेन क्यों नहीं की। इस ऊहापोह में मैंने मम्मी से राय लेने का निश्चय कर उन्हें फोन लगाया। मम्मी ने सारी बातें ध्यान से सुनीं और बोलीं, "तुम अपने समय से घर आओ। मैं रित को बुला लेती हूँ, फिर निर्णय लेते हैं कि क्या स्टेप उठाया जाए।" मम्मी की बात के बाद मेरी उलझन कम हो गई। सामान्य होकर मैं डायरेक्टर के केबिन की ओर चल दी। कोई और उनके केबिन में नहीं था। उन्होंने देखते ही मुझे अंदर आने का संकेत किया। मैं भीतर आ गई। उन्होंने मुझे बैठने का इशारा किया।

"कुछ प्रॉब्लम है, मिस साबिया।"

"यस सर! सॉरी नो सर!"

"साबिया जैसी प्रखर पत्रकार यस सर···नो सर···बोले और कहे प्रॉब्लम नहीं है, कौन मानेगा इसे?"

"सर···!"

"मुझे बेहिचक बता सकती हो, मिस साबिया।"

"सर! पाँच बजे के बाद मेरा ऑफ है। काम पूरे हो गए हैं। अभी मैं घर जाना चाहती हूँ। घर जाने के बाद मुझे आपकी मदद की जरूरत पड़ सकती है तो मैं आपको फोन करूँगी या खुद आ जाऊँगी। अभी आप मुझे घर जाने की इजाजत दीजिए।"

"ओके मिस साबिया, आप जा सकती हैं और जब भी मेरी सहायता आवश्यक समझें, फोन करें।" सर ने ध्यान से मेरी ओर देखते हुए कहा।

"थैंक यू सर!" कहते हुए मैं केबिन से बाहर हो गई।

घर पहुँचकर मैंने मम्मी से पूछा, "रित को क्यों बुलाई हो?"

"क्या नहीं बुलाना चाहिए?"

"वह क्या सोचेगा, मेरे बारे में? मैंने उसे किस जोखिम में फँसा दिया?"

"तुम रित को नहीं जानती। वह मेरा पारिवारिक मेंबर है। मैं हमेशा उससे सलाह लेती रही हूँ।"

"इस बारे में उस पर आक्षेप है, वह भी मेरे साथ संबंध के।"

"किसी टुच्चे, सिरफिरे द्वारा जिस संबंध का नाम लेने या आक्षेप करने से तुम इतना घबरा रही हो, वह कैसा और कितना मजबूत संबंध है साबिया! सच तो यह है कि अभी इस संबंध की भावसृष्टि ही कच्ची है। रही बात रित के बुलाने की, तो उसका व्यक्तित्व चट्टान की तरह अडिग है। छोटे-मोटे कारतूस उससे टकराकर वापस हो जाते हैं।"

मैं अनायास मुसकरा उठी। मम्मी ने प्यार से मेरे गाल पर हलकी सी चुटकी काट ली। पाँच बजे रित ने लिविंग रूप में प्रवेश किया। मैं ऐसे खिल गई, जैसे सूरज की रोशनी पा कुमुदिनी। उसने मम्मी को अभिवादन किया और छह फीट की दूरी बने सोफे पर बैठ गया। मैं उसके ठीक सामने थी। कुमुदिनी को मम्मी ने लक्ष्य किया। मैं झेंपकर खिड़की के पार देखने लगी। आकाश बादलों के बाद भी निथरा था। वहाँ इंद्रधनुष उग आया था। बादल के दो टुकड़ों के बीच सेतु की तरह। मैंने वहाँ से नजरें हटाकर रित की ओर देखा। वह इंद्रधनुष मेरी आँखों का पीछा करते मेरे और रित के बीच आ गया। काश! मैं इसे खूँटियों पर टाँग सकती या अलमारी में बंद कर देती।

फरहत की चाय के साथ मम्मी बोलीं, "डॉ. रित!"

"जी।" रित मम्मी की ओर मुखातिब था।

"इस्माइल का खयाल आपकी जेहन में है।"

"हाँ! वह प्रोफेसर, जो तबलीगी जमात की मदद करने और महामारी फैलाने के आरोप में गिरफ्तार हुआ था।"

"हाँ! अब वह जमानत पर रिहा हो गया है। साबिया जब लेह से लौटकर

आई थी, उसे बकरीद की कुरबानी पर प्रसाद लेने का न्योता देने आया था। इसने वहाँ जाने से इनकार कर दिया। दरअसल साबिया और इस्माइल जामिया में एक ही विभाग के स्टूडेंट थे। स्टूडेंट लाइफ की मित्रता के कारण ही वह कभी-कभार यहाँ भी आ जाता था। आज उसने साबिया से अजीब बात कही···।" मम्मी ने मुझसे मोबाइल माँगकर मेरी और उसकी बात का रिकॉर्ड उसे सुनने को दे दिया।

रित ने पूरी बात गंभीरता से सुनी। क्षण भर चुप रहा, फिर ठहाके के साथ हँसा। मैंने और मम्मी ने एक साथ प्रश्नसूचक निगाहों से उसकी ओर देखा।

"हमें पुलिस को सूचना देकर एफ.आई.आर. दर्ज करा देनी चाहिए। यह काग्नेजिबल क्राइम है।" रित ने कहा।

"लेकिन···।" मम्मी ने कुछ कहना चाहा।

"आप परेशान मत हों। इससे निपट लेने को साबिया काफी है।"

"प्रॉब्लम यह है रित! इसमें बहुत सी बातें मीडिया में आएँगी। लोग नमक-मिर्च लगाकर चटपटी बातें करेंगे। तुम्हें मेरा ब्वायफ्रेंड कहा जाएगा और जाने क्या··· क्या··· ?" मैंने चिंता प्रकट की।

"आश्चर्य है साबिया! तुम्हारे जैसी तेज और परिचय-संपन्न पत्रकार इतनी दकियानूस सोच रखती है। चरित्र हत्या और लोक-लाज से डरती है।"

"रित···!" मैंने कुछ कहने का प्रयास किया। उसने अपने होंठों पर उँगली रख मुझे चुप रहने का संकेत किया और बोला, "साबिया! ज्यादा-से-ज्यादा लोग मुझे तुम्हारा नया ब्वायफ्रेंड और इस्माइल को पुराना ब्वायफ्रेंड कहेंगे···। क्या बिगड़ जाएगा।"

"तुम एम्स में डॉक्टर हो, रित!" मैंने अपनी व्यग्रता प्रकट की।

"एम्स के डॉक्टर को किसी का ब्वायफ्रेंड होने का अधिकार नहीं है या टी.वी. पत्रकार किसी की गर्लफ्रेंड नहीं हो सकती? जाओ, एफ.आई.आर. करो। मैं तुम्हारे साथ हूँ।" रित गंभीर आँखों से मम्मी की ओर देखने लगा।

···और ये चंद लम्हे मेरी आँखों के सामने लपेटे हुए कागज के रोलर की तरह, समय के विस्तार को खोलते हुए, आगे-आगे लुढ़कने लगे। मैं एकटक रित के चेहरे को देखने लगी।

"जाओ। रित जैसा कह रहे हैं, वैसा करो।" मम्मी ने कुछ तीखे अंदाज में कहा।

"जी मम्मी!" मेरा मुग्ध मानस चैतन्य हो गया। मैंने अपने एडिटिंग डायरेक्टर को फोन कर सारा वाकया बताया और मिलने के लिए पूछा। उन्होंने मुझे सीधे डी.सी.पी. से मिलने की सलाह दी और कहा, "जाओ, मैं कड़े शब्दों में फोन कर कहता हूँ कि क्रिमिनल्स का हौसला इस हद तक बुलंद हो गया है। तुम एफ.आई.आर. की कॉपी और ऑडियो रिकॉर्डर मुझे सेंड करो। न्यूज मैं लगवाता हूँ, तुम्हें यहाँ आने की जरूरत नहीं।"

मैंने डी.सी.पी. को फोन लगाया।

"हैलो!" डी.सी.पी. ऑफिस।

"यस! आई एम मिस साबिया हियर फ्रॉम इजी टी.वी.।"

"यस मैम⋯।"

"मे आई टॉक टु डी.सी.पी. सर!'

"यस मैम! होल्ड ऑन।"

क्षण भर में डी.सी.पी. की आवाज आई।

"हैलो मिस साबिया!"

"मैं आपसे मिलना चाहती हूँ।"

"अवश्य! मुझे सारा वाकया मालूम हो चुका है। आपके एडिटर साहब का फोन आया था। आप ऑनलाइन कंप्लेन लॉज करा दें। डोंट वरी पुलिस मामले को देखेगी।"

"ओके! थैंक्स!" फोन कट गया। मैंने कंप्लेन टाइप की और ऑनलाइन एस.एच.ओ. और डी.सी.पी. को भेज दी। घंटे भर बाद एफ.आई.आर. की कॉपी भी आ गई। मैंने इसका प्रिंट निकालकर रित को दे दिया। पढ़कर वह बोला, "वाह! इसको कहते हैं जलवा! देखा आपने मैडम! घर बैठे एफ.आई.आर. भी हो गई और कॉपी भी आ गई। यही काम हम लोगों को कराने में नाकों चने चबाना पड़ता।" रित ने प्रसन्नता प्रकट की।

"रित! अभी घंटे भर में सारे न्यूज चैनल इस समाचार को टेलीकॉस्ट करने लगेंगे। इसे चलने देना है या रुकवाना है?" मैंने रित और मम्मी की ओर देखा।

"न्यूज चलने दो, इससे उसकी गिरफ्तारी का दबाव बनेगा।" रित ने कहा।

आठ बज गए। रित चलने के लिए उठा, किंतु मैंने उसका हाथ पकड़ टी.वी. स्क्रीन की ओर इशारा किया। रिमोट का स्विच मम्मी ने दबा दिया

था। मेरे आग्रह पर वह बैठ गया। ब्रेकिंग न्यूज आ रही थी। कैप्शन था—'पत्रकार को जान से मारने की धमकी।' एंकर न्यूज पढ़ रही थी—राजधानी और एन.सी. आर. में अपराधियों का हौसला इस प्रकार बुलंद हो रहा है कि टी.वी., पत्रकार, एक न्यूज चैनल की एसोसिएट एडिटर मिस साबिया को फोन पर जान से मारने की धमकी दी गई है। स्क्रीन पर मेरी फोटो दिखाई पड़ी। धमकी देनेवाला मौलाना आजाद कॉलेज का प्रोफेसर इस्माइल है। हलकी दाढ़ी में इस्माइल की फोटो उभरी। यही वह इस्माइल है, जिसने पत्रकार मिस साबिया को धमकी दी है। इसका कहना है कि मिस साबिया उससे शादी करें, नहीं तो वह उन्हें खत्म कर देगा। इस सनकी प्रोफेसर ने मिस साबिया के पारिवारिक मित्र एम्स में कार्यरत डॉक्टर के लिए भी आपत्तिजनक शब्द कहे हैं और मिस साबिया के माध्यम से उन्हें भी अंजाम भुगतने की धमकी दी है। इस्माइल को लगता है कि मिस साबिया उक्त डॉक्टर से प्रेम करती हैं। इस संदर्भ में मिस साबिया ने कुछ भी कहने से इनकार कर दिया है। उनसे जब पूछा गया कि डॉक्टर कौन हैं तो उन्होंने बताया वे उनकी माँ के साथ काम करनेवाले प्रख्यात कार्डियोलॉजिस्ट, एम्स के डॉ. रित हैं। डॉ. रित काफी बड़े और जाने-माने कार्डियोलॉजिस्ट हैं। मिस साबिया की माँ डॉ. रूबिया भी कार्डियोलॉजिस्ट हैं। दोनों एम्स में प्रोफेसर हैं और टीम चिकित्सक हैं। पुलिस एफ.आई.आर. लॉज कर, आरोपी की तलाश कर रही है। इस्माइल हाल में ही जेल से जमानत पर रिहा हुआ है। उसे तबलीगी जमात की मदद करने और महामारी फैलाने के आरोप में गिरफ्तार किया गया था।

समाचार देखकर तीनों अपने-अपने तरीके से सोच रहे थे। मुझे लगा कि अच्छा है, मेरे प्यार का सीधा इजहार हो गया। इस्माइल के प्रति मम्मी की नापसंदगी और उसके छिछोरेपन की छाप पक्की हो गई। रित एक डिस्ट्रॉयर और अपराधी के खिलाफ खड़ा है। सब अपने-अपने हिस्से के संतोष में मग्न थे। फरहत ने सूचना दी, खाना तैयार है। रित उठने लगा तो डॉ. रूबिया ने आग्रह किया, "खाना खाकर जाओ रित!" मम्मी कम बोलती हैं, लेकिन जो बोलती हैं, रित उसे मान लेता। अत: बैठ गया। खाने के बाद जब वह चलने को हुआ, मैंने कहा, "मैं तुम्हें छोड़ देती हूँ।"

"अच्छा! फिर तुम्हें कौन छोड़ेगा?" उसने हँसकर पूछा।

"मैं आ जाऊँगी।" मैंने कहा।

"तो मैं भी चला जाऊँगा।" उसने कहा।

"नहीं। तुम्हें अकेले नहीं छोड़ा जा सकता।" मैंने दृढ़ता से कहा। उसने मम्मी से कहकर मुझे रोक दिया। मैं उसे छोड़ने के लिए उसके साथ बाहर तक आई। मेरा माथा ठनक गया। सड़क के उस पार काले रंग की इनोवा कार रुकी थी। रित अपनी कार की ड्राइविंग सीट पर बैठा। मैं आगे बढ़ी। उसने कार की विंडो का स्क्रीन खोलकर बाय किया और कार स्टार्ट हो गई। एक आशंका के वशीभूत मैंने भागते हुए सड़क पार कर उस कार तक पहुँचने का प्रयास किया, लेकिन वह तेजी से स्टार्ट हो, रित के पीछे चल दी।

मैं वापस लिविंग रूम में आ गई। अपना सेल उठाया और रित को कॉन्टैक्ट की। उसने पूछा, "क्या हुआ, साबिया?"

"कोई तुम्हारी कार का पीछा कर रहा है क्या? काली सी इनोवा कार में।" मैंने कहा।

"सड़क पर तो अनेक काली इनोवा कारें हैं।" वह जोर से हँसा।

"और कुछ तुम्हें दिखाई नहीं पड़ रहा?" मैं झुँझला गई।

"हाँ! दिखाई पड़ रहा है। सड़क के ऊपर तेज चलती हुई टाँगें। भागते हुए पहिए। नीचे हरहराते हुए गटर। यह सामने मेन होल पर लोहे का ढक्कन, जिसने बदबूदार गैस का द्वार बंद कर दिया है···।"

"रित···!" मैं बीच में ही गुस्से से चीखी।

"हाँ साबिया! एक चीज और···सड़क के बीचोबीच, रोशनी में उजागर हो गए कानून की उपेक्षा करते कूड़े।"

फोन कट गया, लेकिन बात करते हुए रित की आँख बराबर रोड मिरर पर लगी थी। एक काली इनोवा कार उसका पीछा कर रही थी।

सहसा उस इनोवा की गति तेज हो गई। सड़क के दोनों ओर घने जंगल से उद्यान थे। यहाँ सड़क ऊँचाई से गुजर रही थी। पूरा इलाका सन्नाटे में डूबा था। वह कार तेजी से आगे निकलकर रित की चलती कार का रास्ता रोककर खड़ी हो गई। मजबूरन उसे अपनी गाड़ी रोकनी पड़ी। सावधानी से यदि ब्रेक न लिया गया होता तो एक्सीडेंट हो जाता। रित की गाड़ी रुकते ही चार लोगों ने उसकी गाड़ी को घेर लिया। उसका अपहरण हो गया।

मेरी कंप्लेन पर पुलिस सक्रिय हो गई। मेरा बयान लिया गया। सीसीटीवी फुटेज खँगाले गए। फिर वह चली गई अपना काम करने। अपने लिविंग रूम में

रह गई मैं और मेरा खिन्न मन। आखिर मेरा या रित का दोष क्या है? मेरा दोष यही है कि मैं उसी विभाग और विश्वविद्यालय में पढ़ रही थी, जिसमें इस्माइल भी पढ़ रहा था। उस इस्माइल से मैंने शालीन व्यवहार किया। शायद! यही मेरा दोष रहा। हाँ! यह दोष ही तो है। मैंने उस आदमी के साथ शालीन बरताव किया, जिसे गुलाब की गंध और ठर्रे की बदबू में फर्क नहीं मालूम पड़ता। वह आदमी औरत के भीतर का सौंदर्य नहीं देखता। उसके कच्चे मांस से पेट भरकर नंगा सो जाता है। सभी स्वाद उसके लिए एक जैसे। झनकार और खिलखिलाहटें बेमानी, शोर मात्र। क्योंकि उसकी आँखों में सभी शक्लें शिश्नाकार हैं। सभी चेहरे मुखौटे और सभी जायज संबंध बेहूदा हरकतें।

और रित…! उसके हृदय में मेरे लिए प्यार की कोई सृष्टि है भी या नहीं। आज तक मैं जान न सकी। मैंने भी कभी खुलकर अपने मन की बात उससे नहीं की। वह तो वर्षा की रंगीन फुहारों से अनजान एक अनगढ़ शिला में वीनस को देखता हुआ मूर्तिकार। उसके हाथ से उसकी छेनी छीन ली गई है। उसे शिकार के लिए मचान से बँधा निरीह पशु बना दिया गया है। आज वह किसी मानसरोवर के बर्फीले तट पर उदास राजहंस की तरह खड़ा होगा, लेकिन उसकी हंसिनी का विवेक जाग्रत् है। याद रखोगे इस्माइल! आनेवाला कल तुम्हें याद दिलाएगा। औरत की नंगी पिंडलियाँ क्षेप्यास्त्र हैं। उभरे हुए गोल वक्ष वजनी बम। आज की यह घुटन और दर्द तुम्हारी सीमा पर बिछी हुई सुरंगें हैं, जिनके विस्फोट का जहरीला धुआँ तुम्हारे रेशे-रेशे को उड़ा ले जाएगा…।

इसी उधेड़बुन में मेरी रात बीत गई और मम्मी टी.वी. के सामने रित के अपहरण का समाचार देखती रही।

दूसरे दिन।

दिन के ग्यारह बज रहे थे। दिल्ली उद्वेलित हो रही थी। डॉक्टरों ने मीटिंग कर कोरोना के कारण हड़ताल पर न जाकर घंटे भर का सांकेतिक प्रदर्शन किया। बाँह पर काली पट्टियाँ बाँधकर विरोध जताया। उनका एक प्रतिनिधि मंडल स्वास्थ्य मंत्री और गृहमंत्री से मिला। इस्माइल और अपहर्ताओं की गिरफ्तारी के लिए ज्ञापन दिया और डॉ. रित की सकुशल वापसी की माँग की। डॉक्टरों ने 48 घंटे का अल्टीमेटम दिया, वरना हड़ताल पर जाने की चेतावनी दी।

मीडिया में लगातार न्यूज टेलीकास्ट हो रही थी। आज के अधिकांश अखबारों

ने पत्रकारों की सुरक्षा और कानून व्यवस्था पर चिंता प्रकट की थी। कुछ अखबारों ने अभिव्यक्ति की आजादी और रैडिकल सोच को लेकर संपादकीय भी लिखी थी।

आज दूसरी रात है। मेरी आँखों में नींद नहीं। भोर का तारा मद्धिम पड़ने लगा है। मैं खिड़की के पास खड़ी आकाश में चित्र विचित्र होते बादलों को देख रही हूँ। बादल अजीब-अजीब शक्लों वाले झुंड-के-झुंड लुटेरे। इनकी खाल गैंडों जैसी चिकनी, काली, मोटी और सिकुड़ी हुई। इनके सिर के बाल धुएँ के गुंजलक जैसे आसमान में लहरा रहे हैं। उधर वनमानुष भी है, गोल, चिपटा घिनौना। बादलों के माथे पर लंबी और नुकीली दो सींगों वाला, जंगली भैंसा, जो दो पाँवों पर रीछ की तरह धरती को मसकते हुए दौड़ा चला आ रहा है। जंगली सूअरों के झुंड भी हैं। मांसाहारी सूअर। रानो और पुट्ठों के गोश्त को अपने थूथनों से दबाते। दाँत गड़ाकर नोचते और बिना चबाए गटक जाते हैं। मैं पहचान जाती हूँ। यह इस्माइल का चेहरा है। इस्माइल¨इस्माइल¨इस्माइल¨। मस्तिष्क तनाव से भर जाता है। आँखें जड़वत् आकाश से सट जाती हैं। तैरते हुए बादल मेरी आँखों के दायरे के आकाश में जलाशय के पानी की तरह, जिसमें कोई राजकुमार कूद पड़ता है। मेरा हृदय चीत्कार करने लगता है—'इस अभिशप्त कुंड में तुम क्यों आए मेरे राजशिल्पी! तुम्हें तो मुझसे अधिक वह मूर्ति प्यारी है, जिसे तुमने अपने हृदय के शिलाखंड पर उरेहा है। वह कुंभस्तनी अप्सरा, जो पश्चिम की दिशा में तुम्हारी छेनी की नोक पर नृत्य करती है¨'

पीछे मम्मी आकर खड़ी हो गईं। कुछ क्षण मुझे देखती रहीं, फिर मेरे कंधे पर हाथ रखकर बोलीं, "सुबह के पाँच बज गए सब्बो! आओ मेरे साथ।" वे मेरा हाथ पकड़कर ड्राइंग रूम में आ गईं। फरहत चाय लाई। मम्मी ने एक कप मुझे थमा दिया और बोलीं, "चाय सिप करो, सब्बो!"

मैंने मम्मी की ओर देखा और कप होंठों से लगा लिया। मम्मी ने रिमोट उठाया और टी.वी. का स्विच ऑन कर दिया। ब्रेकिंग न्यूज आ रही थी—

डॉ. रित का अपहर्ता इस्माइल पुलिस मुठभेड़ में घायल। सभी बदमाश गिरफ्तार। रित सुरक्षित पुलिस अभिरक्षा में आदि-आदि कैप्शन स्क्रीन पर दिख रहे थे। ऐंकर बोल रही थी—पत्रकार मिस साबिया के ब्वाय फ्रेंड मशहूर कार्डियोलॉजिस्ट एम्स के प्रोफेसर डॉ. रित का अपहर्ता सिरफिरा आशिक अपने तीन साथियों सहित मेरठ से गिरफ्तार कर लिया गया है। दिल्ली पुलिस को मुखबिर

से सूचना मिली कि इस्माइल ने उन्हें अगवा कर मेरठ के नवाबपुरा में हाजी नेब की मसजिद में रखा है। नवाबपुरा मेरठ के नागफनी थाने के क्षेत्र में आता है। यह वही जगह है, जहाँ पिछले दिनों कोरोना संक्रमितों की जाँच के लिए गए डॉक्टरों और स्वास्थ्यकर्मियों तथा पुलिस के लोगों पर ईंटों-पत्थरों से हमला हुआ था, जिसमें कई लोग बुरी तरह जख्मी हुए थे। घटना की प्रामाणिक जानकारी मेरठ से हमारे संवाददाता दे रहे हैं।

स्क्रीन पर संवाददाता नवाबपुरा से लाइव हुआ। हाजी नेब की मसजिद के इलाके की तसवीर लाइव हुई। संवाददाता की आवाज आई। आज रात दो बजे दिल्ली पुलिस के डी.सी.पी. के नेतृत्व में मुखबिर की सूचना पर नवाबपुरा की इसी मसजिद पर छापा मारा गया। इसे हाजी नेब की मसजिद कहा जाता है। इस्माइल और उसके साथियों को इस बात का जरा भी अंदेशा नहीं था कि यहाँ पुलिस का छापा पड़ सकता है। पुलिस के पहुँचते ही इस्माइल और उसकी टीम के लोग घबरा गए। करीब एक ट्रक पुलिस ने मसजिद को चारों ओर से घेर लिया। इमाइल के शागिर्द डिल्लन ने मोहल्ले से फोन द्वारा कुछ लोगों को बुला लिया, जो ईंट-पत्थर चलाने लगे। पुलिस सावधान थी, उसने आँसू गैस के गोले छोड़कर पत्थरबाजों को तितर-बितर कर दिया। इस्माइल और डिल्लन मसजिद की छत पर चढ़ गए। वे पोजीशन लेकर बंदूक से फायर करने का प्रयास करने लगे। उन्हें जरा सा भी अवसर दिए बिना पुलिस ने फायर झोंक दिया। गोली इस्माइल की पसली में और डिल्लन की जाँघ में लगी। वे वहीं गिर पड़े। मसजिद के मौलवी और अन्य लोगों ने हाथ ऊपर कर सरेंडर कर दिया। पुलिस ने इस्माइल, डिल्लन और उसके दो बेटों सलीम और नदीम को गिरफ्तार कर लिया। इस्माइल और डिल्लन को मेरठ के जिला अस्पताल में भर्ती कराया गया है। डॉ. रित को पुलिस अपनी अभिरक्षा में दिल्ली लेकर आ रही है। स्क्रीन पर रित की बीमार जैसी फोटो लाइव होती है। संवाददाता की आवाज आती है, इस्माइल और उसके साथी बदमाशों ने उन्हें काफी टॉर्चर किया है। उन्हें बिजली के शॉट दिए गए हैं। उनके शरीर को जलती सिगरेट से दागा गया है। मैं इससे आगे न टी.वी. देख सकी, न सुन सकी। उठकर बेडरूम में चली गई। तकिए में मुँह छुपा लिया। तकिया आँखों से झरता खारा पानी सोखने लगा।

□

अयोध्या सजी-सँवरी राममय थी। प्रकाश की किरणों ने उसे यूँ ज्योतिर्मय किया था कि राम की पैड़ी का सारा पानी बिजली के फूलों से जगमगा रहा था। मैं हतप्रभ रह गई। आज की अयोध्या में अजीब चुंबकीय आकर्षण था। हो भी क्यों न, कल जन्मस्थान से उसके रामलला के, 492 साल पुराने निर्वासन का अंत होनेवाला था। अयोध्या ही नहीं, पूरा देश उस घड़ी का पलकें बिछाए इंतजार कर रहा था। देश की माटी के सपूत, एक सौ पैंतीस करोड़ भारतवासियों के प्रतिनिधि प्रधानमंत्री नरेंद्र मोदी को रामलला के भव्य मंदिर की आधारशिला रखनी थी। एक मंदिर की ही आधारशिला नहीं, राष्ट्र की कुचली हुई अस्मिता की आधारशिला रखनी थी। राष्ट्र के गौरव और स्वाभिमान को वापस लाने के व्रत की पूर्णता की आधारशिला रखनी थी। इस अभियान के लिए संघर्षरत हजारों बलिदानियों के उत्सर्ग की शांति के लिए आधारशिला रखनी थी।

5 अगस्त, 2020।

वह समय भी आ गया। मूल गर्भ गृह। 12 बजकर 8 मिनट का मुहूर्त। प्रधानमंत्री ने भूमि-पूजन किया। मंदिर निर्माण के लिए चाँदी की ईंटें रखीं। इस तरह आधारशिला न्यस्त हो गई। देश की करोड़ों जनता ने हर्ष के साथ इसे देखा। भारत ही नहीं, पूरे विश्व का भारतीय समाज आनंद के अतिरेक से झूम उठा। उत्सव का यह माहौल अपने-अपने घरों में ही दिन को होली-सा रंजित हुआ और रात में प्रकाश पर्व सा नहा उठा।

न्यूयॉर्क टाइम्स स्क्वायर पर होर्डिंग्स लगी थी। एक बड़ी नैस्डैक स्क्रीन, पर जिसमें 17,000 वर्ग फुट रैप अराउंड एल.ई.डी. डिस्प्ले स्क्रीन भी है। इस पर अयोध्या की लाइव तसवीरें दिखाई जा रही थीं। मिसेज लिंडर्सन वर्चुअल यह सब अपने घर में देख रही थीं। वह काशी में जनमी थीं। दर्शन की विद्यार्थी रहीं। अयोध्या, काशी और मथुरा उनके हृदय में बसती थी। उन्होंने न्यूयॉर्क से भूमि-पूजन के अवसर पर चाँदी की ईंट भेजकर राम मंदिर के प्रति अपनी आस्था का इजहार किया था। लंबे समय से साथ रहनेवाली उनकी मेड उनके द्वारा रोज किए जानेवाले रामायण पाठ को अर्थ सहित सुनते-सुनते राम में रुचि रखने लगी थी। वह भी यह प्रसारण देख रही थी। माइकेला को थकान महसूस हो रही थी, फिर भी मास्क लगाकर वह इस प्रसारण को देखने में शिरकत कर रही थी। उसने अपनी

मम्मा से पूछा, "मम्मा! तुम बार-बार कहती हो, पाँच सौ साल का कुचला हुआ राष्ट्रीय स्वाभिमान···?"

"हाँ माइकेला! सातों पुरियों में सबसे श्रेष्ठ अयोध्या का संताप आज मिट गया। अयोध्या ही नहीं, समूचे हिंदू मानस को नया जीवन मिल गया। इसके पीछे 492 वर्ष का अथक संघर्ष और अनेक लोगों का बलिदान है।

"21 मार्च, 1928 को बाबर के आदेश पर उसके सेनापति मीर बकी ने राम मंदिर को तोड़ दिया। उसी ने यहाँ विवादित ढाँचा खड़ा कर दिया। इसे मिटाने की कोशिश उसी समय से प्रारंभ हो गई। भीटी रियासत के राजा महताब सिंह, हंसवर रियासत के राजा रणविजय सिंह, रानी जयराज कुँवरि, राजगुरु पं. देवीदीन पांडेय आदि की अगुआई में मंदिर की मुक्ति के लिए सैन्य अभियान छेड़ा गया। उनकी विशाल फौज के आगे मंदिर की मुक्ति का यह अभियान सफलता न पा सका। शेरशाह और हुमायूँ के शासन में 1530 से 1556 ई. के बीच ऐसे दस युद्ध हुए। इन युद्धों का नेतृत्व हंसवर की रानी जयराज कुँवरि एवं स्वामी महेशानंद ने किया। रानी महिलाओं की सेना तथा महेशानंद साधुओं की सेना का नेतृत्व करते थे। ये युद्ध अत्यंत प्रबल थे। इसमें रानी और महेशानंद को वीरगति प्राप्त हुई। इतिहास गवाह है कि भगवान् राम की जन्मभूमि की मुक्ति के लिए ऐसे 76 युद्ध हुए। कई बार कुछ समय के लिए मंदिर के दावेदार राजाओं और लड़ाकों ने जन्मभूमि पर कब्जा भी कर लिया, लेकिन वह स्थायी न हो सका।"

"मम्मा! आजादी के बाद आज तक राम जन्मभूमि की मुक्ति क्यों न हो सकी?" माइकेला ने जिज्ञासा प्रकट की।

"यही तो सबसे ज्यादा टीस पैदा करनेवाला है, बेटी! इससे अधिक त्रासद और राष्ट्रीय शर्म की बात और क्या हो सकती है? एक महानता की डींगे हाँकनेवाला राष्ट्र, अपनी आस्था और अपने ईश्वर का प्रतीक स्थल, जो उसके भगवान् का जन्मस्थान है। किसी आततायी के अन्याय का शिकार हो गया। वह राष्ट्र आज तक इसका प्रतिकार न कर सका। यह भारतीय मनसा का निरादर नहीं, तो और क्या हो सकता है? इंडिया में जनभावना का ऐसा निरादर केवल और केवल वहाँ सबसे लंबे समय तक सत्ता में रहनेवाली कांग्रेस के द्वारा की जानेवाली नकारात्मक और तुष्टीकारी राजनीति का परिणाम ही कहा जा सकता है। हिंदुस्तान में आज भी इस राजनीति के अवशेष उपस्थित हैं। भारत में धर्मनिरपेक्षता एक छद्‍म नारा है। इतना

बड़ा ढकोसला, जिसकी लफ्फाजी में लपेटकर सत्य और औचित्य को तिरोहित कर दिया जाता है। लफ्फाजी और कुचेष्ठा के तकनीककार राम को गल्प और काल्पनिक होने का हलफनामा उच्च न्यायालय में दाखिल करने लगे। सेक्युलरिज्म का इससे बड़ा ढकोसला और क्या होगा ? कांग्रेस राम के होने का तकनीकी प्रमाण माँगती रही। हिंदू मानस इस प्रवृत्ति के खिलाफ लड़ता रहा और बिना रक्तपात के विजयी हुआ।" मिसेज लिंडर्सन ने बताया।

"बट मम्मा! इंडिया में इस नकारात्मक राजनीति का अंत नहीं हुआ है। यह अलग बात है कि अपनी अधोगति से हताश कांग्रेस आज राम-राम जपने लगी है। आज भी राम को नकारनेवालों के धूसर अवशेष हैं। इनके स्वर भी उभर रहे हैं। इनका फन कुचलने के लिए भारत को कुछ-न-कुछ करना पड़ेगा।" माइकेला ने कहा।

"तुम ठीक कह रही हो, माइकेला! धीरे-धीरे तुम हिंदुस्तान को समझने लगी हो, यह इसलिए भी जरूरी है कि ऐसी सोच भारतीयता के विरुद्ध विजातीय अवधारणा पर आधारित है। यह हिंदुस्तान के उच्च और आदर्श मूल्यों को खारिज करती है, उसे अधोमुखी बनाती है। राष्ट्र जब अपने आदर्श और मूल्यों से विरत हो जाता है, उससे प्रेरित होने में हीनता महसूस करता है, वह कागजी शेर की तरह अशक्त हो जाता है। आज का दिन न केवल राम मंदिर के निर्माण हेतु उत्सव का दिन है, अपितु एक वैचारिक खोखले मानस पर विराम लगाने और शाश्वत भारतीयता के चिरंतन मूल्यों के महत्त्व को प्रतिष्ठापित और प्रतिस्थापित करने का अभियान है।" मिसेज लिंडर्सन चुप हो गईं।

माइकेला लगातार हॉस्पिटल की ड्यूटी और ठीक से न सो पाने के कारण बार-बार जँभाई ले रही थी। सिर भी भारी था। मिसेज लिंडर्सन ने इसे लक्ष्य किया। अत: उन्होंने उसे बेडरूम में जाकर आराम करने की सलाह दी। माइकेला का शरीर भी आराम माँग रहा था। वह चली गई।

भूमि-पूजन और प्रधानमंत्री के संबोधन के बाद कार्यक्रम समाप्त हो गया। मीडिया रुकी थी। वह अयोध्या की इतराती, इठलाती छटा को निरख रही थी। कुछ साधु-संतों और प्रबुद्ध जनों से वार्त्तालाप कर रही थी। मैं उत्तर प्रदेश के मुख्यमंत्री योगी आदित्यनाथ से बेबाक बात कर रही थी। मैंने पूछा, "आपकी प्रसन्नता आपकी बॉडी लैंग्वेज से झलक रही है। इस तारीख को आप इतिहास की दृष्टि से किस तरह देखते हैं ?"

"मैं बहुत प्रसन्न हूँ। आज 5 अगस्त है। आज की तारीख इतिहास का स्वर्णिम अध्याय बन गई। अयोध्या और कश्मीर में जो हुआ, जो होने जा रहा है वह कल्पनातीत था। अयोध्या में राम मंदिर बनने की शुरुआत और एक साल पहले जम्मू-कश्मीर से अनुच्छेद 370 की समाप्ति हो गई। विश्वास नहीं होता, पर इन दोनों संदर्भों पर जनता की प्रतिक्रिया से आभास होता है लोग इसके लिए पहले से तैयार बैठे थे। प्रतीक्षा में थे। यह एक ऐसी प्रतीक्षा थी, जिसके बारे में धारणा बन गई थी कि यह अंतहीन प्रतीक्षा है। अयोध्या का निर्णय उच्चतम न्यायालय ने दिया तो कश्मीर का निर्णय प्रधानमंत्री नरेंद्र मोदी और गृहमंत्री अमित शाह की मजबूत राजनीतिक इच्छाशक्ति ने। अनुच्छेद 370 को हटाना जितना कठिन था, उससे भी अधिक कठिन था उसके बाद की स्थिति को सँभालना। इस चुनौती को प्रधानमंत्री मोदी के नेतृत्व ने स्वीकार किया, जिनकी खानदानी राजनीति बादशाहत बनाए थी। संपत्ति, ऐश्वर्य और बादशाहत का उत्तराधिकार, जो इस धारा से विरासत में पा रहे थे, उसे प्रभावहीन कर देना साधारण नहीं था। 370 के समाप्त होते ही उनके विशेषीकरण के परकोटे किले के अंदर ही भरभराकर गिर गए। तभी तो उमर अब्दुल्ला को कहना पड़ा कि 'अब हमारी राजनीति का आधार क्या होगा, इस विषय में हमें सोचना पड़ेगा।'"

इतना कहकर क्षण भर के लिए वे चुप हुए तो मैंने पूछ लिया, "जो मोदी और शाह ने कर दिया, वह काम इससे पहले की सरकारें या उनके नेता क्यों नहीं कर पाए?"

"मोदी और शाह लीक पर चलनेवाले नेता नहीं हैं। इनमें आत्मविश्वास की दृढ़ता कूट-कूटकर भरी हुई है। इनका उद्देश्य ईमानदारी से देशहित है। अत: इन्होंने अपने कदम को यह मान लिया है कि वह देशहित में ही उठेगा। सपना, जोखिम और परमार्थ से लक्ष्य प्राप्त होता है। मोदी राष्ट्र-निर्माण का सपना देखते हैं, उसके लिए जोखिम उठाते हैं और इन सबके पीछे हिंदुस्तान की समूची जनता का हित होता है।" योगी ने कहा।

"आम धारणा है कि मोदी को चौंकाने की आदत है। वह आगे का कदम कहाँ रखेंगे, इसका आभास नहीं होने देते। अब देखिए फारूख और उमर अब्दुल्ला 5 अगस्त, 2019 से तीन दिन पहले प्रधानमंत्री मोदी से मिले। प्रसन्नतापूर्वक विदा हो गए कि कुछ नया नहीं होने जा रहा है। 5 अगस्त, 2019 की सुबह भी जिसे जितना

और जिस समय जानना आवश्यक था, उसी समय बताया गया। ऐसा क्यों, आपको क्या लगता है?" मैंने पूछा।

सवाल सुनकर योगीजी थोड़ा मुसकराए। क्षण भर की चुप्पी के बाद बोले, "चाणक्य ने लिखा है—राजा को कछुए की तरह होना चाहिए। जैसे कछुआ जब और जितना आवश्यक होता है, उतना ही अंग निकालता है, इसी तरह राजा को जब जितना आवश्यक हो, उतना ही बताना चाहिए।"

"अब आगे का कदम क्या होगा?" मैंने पूछा।

"इसका उत्तर किसी को पता नहीं। मोदी सरकार के दूसरे कार्यकाल को चौदह महीने हुए। भगवान् राम का 500 वर्ष का वनवास समाप्त हुआ।"

"अनुच्छेद 370 की जंजीर टूट गई।" मैंने बीच में ही पूछा, "आगे क्या··· ? काशी और मथुरा··· ?"

"समान नागरिक संहिता, जनसंख्या नियंत्रण, पाक-अधिकृत कश्मीर आदि-आदि हमारे प्रमुख मुद्दे हैं···।" योगीजी क्षण भर के लिए चुप हुए।

मैंने तपाक से पूछा, "इन मुद्दों के साथ काशी और मथुरा··· ?"

"हम सांस्कृतिक राष्ट्रवाद और सबका साथ, सबका विकास के मुद्दे पर काम कर रहे हैं। मोदी के इस कार्यकाल में अभी तीन, पाँच अगस्त और आनेवाले हैं।" योगी ने इतना कहकर घड़ी की ओर इशारा किया।

"आपने इजी टी.वी. को समय दिया, बहुत-बहुत धन्यवाद!" मैं उठकर बाहर आ गई।

इस लाइव प्रसारण को मिसेज लिंडर्सन भी देख रही थीं। पूरा कार्यक्रम देखने के बाद उनके मुँह से निकला, "राजनीति तेरे रंग अनेक।"

हाँ! राजनीति के रंग अनेक और अनोखे होते हैं। उन्हें याद आने लगा, सोमनाथ मंदिर में प्राण-प्रतिष्ठा का कार्यक्रम। तत्कालीन राष्ट्रपति डॉ. राजेंद्र प्रसाद ने उसमें शिरकत की थी। राम मंदिर के भूमि-पूजन में प्रधानमंत्री नरेंद्र मोदी। तब के प्रधानमंत्री जवाहरलाल नेहरू ने राष्ट्रपति की भागीदारी का विरोध किया था। नेहरू ने इसे हिंदू पुनर्जागरण के मजहबी चश्मे से देखा था। आज उन्हीं के नाती राहुल और नातिन प्रियंका समेत कांग्रेस आनेवाली पदचाप की आहट नहीं सुन पा रही है। सोमनाथ मंदिर की मूर्ति में प्राण-प्रतिष्ठा के समय डॉ. राजेंद्र प्रसाद का भाषण सारे समाचार-पत्रों ने छापा, लेकिन अभिव्यक्ति की आजादी के पुरोधा और लोकतंत्र के महान्

रखवाले नेहरू ने आकाशवाणी और जनसंचार के सरकारी माध्यमों पर राष्ट्रपति का भाषण सेंसर करवा दिया। मोदी की सरकार ने खुलेआम मंदिर कार्यक्रम का दूरदर्शन सहित जनसंचार के सरकारी माध्यमों पर प्रसारण करने का निर्णय लिया। यह राजनीति ही तो है, एक मुसलिम नेता नेहरू की तरह मोदी का राम मंदिर कार्यक्रम में हिस्सा लेना सांप्रदायिक कहता है। भारत का ऑल इंडिया मुसलिम पर्सनल लॉ बोर्ड लिखता है, 'जैसे तुर्की के इस्तांबुल में विश्वप्रसिद्ध हागिया सोफिया संग्रहालय को तोड़कर मसजिद बना दी गई, समय आने पर हम मंदिर को मसजिद में बदल देंगे।' आश्चर्य है कि सुप्रीम कोर्ट के फैसले के बाद बनाए जा रहे मंदिर को फिर तोड़ने की बात हिंदुस्तान के तथाकथित सेक्युलरिस्ट नजरअंदाज कर देते हैं।

मिसेज लिंडर्सन हिंदुस्तान की इस सियासत पर एक ही बात सोच रही थीं। मोदी के अश्वमेध का घोड़ा दौड़ रहा है। इसे रोकने की सामर्थ्य हिंदुस्तान के किसी विपक्षी नेता में नहीं है। हिंदू विरोध की तुष्टीकारी राजनीति का विकल्प न के बराबर है। उन्हें वीर सावरकर की बात याद आई, "भारत को पितृभूमि और पुण्यभूमि मानने की प्रवृत्ति ही हिंदुत्व की पहचान है।"

उनके सामने टी.वी. पत्रकार मिस साबिया का सवाल साकार हो गया। तीन तलाक के खिलाफ कानून बन गया। अनुच्छेद 370 हट गया। अयोध्या में राम मंदिर बनाने का शुभारंभ हो गया। इसके बाद··· ? अब, आगे क्या ? सोमनाथ मंदिर के जीर्णोद्धार के अवसर पर डॉ. राजेंद्र प्रसाद ने कहा था—'विध्वंस से बड़ी ताकत निर्माण की होती है।' दुनिया अयोध्या में निर्माण की ताकत की द्रष्टा और साक्षी है, तो क्या बाकी विध्वंस के विरुद्ध भी निर्माण की ताकत सक्रिय है ?

दुनिया में कोरोना अपनी गति से चल रहा है, राजनीति अपनी गति से। हिंदुस्तान में तो कोरोना भी राजनीति का माध्यम है। अमेरिका भी कहाँ पीछे है ? आनेवाला राष्ट्रपति चुनाव तो कोरोना के मुद्दे पर ही लड़ा जाएगा।

दीवाल पर टँगी टाइम पीस से संगीतमय धुन घंटी की मधुमय आवाज सी ग्यारह बार गुंजित हुई। मिसेज लिंडर्सन उठीं और अपने बेडरूम में चली गईं। जाते-जाते एक निगाह उन्होंने माइकेला के कमरे में डाली, वह पेट के बल सो रही थी। मिसेज लिंडर्सन को यह पोज कुछ अजीब लगा। माइकेला को इस तरह सोने की आदत न थी। वे उसके पास चली गईं। माइकेला को नींद आ गई थी। मिसेज लिंडर्सन वापस तो आ गईं, लेकिन उनके मन में आशंका प्रबल होने लगी—कहीं माइकेला की तबीयत···

पेट में दर्द···या सीने में··· ? नहीं, सर्दी या बुखार तो नहीं है। हो सकता है, नींद न आने की वजह से पेट के बल हुई हो और आहिस्ता-आहिस्ता नींद आ गई हो।

एक घंटे बाद। माइकेला की नींद टूट गई। वह पसीने से तरबतर थी। उसने देखा कि ए.सी. चल रहा था। सेल उठाकर रित का नंबर मिलाने लगी। भारत में अपराह्ण के ढाई बज रहे थे। रित अपने केबिन में था। फोन उठाया।

"हैलो माइकेला! तुम अभी सोई नहीं!"

"एक भयानक सपने ने जगा दिया, रित! मन बहुत घबरा रहा है। ए.सी. चल रहा है, लेकिन मैं पसीने-पसीने हो गई हूँ।"

"ऐसा क्या देख लिया तुमने?"

"रित! मैं एक यात्रा पर थी। हजारों साल पुराने किसी जंगली मैदान की यात्रा पर। जैसे ही उसके नजदीक पहुँचती हूँ, वह एक सुंदर-सा पार्क बन जाता है। इस पार्क में ग्रीक देवियों की नंगी मूर्तियाँ सारी रात अशोक, वकुल और कर्णिकार से हँसी और गंध की भाषा में बातें करती रहती हैं। इस खूबसूरत पार्क के तुम कस्टोडियन हो। ये नंगी मूर्तियाँ जीवित होकर तुम्हें गंदे इशारे करती हैं। दूसरी ओर एक बनावटी झील है, जो किसी मूर्च्छिता की तरह लेटी है। शहर के कोलाहल से इसकी मूर्च्छा भंग नहीं होती। इसके किनारे पर रेलों, मोटरों और हवाई जहाजों की कान को फोड़ देनेवाली तेज आवाजों के बीच रंग-बिरंगी पक्षियों के जोड़े रति क्रीड़ा में निर्द्वंद्व भाव से तन्मय रहते हैं। इन्हें देखकर मैं शरमा जाती हूँ।

"अब मैं इस पार्क से निकलकर बाहर भागती हुई सड़क की भीड़ में घुस जाती हूँ। यहाँ से भी निकलकर जंगलों, नदियों और पहाड़ों के ऊपर से चलती हुई एक गुफा में पहुँच जाती हूँ। यह त्रिकोण गुफा खिड़कियों से आनेवाले प्रकाश में जगमगा रही है। अपने भित्तिचित्रों के संदेशे हवा की लहरों पर तैरा रही है। यकायक मेरी आँख बंद हो जाती है। आँख खुलती है तो मैं किसी और गुफा में होती हूँ। यहाँ भयंकर अंधकार में जुगनुओं के जलते-बुझते प्रकाश, चमगादड़ों की फड़फड़ाहट और अजगरों की सरसराहट के बीच विचित्र मायालोक प्रकट होता है।

"बहुत से अनजाने लोग मशालें लेकर इधर-उधर दौड़ते हैं। शायद मैं किसी वर्जित गुफा में आ गई हूँ। अचानक मुझे यहाँ से जोर से उछाल दिया जाता है। मैं अपने चारों ओर देखती हूँ। मुझे कुछ दिखाई नहीं पड़ता, लेकिन लगता है कि मैं किसी अस्पताल के आई.सी.यू. वार्ड में हूँ। यहाँ मेरी पहनी सफेद कोट मेरे शरीर

से उतार ली गई है। मेरा स्टेथोस्कोप मुझसे छीन लिया गया है। मुझे पेशेंट की ड्रेस पहना दी गई है··· मेरी आँख खुल जाती है। पसीने से भीगा मेरा शरीर। जोर से धक्-धक् करता सीना और आधी रात का यह निपट अकेलापन। मैं क्या करूँ रित?" बोलते-बोलते माइकेला की साँस फूलने लगी। रित ने इसे लक्ष्य किया।

"माइकेला, शांत हो जाओ। मेरी बात ध्यान से सुनो, हॉस्पिटल के लगातार सामने रहनेवाले वातावरण ने तुम्हारे सब-कॉन्सेस में एक हॉरर पैदा कर दिया है। सपने इसी सब-कॉन्सेस में बैठे भाव के कारण तरह-तरह की इमेज क्रिएट कर रहे हैं, फिर भी अपनी सांत्वना के लिए कल ही तुम कोविड की जाँच करा लो प्लीज!"

मिसेज लिंडर्सन को नींद न आ सकी थी। अनेक अंतर्द्वंद्वों और आशंकाओं के बीच वे चिंताकुल थीं। माइकेला के कमरे से मद्धिम आवाज की आहट लगी तो वे भी वहीं आ गईं। माइकेला ने सेल फोन का कनेक्शन काट दिया और मास्क चेहरे पर चढ़ा लिया।

□

जीवन-मृत्यु

माइकेला ने मेडिकल की डिग्री लेते वक्त जो शपथ ली थी, अपने जीवन और प्रोफेशन में वह उसका पूर्ण रूप से अनुपालन कर रही थी। कोलंबिया यूनिवर्सिटी इरविंग मेडिकल सेंटर में उसकी कर्तव्य के प्रति निष्ठा की मिसाल दी जाती। उसने रित की सलाह पर कोविड टेस्ट करा लिया। रिपोर्ट नहीं आई थी। अतः वह ड्यूटी पर थी। अभी-अभी आई.सी.यू. के राउंड से वापस आई थी। बार-बार उसके दिमाग में वह खूबसूरत लड़की घूम रही थी, जो पर कटी कबूतरी-सी फुदकती हुई रोज उसे पुकारा करती, 'मिस! वार्ड नंबर···बेड नंबर···यस मिस··· हाँ!' वह उसकी नर्स···। आज बेड पर पड़ी है, निश्चेष्ट, निस्सहाय, वेंटिलेटर पर। किसका संक्रमण लग गया उसे? नर्सों में वह सबसे नजदीक थी उसके। उसकी वह छटपटाहट, चेहरे पर बनने-मिटनेवाले भाव, कबूतर-सी उलट गईं एकटक निहारती आँखें···। वह विचलित हो गई। अपनी कुरसी से उठी, विंडो के सामने खड़ी हो गई। उसकी आँखों के दायरे का आकाश जिंदगी के ताबूत-सा टँगा था। नीचे जमीन घुट रही थी। एक कालखंड घुट रहा था। तिलिस्मोंवाला यह शहर मुर्दा पड़ा था, जिस पर रात काला कफन डाल रही थी।

केबिन के डोर पर दस्तक हुई। पैथोलॉजी के इंचार्ज, आउटडोर की नर्स और डॉ. डेविड थे। वह मुड़ी, डॉ. डेविड को लक्ष्य कर मुसकराई, "यस डॉ. डेविड सर! वेलकम यू।"

डॉ. डेविड गंभीरता से चुप रहे। उन्होंने पैथोलॉजी के इंचार्ज को इशारा किया। उसने रिपोर्ट का एन्वलप माइकेला को थमा दिया। रिपोर्ट पॉजिटिव थी। माइकेला सन्न रह गई। लगा, जैसे शरीर का सारा रक्त किसी ईसी विद्युत् धारा ने एक क्षण में सोख लिया। वह निर्जीव-सी कुरसी पर बैठ गई। उसकी फटी आँखें डॉ. डेविड को निर्निमेष देखने लगीं।

"डोंट वरी डॉ. माइकेला! यू आर ब्रेव एंड स्टील वुमन। सब ठीक हो जाएगा। आप क्वारंटाइन हो जाइए। आपके लिए स्पेशल वार्ड में व्यवस्था की गई है।" डॉ. डेविड ने कहा।

माइकेला चुपचाप उनका मुँह निहारती रही।

"यस डॉ. माइकेला! इट शुड बी।" डॉ. डेविड ने कहा।

"अंडर हूम डॉक्टर?" उसके मुँह से चबा-चबाकर शब्द निकला।

"यू आर अंडर माई ट्रीटमेंट, डॉ. माइकेला!" डॉ. डेविड ने कहा।

"थैंक्स!" माइकेला उठ गई। उसके कदम किसी रोबोट की तरह स्पेशल वार्ड की ओर बढ़ने लगे। नर्स ने उसका अनुसरण किया। वार्ड में उसे नर्स ने पेशेंट की ड्रेस थमा दी और बाहर निकल गई। माइकेला ने डॉक्टर का कोट और अपना शूट उतार दिया। स्टेथोस्कोप एक ओर रख दिया। पेशेंट की ड्रेस पहन बेड पर बैठ गई। दरवाजे पर दस्तक हुई। नर्स के साथ डॉ. डेविड अंदर आ गए। थोड़ी देर बाद डॉ. मारिया और डॉ. कास्त्रो भी।

"इट्स वंडरफुल! डॉ. माइकेला हैज नो एनी जनरल सिंपटम ऑफ कोरोना वायरस।" डॉ. मारिया ने आश्चर्य से कहा।

"इट मीन्स वायरस इज स्प्रेइंग इन एयर।" डॉ. कास्त्रो ने कहा।

"मे बी। बट शी इज गेटिंग फीवर।" डॉ. डेविड ने बताया।

उन्होंने नर्स को इशारा किया। उसने टेंप्रेचर लेकर बताया 102।

डॉ. डेविड ने फाइल पर नोट किया। बी.पी. नर्स ने नॉर्मल बताया। एक्स-रे कराने की राय बनी। फोरकास्ट किया गया अंदर सूजन की संभावना हो सकती है। डॉ. कास्त्रो की राय थी कि 'डेक्समेथासोन' दिया जाए, लेकिन डॉ. मारिया एक्स-रे के पहले किसी हार्ड दवा के पक्ष में नहीं थीं। यह घोर रिस्की था। अत: तय हुआ पैरासिटामोल और हाइड्रॉक्सीक्लोरोक्वीन दी जाए। डॉ. मारिया की राय थी यह सॉलिडैरिटी ट्रायल और रिकवरी ट्रायल दोनों ही प्रयासों का हिस्सा है। डॉ. डेविड ने इन्हीं दवाओं को ट्रीटमेंट के लिए लिखा। लिक्विड पदार्थ देने के लिए नर्स को हिदायत दी। सबने माइकेला की ओर देखा। वह टुकुर-टुकुर सबकी ओर देख रही थी। अभी कुछ देर पहले वह ऐसे ही पी.पी.ई. से कवर्ड पेशेंट्स के लिए ऐसे ही ट्रीटमेंट हेतु मेडिसिन के औचित्य पर डिस्कशन कर रही थी। अब चुपचाप सुन रही है, नासमझ की तरह ताक रही है। बेबस, लाचार। डॉक्टरों की टीम ने हाथ हिलाया। बोले, 'गेट वेल सून', और बाहर निकल गए।

डॉक्टर चले गए। नर्स चली गई दवा और उपकरण लाने। अकेली रह गई माइकेला। उसे आश्चर्य हुआ। पूरा प्रेस्बिटेरियन मरीजों से भरा रहता है। कोई बेड खाली नहीं होता। कॉरिडोर भरे रहते हैं। यह स्पेशल वार्ड··· ! उसने बेड पर सोए-सोए नजरें घुमाईं। यह तो केबिन है, डॉ. लोर्ना ब्रीन का केबिन। उनकी मृत्यु के बाद यह तभी से बंद था। लगता है कि डॉ. डेविड ने फर्नीचर हटवाकर उसमें बेड लगवा दिया। डॉ. लोर्ना ब्रीन की वह मासूम मुसकान उसकी आँखों में तैर गई। उसके कानों में गूँज उठी उनकी वह सुरीली आवाज, 'हैलो मिस माइकेला!' यह वही केबिन है, जिसमें कितनी बार वह रीढ़ को सीधा किए किसी ऋजु रेखा की तरह आई है। अनेक मरीजों के विषय में डिस्कशन किए हैं। डॉ. ब्रीन उसे सामने बैठातीं। उनका गहरा प्रभाव और स्नेह उस पर था। प्रकाश की आवर्ती रेखाओं की तरह सोचता उसका मस्तिष्क डॉक्टर का था। इस केबिन में डॉ. माइकेला लिंडर्सन आती थीं। आज बेड पर लेटी पेशेंट माइकेला, पंगु, मुखापेक्षी।

'माइकेला लिंडर्सन इतने जल्दी घबरा गई। अभी तो चौदह दिन का सफर है। थोड़ा धीरज रखो।' कानों में आवाज गूँजी।

'कौन हो ? सामने से बात करो।'

'मैं तुम्हारी छाया हूँ। प्रतिच्छाया।'

'माइकेला लिंडर्सन नहीं, माकेला पंडित कहो।'

सेल क्रिं···क्रिं··· करने लगा। रित का फोन था। डॉ. रित पंडित का।

"बोलो रित!" माइकेला का स्वर रित के कानों में यूँ प्रतिध्वनित हुआ, जैसे वह किसी लंबी सुरंग से बोली हो।

"क्या बात है माइकेला! कहाँ हो तुम ?"

"समय ने मुझे कहाँ से कहाँ लाकर पटक दिया है रित! जिस प्रेस्बिटेरियन हॉस्पिटल में मैं गरदन सीधी किए बिजली की रेखा सी चला करती थी, आज एक बेड पर लिटा दी गई हूँ। कल तक जो माइकेला कितने मरीजों को जिंदगी देने के लिए रात और दिन का भेद मिटा दी थी, आज वह जीवन की आस के छलावे में बिना रीढ़ की पड़ी है।" माइकेला तड़प उठी।

"हुआ क्या ? साफ-साफ बोलो माइकेला!" रित आकुल हो गया।

"तुम्हारी राय के अनुसार मैंने कोविड टेस्ट कराया। आज रिपोर्ट पॉजिटिव आई। हॉस्पिटल के एक केबिन में क्वारंटाइन कर दी गई। इलाज शुरू हुआ।"

"किस डॉक्टर के अंडर में हो ?"

"डॉ. डेविड के।"

"डॉ. डेविड इज वेरी जीनियस एंड कैपेबल। डोंट वरी। सब ठीक हो जाएगा।"

"मेरा वह भयानक सपना···। मेरी सफेद कोट उतर गई रित! मुझे पेशेंट की ड्रेस पहना दी गई। अब गुफा···!"

"हिश्श! एक शब्द आगे मत बोलना। माइकेला! तुम डॉक्टर हो और रहोगी। क्या सपना और अंध-अनुमान का वहम पाल रही हो!" रित ने समझाने का उपक्रम किया।

"कह लेने दो, रित! मत रोको। कौन जाने जो कुछ कहना है, उसे मैं कल कह पाऊँगी या नहीं। क्या पता कि वह कल आएगा भी। आवेगों का यह पानी बह जाने दो, मत रोको। जीवन का यह पुल न कहीं टूट जाए!"

नर्स आई, साथ में स्ट्रेचर भी। "पैथोलॉजी में चलना होगा, मैम।" उसने कहा। मैंने ध्यान से देखा, वह केल्डरन थी। उसके साथ में पहलेवाली नर्स भी।

"केल्डरन! तुम इतने दिन कहाँ थी? कई दिनों बाद दिख रही हो।" माइकेला ने पूछा।

"जी मैम! मैं डॉ. अजय लोढ़ा के बाद संक्रमित हो गई थी। उनके अंत के समय आपके साथ मैं थी। पहले दस दिन तो कुछ पता नहीं चला। अचानक ग्यारहवें दिन सिर दर्द, थकान और हरारत से शिथिल होने लगी। रात बीतते-बीतते बुखार हुआ। सुबह टेस्ट कराई तो कोविड पॉजिटिव।"

"फिर···?" माइकेला एक ही साथ शंकालु भी दिखी और जिज्ञासु भी।

"फिर··· आइसोलेशन में, साइडवाली बिल्डिंग में भेज दी गई। वहाँ ट्रीटमेंट चला। बाईस दिन बाद रिपोर्ट निगेटिव आई। हॉस्पिटल से तो छोड़ दी गई, लेकिन घर पर क्वारंटाइन रही। आज ही जॉइन किया। डॉ. डेविड ने आपकी सेवा में लगा दिया।" केल्डरन ने बताया।

"डॉ. अजय लोढ़ा।" माइकेला ने दुहराया। अजय लोढ़ा की मृत्यु और उसके ऊपर मास्क फट जाने के कारण उनके मुँह से गिरा ढेर-सा बलगम। उसने पी.पी.ई. फेंककर वॉशरूम में तुरंत स्नान किया था और सैनिटाइजर टनल में देर तक खड़ी रही। कहीं डॉ. अजय लोढ़ा के कारण ही तो वह संक्रमित नहीं हुई? उसका मन बार-बार सवाल से जूझने लगा। हाँ! वह अजय लोढ़ा के कारण ही संक्रमित हुई। केल्डरन भी तो संक्रमित हुई और ठीक हो गई। मैं भी ठीक हो

जाऊँगी। हाँ! मैं ठीक हो जाऊँगी, तब अजय को क्यों नहीं बचाया जा सका? उसे स्ट्रेचर पर लिटा दिया गया। केल्डरन स्ट्रेचर लेकर पैथोलॉजी की ओर चल पड़ी। केल्डरन को स्ट्रेचर के साथ देखकर उसका आत्मबल जागा। केल्डरन अपनी ड्यूटी कर रही है। सफेद स्कर्ट पर पी.पी.ई. से कवर्ड होकर। वह भी ड्यूटी करेगी, अपने सफेद कोट पर पी.पी.ई. से कवर्ड। स्ट्रेचर पैथोलॉजी की ओर बढ़ रहा था। माइकेला की पलकें मुँदी थीं। आँखों की ज्योति में भीतर केल्डरन, अजय और अजय, केल्डरन गड्डमड्ड हो रहे थे।

माइकेला संक्रमित हो गई। यह समाचार रित के लिए अप्रत्याशित था। मनुष्य की प्रवृत्ति है कि वह जिसे चाहता है, उसके प्रति यह भाव बना लेता है कि वह सदा सुरक्षित, उसकी कल्पना के अनुकूल रहेगा। वैसे का वैसा, आँखों के सामने हँसता, मुसकाता, प्यारा···। माइकेला के लिए उसके हृदय में जो भावसृष्टि है··· नीलम सी ज्योतित, त्योहार सी हँसती और चंपा सी लहरती माइकेला। उसके अंत: में अनासक्त द्रष्टा दो रीती–रीती आँखें उग आईं। उन्हें ध्यान से देखने के लिए उसने अपनी आँखें फैलाईं कि पीछे से दबे पाँव आकर, नटखट पुरवाई ने उन्हें मूँद लिया। सामने नगर निगम के फव्वारे से माइकेला का भेजा अनेक प्रश्न अवांतर में झरता रहा, किंतु उसका अनाहत यायावर मन निरुत्तर रहा।

पैथोलॉजी से वापस आकर माइकेला ने अपनी मम्मी मिसेज सॉनिटो लिंडर्सन को फोन किया।

"हैलो माइकेला! कब तक आ रही हो?" मिसेज लिंडर्सन ने पूछा।

"सॉरी मम्मी! वर्क बहुत हो गया है। पेशेंट्स बढ़ गए हैं। आज क्या मैं पंद्रह दिन नहीं आ सकूँगी।" माइकेला ने बहाना बनाया।

"पंद्रह दिन···!" मिसेज लिंडर्सन दु:खी हो गईं।

"कोई बात नहीं मम्मी! जिंदगी चुनौती देती है, उसे स्वीकार करना तुमसे ही सीखा है। टेक केयर, गुड बाय!" माइकेला की आँखें भर आईं। उसने फोन काट दिया।

आज माइकेला की एक्स–रे रिपोर्ट आ गई। डॉ. डेविड, डॉ. कास्त्रो और डॉ. मारिया देख रहे हैं।

"ओह माई गाड! ये फेफड़े पर व्हाइट–व्हाइट ब्लर।" डॉ. मारिया ने कहा।

"बट इट्स माइनर।" डॉ. कास्त्रो ने कहा।

"स्वेलिंग हो रही है। स्वेलिंग फेफड़े में ही है।" डॉ. मारिया बोलीं।

"इनका इम्यून सिस्टम कुछ अधिक प्रतिरोधी हो गया है, इसलिए स्वेलिंग हो रही है। मेरे खयाल से डेक्समेथासोन का इस्तेमाल करना चाहिए। प्रतिरोधक प्रणाली वायरस के खिलाफ ज्यादा काम कर रही है। इससे पूरे शरीर में सूजन हो सकती है। संक्रमण से लड़ने में प्रतिरोधक प्रणाली पर भरोसा करना मददगार है, लेकिन इसकी अधिकता शरीर को दूसरी तरह के नुकसान पहुँचा सकती है। यह जानलेवा भी हो सकती है। हमें डेक्समेथासोन का माइनर प्रयोग करना चाहिए।" डॉ. कास्त्रो ने दृढ़ता से कहा।

"आई थिंक वी शुड कंसीडर ऑन रेमडेसिवीर।" डॉ. मारिया ने कहा।

"यू मीन इंजेक्शन।" डॉ. डेविड ने पूछा।

"यस! इट मे इंजेक्ट बाई ड्रिप।" डॉ. मारिया ने कहा।

"डेक्समेथासोन को ही प्रयोग में लाया जाए। डॉ. कास्त्रो यू प्रपेयर?" डॉ. डेविड ने कहा।

"यस डॉक्टर!"

"ओके!"

डॉ. कास्त्रो ने नर्स केल्डरन को फाइल पकड़ाकर दवा तैयार करने के लिए कहा। केल्डरन माइकेला के केबिन में आई। दवा स्टोर से कलेक्ट कर ली गई थी। केल्डरन ने दवा तैयार कर ड्रिप लगा दिया। डॉ. कास्त्रो आए। उन्होंने दवा और डोज के प्रति केल्डरन से बात कर खुद को आश्वस्त किया। माइकेला को 'हैलो' बोले। माइकेला ने एक फीकी मुसकान बिखेरी और गंभीर हो गई।

□

रित का मन क्षुब्ध और अशांत था। नितांत अकेलेपन की चाह में वह हरियाणा के भोड़सी की पहाड़ियों में घूम रहा था। थककर पास के मैदान में बैठ गया। हलके-हलके बादलों के बीच दिन ढलान पर। दूर चरते हुए मेमने। वह इन्हें ही देख रहा था। ढलता दिन और घास चरता मेमना। उसे लगा कि दिल भी मेमना है, जिसे हम पालते और काटते हैं। घास पर उछलते-कूदते खूबसूरत मेमने कटेंगे और बार-बार जनम लेंगे। उसका दिल भी ऐसा ही मेमना है। कभी सुदूर अतीत के मैदान में घास चरता। कभी वर्तमान की नदी से सटकर, हजारों फीट ऊँचे पर्वत की ढाल पर बादल के छौनों सा बिखरता। माइकेला को लेकर अतीत के इस मैदान में कल्पना के कितने महल खड़े हैं और आज¨ ? फोन पर होनेवाली वे वार्त्ताएँ, जो हथेलियों

पर सात समुद्र बाँध लेतीं। माथे पर ग्रह, नक्षत्र। कंधे पर इंद्रधनुष टाँग लेतीं और छाती पर महाद्वीप-पर्वतमालाएँ उगा डालतीं। आज··· आज सब उजड़ा रेगिस्तान। देश और काल की इस सीमा में अकेले··· नितांत अकेले।

हॉस्पिटल में माइकेला का आज दसवाँ दिन था। डॉ. डेविड और उनके सहयोगी डॉ. कास्त्रो और डॉ. मारिया माइकेला के फेफड़े में जम रहे खून के थक्के को लेकर चिंतित थे। बुखार काफी तेज होने लगा था।

"डॉ. माइकेला को आई.सी.यू. में शिफ्ट कर दिया जाए।" डॉ. मारिया और डॉ. कास्त्रो ने एक साथ कहा।

"यस।" डॉ. डेविड ने समर्थन किया।

वे केल्डरन को बुलाना चाह रहे थे, तभी वह घबराई हुई दौड़कर केबिन में घुसी। "डॉक्टर सर! मैम डिप्रेशन में बब्बल कर रही हैं।"

"व्हाट?" तीनों डॉक्टर्स एक साथ बोले और माइकेला के केबिन की ओर भागे।

"आ गए रित! तुम आ गए। जल्दी करो··· हरिअप! चलो, हम लॉस वेगास चल रहे हैं। शादी का स्पेशल तोहफा खरीदना है, जी! वह तोहफा प्लेनेट हॉलीवुड में मिरेकल माइल शॉप्स···नहीं···नहीं, टाउन स्क्वेयर से खरीदेंगे। ब्राइड और ब्राइडग्रूम की रिंग और ड्रेस एक-दूसरे के पसंद के लेंगे। लो बातों-बातों में आ गए हम। सँभालकर रखो यार! मम्मी आ गईं। वह देखो, फादर भी आ गए। शादी हो गई। क्लैपिंग हैंड।"

"हनीमून! तुम तो लॉस वेगास के बारे में कुछ जानते नहीं। वह भी मुझे ही बताना होगा। अभी बहुत टाइम है यार! चलो, कॉस्मो पॉलिटन के मार्को नाइट क्लब में चलते हैं। अपनी पार्टी ड्रेस और शूज रख लो। यहाँ के डांस फ्लोर बहुत बड़े होते हैं। यहाँ लोगों का दिल धड़कता है। अपना सँभालकर रखना। हाँ!

"खाना कॉस्मोपॉलिटन के विकेंडस्पून बफेट में। यहाँ का स्टेपल बहुत सुंदर होता है। और हाँ! मम्मी के लिए मार्केटिंग भी तो करनी है। चलो, फ्लैगशिप शो मॉल चलते हैं। वैसे नॉर्ड स्ट्रॉम के स्ट्रोम भी बहुत शानदार हैं। जानते हो रित, नॉर्ड स्ट्राम मार्केट प्लेस कैफे··· यहाँ फैशन शो में स्टेज इवेंट के लिए एलिवेटिड रन-वे जैसे फैशन शो और स्पेशल प्रमोशन भी शामिल हैं।

"लेकिन तुम मम्मी को काशी कब ले जाओगे, रित! मम्मी कहती हैं, वहाँ ज्योति महाज्योति में मिलती है। वह महाज्योति मेरी ओर बढ़ रही है, रित! महाकाल का महाप्रसाद।"

माइकेला को आई.सी.यू. में ला दिया गया। उसका प्रलाप मद्धिम पड़ने लगा है। "मम्मी को काशी ले चलो, रित। उन्हें काशी विश्वनाथ के···" आगे स्वर न निकल सके। वह मूर्च्छित हो गई। डॉ. डेविड ने वेंटिलेटर लगवा दिया।

आगे क्या किया जाए विमर्श इस पर चलने लगा।

"कोविड वायरस ने फेफड़े से अधिक नर्वस सिस्टम पर प्रभाव डाल दिया है। इट इज वेरी डैंजरस। ब्रेन डेड मे बी। मिस माइकेला में कोरोना वायरस के आम लक्षण बिल्कुल नहीं पता चले। सिर दर्द की बात ही करती रहीं। यही न्यूरोलॉजिकल डिसऑर्डर का खतरा पैदा करता है। इनके ब्रेन में सूजन हो गई है। सूजन तो फेफड़े में दिख रही थी। ई.सी.जी. उस समय नॉर्मल था। बाद में सूजन दिमाग की नसों में भी हो गई। इनका प्रलाप न्यूरोलॉजिकल डिसऑर्डर के कारण था। दिमाग के सब-कॉन्सेस में बैठी चीजें ही प्रलाप में निकल रही थीं।" डॉ. कास्त्रो ने कहा।

"ब्लड में टी सेल भी 800 ही है। कहाँ 2,000 से 4,000 की नॉर्मलटी, कहाँ 800।" डॉ. मारिया ने कहा।

"इसीलिए तो इंटरल्यूकिन-7 की ड्रिप चल रही है। बट केस इज होपलेस।" डॉ. डेविड ने कहा।

केल्डरन ने डॉ. माइकेला की इन दिनों में कई फोटो ली थी। आई.सी.यू. तक के उनके प्रलाप को भी रिकॉर्ड कर लिया था। केल्डरन का माइकेला के प्रति विशेष लगाव था।

रित भोडसी से नई दिल्ली के बसंत विहार अपने आवास पर पहुँचा तो रात के नौ बज गए। मैं उसका इंतजार कर रही थी। रित गुमसुम मेरे सामने बैठ गया। मैं उसे देखती रह गई, होंठों पर पपड़ी पड़ गई थी। आँखों के पपोटे सूज गए थे। उनमें उदासी के छोटे-छोटे काँटे उग आए थे।

"यह क्या हो गया है, तुम्हें रित? विषाद की अनुभूति होनी चाहिए। वह होती है, किंतु दुनिया विषाद से आगे भी है।" मैंने रित से सीधे कहा।

"साबिया, न्यूयॉर्क चलना चाहता हूँ।"

"तुम जानते हो रित, इंटरनेशनल उड़ानें बंद हैं।"

"चार्टर्ड प्लेन।"

"वह भी तो इंदिरा गांधी इंटरनेशनल एयरपोर्ट से ही उड़ेगा। कोरोना वायरस की गवर्नमेंट गाइडलाइन के अनुसार कोई चार्टर्ड प्लेन या हेलिकॉप्टर उड़ेगा कैसे? फिर केनेडी एयरपोर्ट अथॉरिटी उसे वहाँ लैंड कैसे कराएगी?" मैंने कहा।

"फिर किस बात की पत्रकार हो?" रित ने तंज किया।

"...।" मैं चुप रही।

"साबिया!"

"हाँ!"

वह मेरा हाथ पकड़कर कमरे से बाहर आ गया। सड़क पर विशाल पीपल की ओर देखने लगा। हवा चल रही थी। बाहर मौसम नम था। हवा के झोंके जब तेज होते, पीपल के पत्तों में खड़-खड़ की आवाज होती। रित देख रहा था, उस पीपल की टहनी का त्याग कर हवा में उड़ता पत्ता।

"साबिया! देख रही हो, हहराती हवा के थपेड़े खा एकदम नई कोंपल का पत्ता कितनी विकलता से शाखों से टूटकर गिर रहा। मैं, तुम, हम सब विवश हैं। देख रहे हैं और चुप हैं। माइकेला इसी शाख के पत्ते सी विकल है, टूट रही है और हम विवश हैं। उसे देखने के लिए भी नहीं जा सकते। उसे सांत्वना नहीं दे सकते। कितने असहाय और विवश हैं हम। आधे-अधूरे।"

"...।" मेरे पास चुप रहने के अतिरिक्त कोई विकल्प न था। मुझे शब्द नहीं मिल रहे थे।

"बोलो साबिया, बोलो। तुम बोलती हो तो दुनिया सुनती है, फिर चुप क्यों हो?"

"...।" मैं पीपल के पत्तों में खोई रही।

"यही विषाद, यही टीस मुझे साल रही है, साबिया! सब क्षणभंगुर है, प्रेम, वासना, जीवन, लेकिन मानवीय करुणा? वह भी क्षणभंगुर हो गई साबिया? रिश्तों के अहसास की अभिव्यक्ति...जीवन के आखिरी पल गिनते प्रिय के दर्शन की उद्दाम आकांक्षा...सबको जंजीरों से जकड़ दिया है। आदमी का सारा ज्ञान, दुनिया को कई-कई बार नष्ट कर देने की क्षमता और चाँद पर बस्ती बनाने का सपना बौना हो गया, साबिया।" रित दार्शनिक की तरह बोल रहा था।

"करुणा है, तभी तो तुम इतने दु:खी हो रहे हो। बार-बार तुम्हारा मन वहीं भाग रहा है, तुम्हारी भावनाएँ अर्पित हो रही हैं।" मैंने कहा।

"तुम सच कह रही हो, साबिया! लेकिन हमारी पूर्णता का दावा कितना अधूरा है। हमारी सारी पूर्णता माइकेला के हाथ पर टूटे स्वप्न की तरह तुल गई है। हमारे सपने, हमारी आकांक्षाएँ कच्ची माटी की मूरत सी पानी की बूँदों में घुल गईं। धूल,

आँधी, धुंध के अंबार का चित्र रह गया। मैं, तुम, माइकेला, सारे मानवीय तंत्र अधूरे रह गए।" वह चुप हो गया।

मैंने उसका हाथ पकड़ा और लगभग बलात् कमरे में खींच लाई। मैंने मोबाइल पर कॉन्टैक्ट करने के लिए रित से आग्रह किया। वह बोला, "आज उससे बात करने की कई बार कोशिश की, फोन स्विच ऑफ आ रहा है। तुम कहती हो तो एक बार और ट्राई करता हूँ।" मैंने उसे सेल थमा दिया। वह कनेक्ट करने लगा। वही उत्तर, स्विच ऑफ।

"तुम्हारी लास्ट बात कब हुई?"

"कल सुबह।"

"क्या बोली?"

"रित! मैं अंधी गुफा में आ गई हूँ। मशाल लिये वे आकृतियाँ मुझे दौड़ा रही हैं। इनके हाथ में लोहे की जंजीरें हैं। ये आकृतियाँ मुझे बाँधकर ले जाएँगी। रित! लॉस वेगास कब चलेंगे? मैं अकेले चली जाऊँगी। रित! मैं मम्मी को तुम्हें सौंप रही हूँ। उन्हें काशी पहुँचा देना। यही तुम्हारा पहला वादा है।" कहते-कहते रित की आँखें नम हो गईं। मैं किंकर्तव्यविमूढ़ उसे देखती रही। रित के भीतर क्षण के अनेक स्मृति चित्र बनते-मिटते रहे।

दाज्यू खाने के लिए पूछने को आया। रित ने मना कर दिया। मैंने भी खाने के लिए अस्वीकृति दी, लेकिन चाय के लिए इशारा किया। चाय आई। मैंने बनाई। कप उसकी ओर बढ़ा दी। वह मेरा मुख देखने लगा।

"यस!" मैंने आँखों से आग्रह किया।

उसने मासूम बच्चे की तरह मेरी ओर देखते हुए चाय का कप पकड़ लिया। मैंने भी अपना प्याला होंठों से लगा लिया।

दो घूँट चाय सिप करने के बाद वह बोला, "माइकेला में कोविड के जनरल सिंपटम नहीं थे। उसे सिर दर्द और थकान रहती थी। उसने टेस्ट कराया नहीं। वह तो एक दिन मैंने कहा कि टेस्ट करा लो। टेस्ट हुआ तो पॉजिटिव हो गई। मुझे लगता है कि इम्यून के कारण उसमें प्रतिरोधी शक्ति बहुत ज्यादा थी, इसलिए ऊपरी लक्षण उभरे नहीं और उसके भीतर सूजन हो गई। धीरे-धीरे वह न्यूरोलॉजिकल डिसऑर्डर में बदल गई, इसलिए स्वप्न, गुफा, मुझसे और बातें अवचेतन से निकलकर प्रलाप करने लगीं।"

चाय समाप्त हो गई। मैंने कप उसके हाथ से ले लिया और उसे सोने के लिए प्रेरित करने लगी। उसकी आँखों में नींद कहाँ…वह बैठा रहा। उसके साथ मैं भी।

एक भावना में बहता रहा, दूसरा संवेदना से उसे नियंत्रित करता रहा।

रात 2 बजे। रित का सेल क्रिं···क्रिं··· करने लगा। मैंने उसे रित को पकड़ा दिया।

"जी मम्मा! बोल रहा हूँ।"

"मैंने आज सुबह से कई बार माइकेला से बात करने की कोशिश की। उसका मोबाइल स्विच ऑफ था। मैंने डॉ. डेविड को फोन किया तो उन्होंने बताया कि उसकी तबीयत खराब हो गई है। उसे आई.सी.यू. में रखा गया है। माइकेला ने तो मुझे बताया था कि हॉस्पिटल में वर्कलोड के कारण उसे पंद्रह दिन हॉस्पिटल में रहना है। तुम्हारी बात हुई थी क्या?" मिसेज सॉनिटो की आवाज टूट-टूटकर निकल रही थी।

"जी! कल सुबह बात हुई थी। आज तो मैंने भी प्रयास किया, पर बात नहीं हो सकी।" रित ने शांत भाव से उत्तर दिया।

"उसे हुआ क्या है? तुम्हें कुछ मालूम है?" मिसेज सॉनिटो ने घबराकर पूछा।

"माँजी! मनुष्य नियति के हाथ का खिलौना है। नियति इस खिलौने में जितनी चाभी भरती है, खिलौना उतना ही चलता है। समाचार तो दुःखद है। वह कोविड पॉजिटिव है और आई.सी.यू. में है। यह हम सब लोगों के लिए धीरज और परीक्षा की घड़ी है।" रित ने अपने पर कठोर संयम रखा।

मिसेज सॉनिटो लिंडर्सन की सिसकियाँ कानों में गूँजने लगीं।

"धीरज रखिए, माँजी! संयम से काम लीजिए, यह समय मन छोटा करने का नहीं है। हमें किसी भी स्थिति का सामना करना होगा।" रित ने सांत्वना के स्वर में कहा।

"ठीक कह रहे हो, रित! भागकर कहाँ जाऊँगी? घर जल रहा है। हडसन नदी का किनारा और विशाल वन प्रांतर जल रहा है। सृष्टि का सृजन जल रहा है। यह भयंकर आग सबको अपने आगोश में बाँध रही है। भागकर कहाँ जाऊँगी?" मिसेज सॉनिटो ने बेबसी में चुनौती को समझ लिया।

रित मिसेज सॉनिटो लिंडर्सन को सांत्वना देने में सफल रहा, लेकिन स्वयं अधीर हो उठा। मुझे लेकर खिड़की के सामने खड़ा हो गया। आकाश में उगा चाँद भादों के बादल में धीरे-धीरे पूरा डूब गया। शेष रह गई अमावस्या की काली रात। कभी न खत्म होनेवाली। घड़ी ने चार बजाए। भोर के चार। काल की सफेद लटें नीले आकाश पर छिटक गईं।

मोबाइल क्रिं···क्रिं··· करने लगा। मैंने स्क्रीन पर देखा, मिसेज सॉनिटो लिंडर्सन। एक आशंका से मैंने सेल रित को थमा दिया।

"जी, माँजी!" रित बोला।

मिसेज लिंडर्सन की गहरी चीख सुनाई पड़ी। मैंने अपने मोबाइल पर सी.एन.एन. का ऐप खोला। ब्रेकिंग न्यूज थी—'ब्रीथ स्पेशलिस्ट प्रो. माइकेला लिंडर्सन पास्ड अवे बाय कोरोना।' मैंने मोबाइल स्क्रीन रित के सामने कर दिया। उसने मुझसे पूछा, "साबिया! शुक्र तारा भी डूब गया। यह काली रात किसका इंतजार कर रही है?"

उत्तर भी उसने ही दिया, "शायद डूबे हुए चाँद का।"

□□□